建築を見つめて、都市に見つめられて

石田潤一郎 著
中川理 編

鹿島出版会

はじめに

決戦は金曜日

これは、石田潤一郎によって書かれた論考を集めたものである。最初にこの本がつくられた経緯に触れておかなければならない。そもそも、石田潤一郎の著作にもかかわらず、厚かましくもなぜ中川理が編者としてしゃしゃり出てくるのかということを説明するためにも、それは必要である。

石田潤一郎先生は、本年度（二〇一七年度）、京都工芸繊維大学における定年退官を迎える。通常、教育研究に多大な業績をあげた先生が退官を迎える際には、その記念事業が行われる。彼の後輩として長年にわたり同じ職場でお世話になってきた私は、彼の教え子で石田ゼミの助教である三宅拓也と、やはり教え子で清水建設建築研究所の平井直樹とともに、その事業について計画を立てようとした。しかし、石田先生は、「改まった記念事業などは一切お断りする」と宣言してしまった。困った。

三人で話し合った。三人とも石田先生の優れた研究業績を認めつつ、それと同時に石田先生の文章のファンでもある。そして同時に確認したのは、その文章の多くが「埋もれている」のではないかということだった。

そうなのである。石田潤一郎は、原稿の依頼を基本的には断らない。それが、どんなに小さな媒体であろうとも、引き受ける。しかも、いっさい手を抜かない。名文という言い方は失礼にあたるかもしれないが、建築、建築家、都市空間などに対する幅広い考察が、いったい何人の人の目に触れるのかもわからないような媒体にまで数多く書かれているのだ。それならば、まずは著作リストをつくろうということになった。最終講義の際に、そのリストを来聴者に配付しよう。それくらいのことだったら、石田先生も了解してくれるだろう。

さっそくそのリストづくりに取りかかったのだが、これが思いのほか大変だった。企業の社内報、まちづくりの小冊子、学生向け大学広報誌、思わぬ媒体にこちらの想像以上に大量の文章を書いていることがだんだんわかってきた。しかし、三人とも歴史研究者である。とりわけ、三宅と平井の二人は史料調査に定評がある。というよりも、きわめてマニアックに史料を集めることができる二人である。ほどなく三五〇を超える文章がリスト化された（その後、本人からの「申告」でさらにこの数は増えたのだが）。

しかし、集めてみると新たな課題が見つかった。

歴史研究者三人が集めたデータ収集である。単なる書誌情報だけでなく、文章そのもののコピーなども完璧に集められた。中川は、それをすべて読むことになったのだが、そこで改めて気づかされたのは、内容はもちろんのこと、文章表現に至るまで実に多彩で、しかもどれもが魅力にあふれていることであった。石田潤一郎の文章の巧さはよく知っていたつもりだが、歴史を紡ぐ表現の厚みや深さについても改めて認識させられたのである。そこで、これはもったいない。全部は無理だけど、選りすぐった論考を集めて、書籍にすべきではないかと考えるに至った。

そこで、中川の近著を担当してくれた鹿島出版会の渡辺奈美さんに、書籍化について打診したところ、編集部でも石田先生の文章を高く評価している、とのことで可能性が出てきた。そのことを三宅・平井に伝えると喜んだが、「はて、待てよ」。本人が知らないところで、これを進めてよいわけがない。そもそも、記念事業の類いは一切お断りとしていた石田先生が、認めてくれるのか。そこで、「決戦は金曜日」となった。

二〇一七年夏の、とある金曜日。たまたま石田先生も含めた四人とも東京で居合わせることになったので、せっかくだからいっしょに夕飯を食べようということになり、そこで三人から書籍化の計画について提示することになった。もちろん、本人が断れないようにと、三人で綿密な計画を立てて臨んだ説得だった。都内某所におけるこの説得に成功したことで、この本は生まれることになったのである。

しかし、石田先生が断れない状況をつくるためには、すでに本の内容についてほぼ決まっていますよ、という構成案を提示する必要があると、三人は考えた。そのためには、中川が編者としてその構成案をつくることになった。そこで、本書の最初の構成が決まってしまったのである。

と言うと、すごく言い訳がましく聞こえるし、実際にはその後、構成案はもちろん、掲載する文章の選択にも本人の意志が強く反映されている。それなら、最初からすべて本人による編集でやりなおせばよかったのかもしれないが、そうではなく、あえて石田先生の論考とその文章の魅力を客観的に評価している第三者が、全体をまとめる、ということにも意味があったのではないかと、勝手に思っている。

揺れ幅のなかに

そうであるならば、その客観的な評価とはどのようなものかを示しておく必要があるだろう。といっても、それは簡単なことではない。石田潤一郎の論考は、実際に驚くほど多彩だ。扱っている対象は、近代建築、モダニズム、建築家、景観、映画、都市空間などきわめて幅広いし、文章もさまざまなスタイルが臨機応変に使われている。そのため、その魅力の本質がどこにあるかを示すことは難しい。

とりあえずは、どのような構成にしたのかを示しておこう。最初に断っておかなければならないのは、本書に集められたのは、いわゆる学術論文を除いたものであることだ。学術論文は、研究者としての石田潤一郎の真価を示すものであり、そこにおいても評価は揺るぎない。その内容については、あえてここでは言及しないが、本書では、その学術研究の仕事を基礎としながらも、そこからこぼれ落ちてきたとも言うべき多種多様な論考を集めることとした。それにより、結果的に学術論文だけではわからない、石田潤一郎の研究の広がりと深みを知ることができるはずである。

まず第一章では、石田潤一郎の論考のベースとなる歴史を扱ったものを集めた。モダン・ムーヴメント、建築学、関西建築界、伝統など、比較的大きなテーマを扱ったものである。ここでは最後の結論に導く全体の構成の巧みさに驚かされる。第二章は、建築家を扱ったものを集めた。ここでは冒頭の文章（〈建築家〉を研究するということ）に示されるように、不確かで揺れ動く建築家の心情と、実際の造形の間にある関係をどのように見出すのか、その葛藤が見所である。第三章は、都市を扱ったものを集めた。ここでは、石田潤一郎の興味が、建築からしだいにそれが立地する都市空間へと広がっていった過程と、その必然が読みとれると思う。第四章では、景観論や建築論など、批評的論考を集めてみた。歴史的事実を重ねるからこそ説得力を持つ批評の力が示されている。そして、最後に第五章では、建築や都市をできる限り自分自身に近づけて心情を吐露したと思われるような論考を集めた。特に最後の根岸一之氏との映画評のやりとりは、石田潤一郎という生の存在が浮かび上がってくるという点でおもしろい（三〇年以上も昔の論考なのだが）。

こうして集めた論考を読んで改めて気づかされるのは、その文章の魅力は、単に文章の技巧的な巧さによるものではないことである。もちろん、十分に巧みな文章なのだが、その巧みな表現を支える確かな学知の層がある。その層が深いのだ。

たとえば、建築家・武田五一の建築造形に対して、「グラスゴー派の軽みが数寄屋の遊戯性と共鳴している」などと表現する（第二章・武田五一が伝えたもの）。ここだけ抜き出せば、いかにも気取った厭味な書きぶりと思うかもしれないが、武田五一の造形の背景にあるものを丹念に探っていく議論の先にこの表現に出会うと、なるほどと納得させられる。と同時に、グラスゴー派と数寄屋の本質に、それぞれ軽みと遊戯性があることを改めて考えさせられる。つまり、建築にまつわるさまざまなことがらの深い理解の上で、議論が重ねられ、その理解の上だからこそ、このような文章表現になるということが了解されるのである。それは、読む側にも知識を要求する。というか「知ってますよね」と、読む側を試すような書きぶりとも言えるのかもしれない。でも、そうして読み手と対峙しながら議論を築いていこうとするのは、こうした論考の最も正しい書き方なのだろうと思う。それは、本のタイトルで示したように正しく「建築を見つめる」姿なのである。

しかし、一方で都市に対しては、タイトルのとおり「都市に見つめられて」いるかのようである。都市には様式はないし、一部の都市デザインなどを除けば設計者というのも馴染まない。そもそも、都市をどのようなものにするかという思いはあまりにも多様である。つまり、都市を語る場合に、既存の知識の層から議論を組み立てることが難しい。そのため、都市や景観を語る際の文章は、建築の場合よりも説明的なものになってしまっている。これはしかたがないのだが、同時に、そこには発想の自由さが見てとれる。試しながらも、かなり大胆な解釈が少しずつ提示されていく。そこには、まさに都市に見つめられた姿があると言えるのだろう。

とは言っても、本書に掲載した論考は、必ずしもそうした表現スタイルの特徴だけから選んだものではない。実際に、そうした特徴とは異なる、ちょっと堅苦しい表現だったり、淡々と説明的な表現が続いたりするものも含まれている。全体の構成は、述べたように主に内容で分類したものだが、そこに時系列は持ち込まれていない。つまり、時間軸で三〇年という幅を行き来するなかで文章が並べられている。そして、書かれた媒体の幅も大きい。建築の専門誌から学生に向けたコメントまで。自ずからそれぞれに書き方が変わってくる。時間軸も媒体もさまざまであり、その揺れ幅の大きさから、建築や都市についての近しい議論をしているのに、その表現にはかなり大きな温度差のようなものが生じてしまっているのも事実だろう。

しかし、ここに収めた文章を選んだ基準は、端的に言ってしまえばその文章が持つ影響力であり、さらに言えば生産性である。単に文章が優れている、巧みである、という基準ではなく、そこで論じられていることがらが、建築や都市を考えるわれわれに何らかの得るものを与えていると考えられるものを選んだつもりだ。時間軸や媒体の差を超えて、そうした価値を持つものを横並びにしてみようとしたわけである。

そこで、一つ試みたことがある。その価値を感じてもらうには、その文章が書かれた状況を示すことが効果的なのではないか。時間や媒体、さらにはそのときの建築や都市に関する状況の情報を、それぞれの論考の前に補足的に加えてみる。これは、本人からのアイデアであったが、やってみると実際に効果てきめん、となったと思うのだが、どうだろうか。

さてさて、でしゃばりはこの辺にしておこう。とにかく、石田潤一郎によってこの三〇年に書かれた論考をぜひ読んでみてほしい。そこでは、われわれは建築や都市に関わるさまざまなことを考え、多くの知見を得ることができる。しかも、それは一流のエンターテイメントにもなりえていることがすごいと思うのだ。

中川 理

第一章　歴史を読み込む

日本のモダン・ムーヴメント――《白い家》が見出されるとき

『新建築一九八一年一二月臨時増刊　日本の建築家』の論考の一編として掲載された。執筆中、耳鳴りに悩まされたが、原稿をポストに投函した瞬間に止んだのを覚えている。そんな心身症になりそうな二〇代の懸命さによってたどりついた知見もあるのではないか。そう自分に言い聞かせて、あえて収録した。現在とは考えの違う部分も多いのだが。用字法や句読点の配置が雑誌の編集方針に沿って改められたが、今回、原文の表記に戻させてもらった。

＊

一　転形期としての一九一〇年代

まず、ゼツェッシォンについて語らねばならない。ゼツェッシォンがなしえたことについてではなく、なしえなかったことについて。

今世紀初頭、日本の建築界に対してゼツェッシォンがきわめて大きな影響を与えたことは、あらためて述べるまでもない。とはいえ、一九一四（大正三）年に大熊喜邦が書いた次のような文章は、われわれを十分に驚かせる。

> 近頃はセセッションの大流行と云はうか。家具屋は一も二もなくセセッション式を推賞し、小間物屋の小僧も亦セセッションを口にし、呉服屋の番頭が新柄と唱

ふるものを見れば亦セセッション式といふ。お雛様にもセセッション式があると云ふ世の中でセセッションならずば夜も日も明けぬと云つた風……〔*1〕

大熊は誇大の辞を弄して喜ぶ人ではないから、ここに挙げた寸描も事実と信じてよい。だとすれば、ゼツェッションはある大きな文化現象であり、その一部分が建築にも現われたのだということができる。他の分野ではともかく建築においては、「セセッションは瀟洒清楚を重んじてゐる……これは日本趣味である」〔*2〕とその伝統との親和性が称揚され、あるいは「セセッションは……甚だ善く積立構造の意義に適するものがある」〔*3〕と、構造と意匠の統一をもつて、歴史様式からの飛躍が尊重された。ゼツェッションは、その形姿を愛でられ、その理念を尊ばれて、歴史様式にとって替わるべき地位にあるはずであった。事実、数年のあいだゼツェッションは、建築界を「席捲」した。だが、問題はその「席捲」の仕方である。

ゼツェッションと名付けられて当時の建築ジャーナリズムに紹介されている作品は、今日の眼で見ると、歴史様式の細部装飾だけをゼツェッションで置換したにすぎないものがほとんどである。たしかにオットー・ワグナーの作品などでも、彼の戦闘的言動を裏切って歴史様式の影が色濃いが、しかし、やはりゼツェッションという固有の名称を冠するに足る完結した世界が呈示されている。日本のゼツェッションの場合、遠藤於菟の横浜銀行集会所のような少数例はともかく、大半は歴史様式と《習合》していると いっても過言ではない。これは非難しているのではない。その《習合》に現れた手腕は、むしろ日本人建築家の様式的習熟を如実に示す。

ただ、どうしてゼツェッションは、日本人によっても気付かれていたはずの潜在力を、矯められたのかという疑問が生じるのである。それを折衷主義のしからしむるところにすぎぬと言い捨てるのはたやすい。問わねばならないのは、なぜ、それほどに折衷主義の力が強かったかということであり、そもそもゼツェッションと歴史様式との折衷は、一九世紀的エクレクティシズムと同じ地平にあるのかということである。

折衷主義の根本的理念のひとつが、《使い分け》である。

それは、水辺の建物にヴェネチアン・ゴシックを採用するレヴェルから、銀行ならオーダーを配し、官衙なら塔を設けるレヴェルまでさまざまな形で存在するにせよ、そこにはまず確固とした歴史様式への信頼があり、さらには建築家の《使い分け》に対応する市民の教養と審美眼による《見分け》があった。そこでは、建築家と施主、あるいは建築と社会との様式を介した連帯が、理念的にせよ想定されていた。そして、その限りにおいて建築の自律性と建築家の主体性が確保され、また、建築はかくあるべきだという像が共有化されていた。

だが、ゼツェッシオンと歴史様式との《習合》は、この小世界が崩壊したところからはじまったのではなかったか。

今世紀に入って、それまで日本ではなかなか根付かなかった民間での建築設計業が、ようやくその数を増す。その過程で建築家は社会に直面せざるをえなくなる。西洋建築は、もはや国家と貴紳の独占物ではなかった。そこでは、建築家は施主の建築的教養を期待できなくなった。施主の求めるものは、建築がいろいろな形で生み出す経済的利潤だけであった。このとき、エクレクティシズムを支える前提の一方がはずされたのである。しかも、この事態と併行して、反歴史様式を標榜する一九世紀末の新造型が波及し、鉄骨および鉄筋コンクリート構造が導入される。人びとは歴史様式の価値自体に疑念を懐《いだ》くようになった。

ゼツェッシオンの歴史様式への溶解は、日本における一九世紀的エクレクティシズムの崩壊の最初の徴候といわねばならない。こののち、歴史様式は基本的な完結性を失っていく。経済性の美名のもとに装飾細部は省略と幾何学形態化を加えられ、また、建築的需要の主流となった多層階オフィス・ビルでは、様式的骨格さえ捨てられる。それは、資本主義社会の論理が片務的に建築を規定する姿である。利潤に背馳しない範囲でなら、建築家の手腕をふるうことは可能であった。しかし、建築家の「芸術的」営為は、そこではどこからも応答を受けない。建築家が何をしようと、誰もそれを気にとめないのだ。しかも、歴史様式のア・プリオリな価値によって支えられていた建築像の共通理念が分裂していく。かつては、いかなる建築物に対しても通用する基底的な判断基準があり、《望ましい建築》を指し示す美の体系があった。しかし歴史様式が、理念においてにせよ社会的有効性においてにせよ疑われるならば、判断の座標軸はたちまちゆがんでしまう。社会からの応答も、様式によって整序された価値体系をも失った建築家は、みずからの美意識だけを設計の規範としなければならない。このとき設計とは、形象との孤独な戯れあいの謂にほかならなくなっていた。こうして、箱形の多層階ビルの表面には、建築家の好みの装飾物が漂流物のようにまといつくのだ。

建築が商品になりきれないからこそ、建築は売れる。この機微は、しかし二重三重に脅かされていた。建築士法制定運動も、この危機に対する方策であったといえる。だが、法律によってではなく、形態と理念とによって対抗しようとするとき、日本のモダン・ムーヴメントは始まる。

二　建築運動の心情と論理

建築の自律性の危機に気付かされていたのは、民間にあって商業的建築の設計にたずさわっていた人びとだけではない。一九二〇(大正九)年の時点で、分離派建築会はまったく別の環境の中で問題の一半を見出していた。周知のように、彼らは構造学に主導されて科学技術的側面ばかりが肥大化した建築を教育される者として、建築家が設計活動にとって副次的存在に転落していく構図を目の当たりにした。「建築は一つの芸術である。このことを認めて下さい」[＊4]という叫びは、建築家が建築から疎外される痛みの予感から上げられたものである。

彼らがこの疎外の構図を覆そうとしたとき、ただ一本の挺子となったのは、彼ら自身の芸術的欲求がすべてに優越するという認識、いわば《表現意欲の絶対化》であった。分離派建築会と、白樺派に代表される大正文化との関連は古くから指摘されるところであるが、やはり看過することのできない問題である。すでに後藤慶二において、彼の文体と志賀直哉のそれとの類似性は驚くべきものがある。それは用語法やリズムだけでなく、感覚的な好悪のみによってすべての価値判断が下されるという発想においてすでに著しい。

分離派は、この発想を徹底的に建築に適用した。彼らにとっての世界は、自分ひとりの好悪の念で裁断できる簡明な姿に見えていた――建築もまた。彼らひとりひとりの内部に溢れる表現意欲は、全世界と十分に拮抗しうる不可侵の存在であり、その大前提のもとでは、建築の自律性は自明のことだった。それゆえに「経済は第二義です。創作が第一義です。この信念を常に持ってゐなければとても意義ある建築は出来ません」［＊5］と揚言しうるのである。その分離派を「理知的」、「打算的」と評して入会を断った岩元禄［＊6］の建築観は、こうした発想の極北であった。

一方、彼らにとっての《望ましい建築》はいかなるものであったか。彼らは、歴史様式を否定してさえいれば「自然派であらうとローマン派であらうと象徴派であらうと、又印象派であらうと表現派であらうとそれを容れ得る」［＊7］という。この理念先行性が、分離派建築会は造型の上での提案を呈示できなかったといわれるゆえんだが、しかし、分離派がココロガマエ論に終始していたのならば、あれほど多くの類似グループを生むことはできなかっただろう。やはり分離派が示した造型こそが同世代の建築家にインパクトを与えたと考えるべきである。そして、それら建築運動が、みずからの表現意欲を十全に開示し得るものとして《望ましく》思ったのは、つまるところ表現派建築であったといってよい。そのゆがんだ線、うねる面、ねじれた空間に、彼らは自己を表現するにふさわしい建築を発見した。いや、むしろ表現すべき自己を発見したというべきだろうか。分離派建築会第一回展覧会では、第一次大戦のためにヨーロッパからの情報が途絶していたため、ゼツェッションとユーゲント・シュティールから触発された部分が多い。しかしその後、雑誌によってドイツ表現派の活動が紹介されてくると、すべての作品がその気圏に入っていく。分離派の活動、そして後続の会派が表現派的造型に染め上げられていく速さをみるとき、表現意欲が先走っていた彼らは、ドイツ表現派の啓示によって、実ははじめて表現すべき自己に出会い、彼らにとって《望ましい建築》がその像を結んだのだと考えることができる。ここにおいて、彼らの《表現意欲の絶対化》が、建築全体を統括する秩序を形成し得る根基が成立したといえるのである。

しかし、建築運動が現実の建築世界を変革しようとしたとき、彼らの企図は二重に破綻する。

彼らが何よりも獲得しようとした《建築の自律性》は、関東大震災後のバラック建築においてしか発揮できなかった。恒久的建築の建設開始とともに、彼らの活動は大きな転換を余儀なくされた。自分ひとりの表現意欲を通してしか世界を見ない建築運動の発想では、他者の存在しようがない。それは、はなやかな対社会的運動の形をとっても、本質的にはきわめて閉鎖的な論理に基づく。こうした論理が、社会的存在であるはずの建築に投影されるとき、建築はその根拠を脅かされる。それがなぜ建てられなければならないか、その基本的な理由を失うからである。野田俊彦が、分離派の人たちは建築を自分たちのものだと考えているようだが、建築は注文主のもののはずだと論難したとき［＊8］、主張そのものの浅薄さにもかかわらず、彼は確かに問題の正鵠を射ていた。現実の中で、建築運動は、構造学による疎外に替わる産業資本による疎外に直面するだけだった。石本喜久治のようにその構図に居座るか、堀口捨己と山田守のように疎外の圏外の小世界に位置を見出すか、その進路は異なっても、決して《建築の自律性》の回復に成功したわけではなかった。

このとき、創宇社は、分離派が回避した問題に対し、社会主義思想の塁に拠って戦おうとした。また、彼らほどの思想性はないにせよ、各大学の卒業制作でも「労働者アパート」、「労働組合会館」といったテーマが多く選ばれてくる。それらは、建築が産業資本に従属する状況を逆転させようとする試みであった。彼らは、少なくとも問題のありかだけは知っていたといえる。むろん、そこには政治への従属への危険性がないわけではなかった。「新興建築家連盟」の綱領など見ると、結局は「史的発展の必然的法則」［＊9］なる建築以外の原理によって、建築を律しようとしていただけではないかと考えざるをえない。しかし、村野藤吾が「リアリズムの思想を建築に移してみたら、実際どういうものなのか」［＊10］を知るために、ソ連を訪れ、「オレは何をしているかな」という疑問から、『資本論』を読みはじめた［＊11］という回想を真率なものと考えるなら、唯物論あるいは社会主義思想を、ひとつの手掛かりにして、建築家たる自己の存在理由を問おうとする姿勢は、おそらく、きわめて自然なことだったとみなせる。それというのも、先述したように、日本の建築運動は、それ自体には自我の小宇宙を超える契機を有していなかったのであり、自己と他者の関係性のなかで建築を把握しようとするときには、ある跳躍が必要だっただろうからである。おそらく、大正文化の一側面である「人道主義」、つまり他者への倫理意識は、こうした手続きを経て、はじめて建築思想としてのひとつの発露をみたということができる。社会主義思想への傾斜の最も目立つ部分に政治主義が露だったとしても、その出発点においては、そうでない因子をも多く含んでいたことを、閑却するわけにはいかないのではないだろうか。

いささか議論を急ぎすぎた。一九二〇年代の建築運動が、みずからたずさえた新造型によって得ようとした《建築像の統一》はどうなったのか。彼らは、たぶん予想していなかった状況に遭遇した。彼らは、否定すべき対象を「過去の流派様式を絶対の定規のごとく見なして一点一画を違はないことを信条としてゐる様式建築」［*12］と認識していた。しかし、前述のように、歴史様式はその「絶対の定規」をすでに失っており、そこでの設計姿勢を支えていたのは瞬間的な美意識の充足であった。誰も建築の普遍的な《望ましさ》を信じてはいなかった。それは、革新的建築が依拠する《表現意欲の絶対化》をたちまち相対化してしまう状況だったのだ。建築運動は「創造」と「個性」を呼号する。だが、歴史様式を採用する側でも、R・エストベリやE・ファーレンカンプを師表として、様式の解体の彼方に新たな可能性を見晴るかしていた。理想とする建築像が四分五裂し、あらゆる主張が「見解の相違」に帰着するとき、表現派の造型に寄せる情念も、ロマネスクの装飾へ注がれる愛情と等価なものになっていたのである。分離派建築会のなかでもっとも深く現実社会にコミットした石本喜久治が、やがて「近世復興式」の銀行と構成主義的な住宅をともども手がけるようになるのも、建築運動が、その理念によっては建築像の統一に全く力を持ちえず、意匠の個別性と等価性のなかに埋没したと考えれば、むしろ当然の帰結であった。

だが理念はともかく、造型の上で建築運動がもたらした成果は、やはり少なくなかったといわねばならない。ゼツェッシォンは、日本においては結局のところ装飾の新風として受容され、そのため、最初に触れたように容易に歴史様式と《習合》してしまった。これに対して、表現派以降の諸造型はそれ自体で完結する度合いが高い。その理由は、おそらく歴史様式との原理的な相違にある。つまり、歴史様式は、基本的には装飾間の連関と全体の比例とで成立するものであり、そこでは部分が構成要素として際立つことは避けられねばならない。一方、建築運動の造型は、分離派建築会の「建築還元論」が示唆するように、建築の構成技法の試案群であったといいうる。この両者のあいだの懸隔は、当時の感覚では言語を絶して巨大なものだったにちがいないのである。

写真1　ストックホルム市庁舎

建築家たちは、建築運動の大渦巻の中で旋舞するうちに、建築の構成要素の組み合わせ方に豊饒な可能性が存在することを知った。今日の眼で見れば、それは当然のことに思えてしまう。しかし、少なくとも一九二〇年代前半までに建築教育を受けた人間は、様式的教養を血肉と化すことを求められたのであり、山口文象が長野宇平治の作品に感激して建築家を志したように、建築的原体験は歴史様式によってなされていた。そんな彼らが様式的教養の重力圏から脱するためには、造型の遍歴による空間感覚の染め替えが不可欠だったし、建築の把握方法の革新がなくてはならなかったのだ。

三　近代的空間への近接路

日本の建築運動においても現れた種々の造型——表現派、立体派、アール・デコ、デ・スティル、構成主義、そして国際建築様式は、建築史の中では、いちおうそれぞれに完結した形態を有しているとみなされている。しかし、少なくとも日本においては、構成主義風の住宅の窓に、アール・デコの悪い見本としかいいようのない桟が納まっていたり、表現派風の車寄せとデ・スティル風の塔屋とが同居していたりする例はいくらでもある。

その理由はふたつある。それら革新的建築は新しい空間構成の技法をもたらしたが、諸技法の上位にあってそれらを統括しうる空間のイメージというべきものは、いまだ形成されていなかった。つまり、歴史様式に替わる新しい空間構成は可能性の断片に止まっていた。そのとき、そこにチグハグさが伴うのは当然であった。一方、すでに指摘したように、革新的建築も建築像の個別性をまぬがれていたわけではなく、その状況は、国際建築様式が広く知られるようになる時期でも、それほど変化してはいなかった。ひとりの建築家が同じ大学の法学部は歴史様式で、医学部は国際建築様式で設計した例があるが、そうした姿勢も、統一的な建築像が存在しない以上むしろ感覚に素直に従った結果であった。そこでは建築の歴史的位置関係は無視されるし、あるひとつの造型に特権的地位を与える根拠もなかった。ここに、一九二〇年代後半から三〇年代前半にかけての建築作品がしばしば整合性を欠いている理由を見ることができる。

国際建築様式が、交換可能な意匠のひとつから建築全体を総覧する地位に上りつめるまでには、どのような経緯をたどったのであろうか。それを考えるとき、大きな示唆を与えてくれるのは、藤岡洋保氏の「戦前の日本の建築界には『空間』という言葉はない」[＊13]という指摘である。藤岡氏は、そこに、日本の建築界が個々の建築に対する思考を超える総合的な建築思想を育てられなかった原因を見ており、それは本稿がいうところの《建築像の分裂》とも関連する。だが、問題はそれだけに限定されない。建築を「空間」という概念を通して見られないとき、建築家の思考は建築のソリッドな部分にばかり向けられがちになる。堀勇良は、後藤慶二の『空隙哲学』に日本における空間概念の萌芽を見ている[＊14]。まさしく建築空間とは、まずもってソリッドな各部材で埋め残された空隙にほかならない。日本においては、初期の国際建築様式はほとんどが構成主義的だが、それは構成主義の残影を捨てられずにいるというよりはむしろ、部材の構成にしか関心がなかったからだといえるのである。

革新的建築は、歴史様式に替わるべき多くの技法をもたらしたが、その技法を統括する空間のイメージがなかった、と前に記した。それは歴史様式の学習期にあったことと事情は同じである。歴史様式の場合はそれでも、醸成のための長い時間が与えられ、また様式細部の累層がおのずから建築全体の空間の質を保証する厳密な規範があった。その中で空間のイメージが共有されていったし、そのイメージによって統括された美的秩序が、少なくとも最良の部分では成立しえた。歴史様式を拒否して新たな美的秩序を構築するためには、新たな空間のイメージを見出さなければならなかった。それは「空間」という単語を手に入れるだけではできない。いうまでもなく建築に関する美意識の刷新が必要だった。

写真2・3　若狭邸

　しかし、それはすでに表現派から構成主義へ到るなかで、行われてきたのではなかったのか。確かに、それは建築のソリッドな部分については成された。だが、空間に関する感性を一挙に革《あらた》めようとするなら、その空間のなかに身を置き、その空間を生きるという経験が不可欠だった。これが一種の暴論であることは承知している。しかし、日本の国際建築様式のパイオニアと評される建築家の中で、いま、先駆性や言論活動における重要性といった歴史的位置付けを離れて、その作品の完成度——ことに国際建築様式としての首尾一貫性に着目するなら、どうしても前川國男、土浦亀城、山口文象、坂倉準三が際立つことを考えるとき、この時期に関する限り、ある程度の妥当性があると考えたいのである。解説するまでもなく、彼らは巨匠たちの下で、長期間の西欧生活を送った人びとである。前川國男は東京中の借家の中で、土浦亀城設計の野々宮アパートにしか住めなかったという[＊15]。このエピソードが教えるところは大きい。かつて堀口捨己の若狭邸と土浦亀城の自邸は、等しなみに論じられてきた。しかし今日、このふたつは明

写真4・5　土浦自邸

らかに違って見える。それは優劣の次元ではなく、空間の、そしてそこで営まれる生活に関するイメージの凝縮度において異なっているのである。

近代的空間の発見は、極言すれば全人格的な革新が必要であった。西欧生活という捷径をたどれた者は幸運だった。しかし、そうでない者も歴史的空間を忌避するならば、それに替わるものを手にしなければならない。

このことを、まず安井武雄についてみてみよう。彼は「折衷派建築の第一人者」と呼ばれていた。しかし、彼が国際建築様式に強い愛着を持っていたことは、一九三一（昭和六）年の自邸に明らかである。安井の造型の特徴は周知のように、東西の歴史的建造物を渉猟して得た微細な装飾にあったが、一九二九年頃から装飾をそぎ落とし、幾何学形態によって全体を統括しようとする。その志向の典型がこの自邸である。そこには無装飾の壁があり、連続窓があり、ピロティがある。安井は国際建築様式のボキャブラリーを並べてみせる。完成度は、細部処理の稚拙さと、出隅・入隅の多用によることさらなヴォリュームの強調に見るように、決して高くないけれども、それだけに、五〇歳近くになって自己変革に取り組む建築家の一途さが伝わってくるともいえる。

しかし、一九三三（昭和八）年の大阪ガスビルでは、もはやそうした国際建築様式への随伴を見せない。この作品が秀作であることは間違いないが、二階の連続窓と、その上に細かく並ぶパラボラ断面の柱型とは、その技法の出自を考えれば一貫しないものを感じさせる。市浦健から「関西の人のモダーンはどうもスッキリしない」[＊16]と評されるゆえんである。また、このビルをはじめ、この頃の安井はアール・デコ風の細部装飾を用いつづける。それでは、安井にとって国際建築様式とは何だったのか。確実にいえるのは、国際建築様式を通過したあとでは、見かけの上での組積造性が消失することである。安井は常に「過去」と「現在」の総合に腐心してきたといってよいが、以前の作風では、濃密にひしめきあった「過去」が「現在」を閉ざしていた観がある。しかし、ひとたび「現在」そのものの国際建築様式に接近して、「過去」を覆う組積造性を払拭したとき、まったく異なる総合の可能性を知ったとみなせる。彼は大阪ガスビルで、立面における古典的な三層構成を、ラーメン構造の現し方の組み合わせによって、鮮やかに再生してみせる。そこでの「過去」は「現在」に対して広やかに開かれている。それは、安井にとってまぎれもない近代の建築であったはずである——たとえ、普遍化を許さない、彼ひとりきりのものであっても。こうした個人的な「近代性」の獲得に対して、建築運動の建築家たちは、「近代建築」の普遍性を確信していたように見える。建築運動の理論は、意地悪くいうと、作品を見る人の賛嘆よりも、追随者の輩出を願っているかのようである。しかし、彼らの実作が、常に普遍的方法に基づいているとはいいがたい。磯崎新氏は、堀口捨己の作品に、近代的空間を特徴付けるべき「ヴォリューム」が欠落しているのを見る［＊17］。堀口は、横山正氏が指摘したように「庭の存在によって室内空間を組織する手法」［＊18］に依拠し、その中で数寄屋の空間構成へ旋回していくことによって、国際建築様式の一般的な空間構成からは微妙にずれつづけるのである。堀口が、合理的判断の上位に立つ「好み」の価値を

写真6　安井自邸

写真7　大阪ガスビル

図1 岡田邸

主張するのは、彼自身、自己の方法の普遍性を信じていないことのあらわれなのだ。

もうひとり谷口吉郎。彼の戦前期の作品は、「白いマッス」ともいうべきものである。自邸について見てみよう。外壁を小うるさく分節する庇と戸袋は、彼が唱導する合理主義のしからしむるところとして、室内に眼を向けると、せっかくのホール上部の吹抜けは、庭側にもギャラリーをとったために、ひどく閉じた印象になり、また、ホール中央部の壁は軽いスクリーンのように扱うべきなのに、小さなニッチを設けたりするものだから、まるで組積造のように見えてしまう。要するに、そこには国際建築様式特有の「非物質的、非重量的な」[*19]ヴォリュームが乏しい。それはおそらく、ヴィラ・ガルシュの曲面壁を嫌悪し、K・シンケルに傾倒した彼の感性に発する。彼の作品の「詩情」は、むしろ、近代的空間が全面的には開示されていないところから生じる「余白の美」なのである。

写真8・9 谷口自邸

彼らに見るのは、近代的空間から微妙にずれた空間構成に依りつつ、国際建築様式に漸近線を描いていく軌跡である。そして、そこで選ばれた空間構成が、彼らに根生いの感受性と深く繋がっていることに気付く。つまり、空間感覚の刷新の手掛かりを、彼らは彼らの感性にとって、もっ

とも根底的な部分に求めたといいうるのである。翻って考えると、近代主義建築家に多く見られた日本の建築的伝統に対する深い関心は、それが近代的空間への転回軸として大きな意味を有していたからにほかならないだろう。

四　アポリアの帰結

近似した空間に依拠して、近代的空間を追求する状況は、一九三〇年代後半から顕著な転換を見せる。吉村順三、丹下健三、大江宏といった一九一〇年前後に生まれた建築家は、その出発点から媒介項なしに近代的空間をわがものとしていたとみることができるからである。こうした変化には、彼らの能力とは別の、時間の経過というものの働きがあったといえる。彼らには前世代のように、内なる様式的空間構造を排除する面倒がいらなかった。彼らは、岸田日出刀、水谷武彦らが確保した近代的空間のための教育を、享受することができた。そしてなによりも、近代的空間をその一環とする近代文化を、日本にいながら知ることができたのである。大江宏が一九三〇年代を回想するとき、ルネ・クレールやジュリアン・デュヴィヴィエの作品に代表される外国映画の与えてくれた「重い」感動を別して語っている［＊20］のは重要である。この時期、同時代の西欧文化が、映画・文学・美術・音楽の全領域にわたって日本に現れた。明治期において受容された一九世紀を中心とする西洋文化を、《第一の西洋》と呼ぶなら、それは、いわば《第二の西洋》の発見であった。前世代の建築家が近代的空間をそれだけ切り離して獲得しなければならなかったのに対して、一九三〇年代以降の建築家たちは《第二の西洋》のトータルな精神と感性のなかで、彼らの精神の成長とともに近代的空間を見出し、育てていったということができる。

> 単に近代建築のすっきりした姿にただ魅せられたということだけではなかった。もっと本質的に、インターナショナルなもの、リベラルなものへの理想主義的な志向がことさら強かった。［＊21］

この大江宏の言葉には、彼らの世代の精神史としての響きがこもっている。

一九二〇年代前半の建築運動の《表現意欲の絶対化》は、それだけでは、個別化した建築像を統合する力を持ちえなかった。しかし、いま、近代的空間意識は、二〇世紀西欧文明の総体と連動することによって、あるいは連動しているという信頼によって、広く人の心をつかんでいった。つまり、国際建築様式が四分五裂していた建築像を総攬しえたのは、こうした文化的飛躍の総体と結びついたからであったといいうる。その総体性を、「時代精神」という単語が粉雪のように飾る。この曖昧きわまる言葉は、しかし、この時代において、具体的な指示物を持つかに思えたのである。

こうして《建築像の統一》は回復されたと信じられた。一方、《建築の自律性》はどうであったか。D・ワトキンは、近代主義が建築の自律性をさまざまな外在物に売り渡してしまったという。しかし、ここまで見てきたように、少なくとも日本の近代建築運動においては、《建築の自律性の喪失》に対する苛立ちが、その動因のひとつとなっていたことも認めないわけにはいかない。ひとまず、近代建築運動の主張に就いてみてみよう。彼らの見解に従えば、過去の建築家は要するに装飾選択技術者であって、その選択基準を旧套に捕われた商業主義に委ねてきたがゆえに、建築の自律性を失わしめたのだということになる。

谷口吉郎はいう。

新建築家は絵画的分子の混入を建築の不倫とし、建築の俗悪化とし、建築の虚構として排撃し、建築の自律性を提唱する。従来の扮飾的なファサード建築は我々にとっては、全く伝染病の病体模型に見る如き醜悪さを感ずるばかりである。……彫刻に対しても、絵画と同様に、其の内に人間社会に対する芸術的洞察が脈打っていなければ……新建築家は一片の共感をも示さない。［＊22］

歴史様式が多くを負っていた建築の絵画的要素にも、一九二〇年代の建築運動を特徴付ける彫刻的要素にも背を向けるとき、「新建築家」が建築の自律性を確保しようとするのは、平面計画においてである。はやくに稲垣栄三が指摘［＊23］したとおり、日本の近代建築運動においては、平面計画が過剰なほど重視されていた。建築運動は、それを「合理主義」という言葉で説明する。だが、それを信じてよいのだろうか。

たとえば、彼らはパネル・ヒーティングの採用に執着する。当時の工法は不確定な要素が山積していたにもかかわらず、実験よろしく多用しつづける。このことが示すのは、彼らの「合理主義」ではなく、むしろ「快適性」への信奉であろう。だが、それは彼らの欠陥ではないだろう。おそらく、この「快適性」という目標を発見することによって、彼らは建築の自律性の根拠をも発見しえたのである。なぜなら、そこに建築でしか解決できない問題を設定できたからである。それは、設計の段階ではじめて手がけることのできる課題であるから、構造学をもって置換されることはないし、また、「快適性」が普遍的な人間行動と関わる以上、商業性によって分断されることもない。しかもこの時期、コストや工法においては、彼らがいい募るほどには大きな成果をあげていない。彼らが独自性を主張できるのは、何よりその「快適性」についてであった。つまり「快適性」に建築固有の領域を発見する視角、それが「合理主義」と呼ばれたのだといいうる。

この「合理主義」を内側から支える発想、それはやはり一種のヒューマニズムと名付けざるをえない。彼らの「快適性」の捉え方が、どれほど一面的で、かつ計量化可能な分野にのみとどまっていても、そこには他者へ向けられる視線が存在するからである。建築における他者への視線は、大正期の都市への関心と、住宅改良運動に内在していたものであり、社会主義思想への傾斜の中で、顕在化してきたといえる。そしていま、「近代建築」において建築上の価値を付与されることとなったと考えられるのである。

一方、この「合理主義」の必要条件として、いわば外側から支えていたのは、いうまでもなく《第二の西洋》文化である。「快適性」は、この《第二の西洋》が差し出す合理的人間像を不可欠の前提としている。堀口捨己の「自然の脅威から隠れる家として以上の要求は幾多の不定な個人差のあるものである。しかし其不定な個人差の多いものも次第に平均して平等に近づいては来るだらう。……科学を基とした合理主義的方向が、進化の方向である事には相違ない」[*24]という言辞は、この時期の「合理主義」建築家に共通の認識だったはずである。

《第二の西洋》を普遍的な文化であると確信することによって、建築家たちは《建築像の統一》を回復した。また同様の確信のもとに、彼らは「合理的」に人間行動を抽象でき、抽象化された他者のために設計することで、《建築の自律性》を獲得したのである。

ここまで日本における近代建築思想の形成過程を追ってきた。付け加えるまでもないが、それはその過程が必然的展開であったなどと、いうためではない。ここで述べようとしたのは、今世紀初頭からの建築の状況を、建築家たちがどう把握し、みずからの判断にどう対処したか、その推移の一局面である。いいかえれば、ここでは状況に対して投げかけられた建築的企図の群れのなかから、ある連関を仮定してみようとしたのである。

二〇世紀初頭の建築的状況における課題、それは、《建築の自律性の喪失》と《理想的建築像の分裂》であったと想定してよい。「近代建築」は、このアポリアを統一的に解決することによって、ある建築的総合を獲得しようとする試みであった。その意味では、「近代建築」は、反抗的姿勢にもかかわらず、明治以降の建築界の誠実な、あるいは誠実すぎる遺言執行人だったということができる。その総合の構築のために捧げられた思量と発見は、ここまで述べてきたとおりであるが、しかし、そこで看過され、盲断されてきた問題の所在もまたわれわれの知るところである。前者の記憶が生きていたとき、「近代建築」はあまたの称揚をかちえた。だが、かつてのアポリアが注意を引かなくなり、後者に思い到った現在、おびただしい弁難を浴びる。

しかし、あえていうならば、その双方を孕んで、あやうげに、またはかなげに成立したのが「近代建築」なのである。その存在は、ほとんど一陣の風にも破られる霧の中の幻像に近い。分解の危機にたえずさらされる緊張が深まりくるとき、一瞬の静けさが訪れる。そのつかの間の静謐として、《白い家》はある。

*1　大熊喜邦「セセツション式の流行を見て」初出未詳、1914年、『趣味の建築講話』鈴木書店、1921年所収

*2　松井貴太郎「日本趣味を論じて将来の日本建築に及ぶ」『建築雑誌』24輯283号、1910年

*3　佐野利器「洋風建築の新風味」『建築雑誌』24輯285号、1910年

*4　石本喜久治「建築還元論」『分離派建築会宣言と作品』岩波書店、1920年所収

*5　堀口捨己「建築に対する私の感想と態度」『分離派建築会宣言と作品』岩波書店、1920年所収

*6　向井覚『建築家・岩元禄』相模書房、1977年

*7　堀口捨己「芸術と建築との感想」『分離派建築会の作品・第二刊』岩波書店、1921年所収

*8　野田俊彦「分離派建築会の展覧会を観て」『建築画報』21巻4号、1921年

*9　『新興建築家聯盟一九三〇年宣言』1930年

*10　佐々木宏編『近代建築の目撃者』新建築社、1977年

*11　村野藤吾他『建築をめぐる回想と思索』新建築社、1976年

*12　堀口捨己、前掲「芸術と建築との感想」

*13　藤岡洋保「脇役でありつづけた鉄とガラス」『スペース・モデュレーター』53号、1979年

*14　堀勇良・近江栄『日本の建築〔明治大正昭和〕十　日本のモダニズム』三省堂、1981年

*15　「建築家・立原道造」『都市住宅』（臨時増刊、住宅第2集、1972年）での生田勉の発言

*16　座談会「一九三三年の建築を回顧する」『国際建築』9巻12号、1933年

*17　磯崎新「住宅と作家・堀口捨己論　様式の併立」『新建築』臨時増刊、昭和住宅史、1976年

*18　横山正「住宅の五〇年」『新建築』臨時増刊、昭和住宅史、1976年

*19　H・R・ヒッチコック、P・ジョンソン、武澤秀一訳『インターナショナル・スタイル』鹿島出版会、1978年

*20　講演会「近代建築の歩みを聞く」『建築雑誌』92集1121号、1977年

*21　同右

*22　谷口吉郎「ル・コルビュジェ検討」『思想』1930年12月号初出、板垣鷹穂・堀口捨己編『建築様式論叢』六文館、1932年所収

*23　稲垣栄三『日本の近代建築——その成立過程——』丸善、1959年

*24　堀口捨己「現代建築に表はれた日本趣味について」『思想』1931年1月号初出、板垣鷹穂・堀口捨己編『建築様式論叢』六文館、1932年所収

近代日本の建築学の歩み――技術と芸術に分裂し、なお統合を追い求める

アエラ・ムックのシリーズ『……学がわかる』の一冊『新版・建築学がわかる』（二〇〇四年）に収載。一九九七年刊行の旧版にも書いており、七年後の改訂の際に多少書き直した。それでもまだ至らぬ点があり、今回最小限の修正を施した。

＊

日本建築学会は「学術」「技術」「芸術」が三位一体となって発展することを目標に掲げている。しかし、その目標の存在そのものが示すように、建築学の歴史は、建築を技術としてみる立場と芸術としてみる立場の対立の歴史であり、また建設の実務に役立つテーマを研究し教育すべきだとする立場と、学問それ自体を目的とする立場の対立の歴史である。近代日本の建築学は、諸外国にくらべても、芸術と技術の対立、「学」と「術」の分裂が際立っているといってよい。日本の建築学がはらんだ遠心力と、それにもかかわらず統合を希求する思いの歴史をたどることで、その特質の一端を示してみたい。

一六世紀後半から明治四年頃──西洋建築との出会い

軍事施設と外国人居留地にはじまる

一六世紀後半、キリスト教の伝来とともに、その教会堂建築も日本に出現する。そのとき、日本人ははじめて西洋建築文化の一端に触れた。もし、そのままヨーロッパ諸国との交流が続いていたら、目にも綾なバロック様式の大伽藍が極東の地に聳《そび》えることになったであろう。しかし、徳川幕府の鎖国政策によって、わずかに長崎出島のオランダ商館だけが西洋の建造物の面影を伝えることになる。

ただ、蘭学という回路をたどって、西洋建築の情報はわずかに流れ込んでいた。一八〇〇年ごろに、本多利明が『経世秘策』において、西洋にならって建築物を石造化・煉瓦造化すべきだと唱えたのも、蘭書を通じての知識によるものだったろう。そして、日本人として西洋風の建築物をはじめて設計したのも蘭学者であった。すなわち、佐賀藩における煉瓦造の製鉄用反射炉（一八五〇年）、函館の弁天岬砲台（一八六三年）・五稜郭（一八六四年）などを、オランダの技術書を手本に建造したのである。そこでは煉瓦を焼くところから、蘭書の教えに従っている。

上に挙げた建造物の名前が示すように、日本人が西洋建築の必要性を感じた最初は軍事施設であった。欧米列強の黒船が近海に出没しはじめたため、西洋の技術をもって西洋に対抗しようと考え、軍事技術とそのための建造物とをワンセットで模倣したわけである。

一八六〇年代になると、製鉄・造船・紡績などにおいて西洋化がはじまる。そこにおいては幕府・諸藩とも外国人技術者を雇用して指導を仰いだが、施設についても、いわばプラント輸入的に西洋建築を採用していった。日本の近代化の最大の動因は、産業革命によるテクノロジーの飛躍的発展に自分たちは完全に遅れをとってしまった──という焦りであった。そして、近代テクノロジーを移植しようとするとき、テクノロジーと西洋建築の導入は一体のものと見なされた。やがて、日本の建築学は工学のなかに位置付けられるのだが、そうした建築観はすでに幕末の時点で組み込まれていたのである。

西洋建築を学習する必要に迫られた用途が、もう一つあった。外国人の居住・接遇のための施設である。一八五九年以降、長崎・横浜・函館、やや遅れて神戸に外国人居留地が設置される。その初期の建設活動は建築の専門家ならざる外国人の指示のもと、日本人棟梁が執りおこなっていった。また、開港地には公使館・領事館の建設を要求された。これらも各国からの要望を聞きつつ、日本人棟梁が設計施工にあたったとみられる。

日本人棟梁による「擬洋風建築」

一八七一（明治四）年ごろから、いわゆる文明開化の風潮が急激に広まっていく。それによって近代化政策の拠点である官庁舎・学校・病院・軍事施設などにおいて、日本人が日本人に向けて「西洋造《づくり》」を採用していき、また民間でも、銀行・舶来品店などから洋風モチーフを用いはじめる。そうした形態を採用するにあたっては、「旧慣」を払拭し、「御一新」の到来を知らしめるという目的がうたわれた。

日本人の大工棟梁、技術官僚によるそれらの建築を一般に「擬洋風建築」と呼んでいる。先行する洋館、特に居留地建築がまずモデルとなったが、必ずしも実物を見ていたわけではなく、錦絵などを通して情報が拡散していった場合も多い。それまでのように外国人から指導・関与を受けることがないことから、西洋建築のモチーフの選択に独自の嗜好がみられ、また知識の欠落部分を創意で補おうとするので、きわめて特異な形態を生み出している。そこには、近世までの建築学・術の体系を破壊する痛快さがただよっている。

近代テクノロジーは「洋式」が絶対的な価値を持っており、その価値観が反映して、産業施設の建設技術においても概して西洋直写を意図した。それに対して、庁舎や学校の「西洋造」は在来の手法に新たに加わった選択肢にすぎなかった。実際、江戸時代と変わらぬ姿の近代的施設も数多く建てられている。それだけに、正統性を保証することよりも、瞬間的な訴求力を求めたのだといえる。そして、訴求力を必要としなくなったとき、棟梁たちは近世的伝統の世界へと帰っていった。

明治四年から明治三〇年頃——建築教育の開始

技術者養成機関が生まれる

学術・科学技術の分野で、西洋にあって日本にない分野では、すべて外国人の指導者を招聘した。しかし、彼らの情報は一工場、一部署のなかにとどまってしまう。それを集約し、広範囲に発信できるようになるためには、知識を体系的に伝授する教育機関が必要であった。その意義にいち早く気づいて、個人でその業を興したのが福沢諭吉の慶應義塾であり、一方、近世からのシステムに接ぎ木しようとしたのが、江戸幕府蕃書調所《ばんしよしらべしよ》に由来する開成学校である。

これらと並行して、文明開化政策を一手に担当していた工部省により、近代工学の教育機関がつくられる。まず、電信・燈台などの技術者養成のための修技黌を一八七一（明治四）年に設けた。同じ年、英国人土木技師エドムンド・モレル（一八四〇—一八七一）の建議にもとづいて、より本格的な日本人技術者養成機関として工学寮（明治一〇＝一八七七年からは工部大学校と改称）を設置することを決めた。英国から都検（校長）ダイアー（一八四八—一九一八）ほか多くの教師を招聘し、一八七三（明治六）年に開学の運びとなる。土木・機械・造家・電信・化学・冶金・鉱山の七科が開設されたが、そのうちの造家学科こそ近代建築学教育の起点となるものであった。

工学寮は六年制で、二年ごとの三段階に分けられていた。第一段階は物理学・数学などの工学の基礎を成す教科を学び、第二段階はそれぞれの専門教科の講義を受け、第三段階で現場での実習をおこなうという階梯である。工学寮開設当初、想定されていた造家学科の教科内容は、「造家諸式」すなわち建築様式という一科目以外は、建設技術（「基礎ヲ布置スルノ諸式」「鉄或ハ材木ヲ以テ堂屋ヲ築クノ式」など）と建材製造技術（「瓦磚〈＝煉瓦〉下水管ノ製造」「亜土〈＝モルタル〉和土〈＝セメント〉人造石〈＝コンクリート〉製造」など）、および製図法の修得を中心とするものであった。つまり、そこでの建築学は他の学科と同質の技術と捉えられており、その教育は家屋建設の実務に直結させることを目指していた。ちなみに、開学直前まで造家学科は「建築学課《ママ》」と称されていた。明治初年の「建築」は、鉄道工事なども含んでおり、ニュアンスとしては今日の「建設」に近く、「造家」以上に即物的な響きであったと思われる。

芸術教育を重視したコンドル

造家学科においては、第一期生が第二段階に達しても専門の教師がなかなか見つからなかった。結局、開学後三年半を過ぎた一八七七(明治一〇)年一月になってようやく、英国人ジョサイア・コンドル(一八五二―一九二〇)が着任する。コンドルは二四歳、英国における建築家の登竜門と位置付けられているソーン賞を前年に受賞したばかりの俊秀であったが、日本美術への強い関心から、極東の地へ赴任してきたのである。彼は、ヨーロッパ的意味における建築家の正統的教養を体現していた。すなわち芸術としての建築を設計するためのキャリアを積んでいたのである。そのような人物に白羽の矢を立てたのは、学校当局、ひいては明治政府も、建築の芸術的側面に次第に気づきはじめていたからであろうと見られている。

コンドルは、上野博物館など明治政府が依頼する設計にたずさわりつつ、一期生の講義の遅れを取り戻すために献身的な教育をおこなっていく。そのさなかの一八七八(明治一一)年三月、学生に対しておこなった講義が今に伝わるが、そこでコンドルは「諸君は建築家の教育が科学教育であると同時に芸術でもあることを肝に銘じておく必要がある。……私は建築家の芸術的教育に非常な力点を置いている」と述べている(清水慶一氏の訳文による)。その言は、工部大学校開設時の技術的建築教育に対する建築の正統からの反論であった。

ただ、ここで留意しておかねばならないことは、コンドルのいう「芸術」が、今日わたしたちの考える「芸術」とは内容を異にしていることである。一九世紀の建築設計思想は《様式》という概念に支配されていた。一九世紀には、西洋建築の歴史を時代ごと・地域ごとに固有の形態と空間的特質を備えた様式の交代の歴史として捉えたそのような歴史観のもとでは、建築設計についての考え方も今日とは大きく異なっていた。過去の様式群をそれぞれに規範として学び、それらを洗練させ、使い分け、さらには折衷することが設計であると考えられた。社会もまた、建築物の用途やロケーションに対応して、いかなる様式がふさわしいかを見定める「教養」を形成していた。建築家の独創性や、原理的問いかけが問題にされなかったわけではない。だが、思考は常に《様式》の枠のなかにあった。そこには、現代の建築が造形面ではいかなる制約も負わないことを前提にしていることと絶対的な違いがある。ともあれ、建築家は様式に精通しなければならず、それゆえ建築学の中心は歴史であった。工部大学校においても、コンドルによって「建築の歴史とその芸術性」という内容の科目が追加されることになる。

コンドルは「想像力を涵養して、創造することを学び、新しい理念を醸成する」教育を志した。そして、学生に擬洋風建築を参考にしないよう言い渡し、自らの設計の製図を学生に担当させ、また現場に連れ出すことで、西洋建築がいかなるものかを伝えようとした。とはいえ、いつの時代にあっても、建築学は、建築を計画し・設計し・施工する具体的な実践と無縁ではありえないし、建築教育も実践能力の涵養、いいかえれば職業訓練的要素をまったく排除することはできない。コンドル自身、ロンドン大学・サウスケンジントン美術学校での美術的建築教育と、設計事務所での実務教育との双方を身につけることによって、建築家となったのである。まして、オールマイティーな即戦力の養成が必要なこの時点では、技術的課題を抜きにした建築教育はありえなかった。コンドルが課した卒業論文のテーマが、「建築に用いる粘土製造品の用法」「建築に適用する本邦の木材」といった純技術分野と、「将来本邦の家屋建築について」という思弁的なものとに分裂せざるをえなかったのも、思えばやむをえない事態であった。

パイオニア・辰野金吾の揺れ

一八七九（明治一二）年七月、工部大学校造家学科は四人の卒業生を送りだし、近代日本の建築学はいよいよ自立への道を歩みはじめる。明治政府は工部大学校、あるいは東京大学卒業生のうちの優等生を欧米に留学させ、彼らの帰国を待って、順次御雇い外国人教師と置き換える方針を取った。造家学科第一期生からは辰野金吾（一八五四―一九一九）がその任を委ねられる。彼は英国へ留学し、一八八三（明治一六）年に帰朝するや、コンドルにかわって教授となる。

育ちはじめた日本人建築家は、辰野を先頭に、コンドルが礎石を据えた西洋建築を日本に根づかせようと懸命になった。どれほど見事な設計図を仕上げたところで、それを正確に具現化するためには実に多くのプロセスを整備しなければならない。横文字の術語を訳すことにはじまり、石・木材以下、必要な建築材料を探索すること、職人を訓練すること、建設業の仕組みを洋風建築に対応させること……、草創期の日本人建築家の業務は、こうした現実との格闘から始めなければならなかった。辰野金吾は一八八五（明治一八）年に工部大学校のカリキュラムを改訂している。それはコンドル時代よりもかなり細かくなっており、特に建築法規や契約の結び方など実社会での業務と対応する科目が追加されている点に、辰野の関心がうかがえる。だが、「造家学」の範囲が拡大し、細分化されても、実作に直結する断片的知識の集合体という性格は依然変わっていなかった。

辰野はあるときはコンドルゆずりの芸術性重視を唱えたかと思うと、あるときは技術の向上を強調した。若くして国家的プロジェクトを託される立場からは美的洗練は急務であった。

しかし、建築家が置かれる社会的状況はとにかく煉瓦を積んでみせる能力を求めた。幕末維新期に見られた洋式工場と擬洋風建築との建てられ方の違いは、形を変えて依然生きていたといってよい。辰野の揺れは、自律性を持たない建築学の揺れであった。

「建築学科」誕生のいきさつ

社会の要求に価値判断をまかせてしまう発想には、やがて反論が提出された。河合浩蔵（一八五六―一九三四）の「美術の説」（明治二一＝一八八八年）であり、伊東忠太（一八六七―一九五四）の「『アーキテクチュール』の本義を論じて其訳字を撰定し我が造家学会の改名を望む」である（明治二七＝一八九四年）。特に後者の反響は大きかった。この長い題の一文は、Architecture は Fine art であって Industrial art ではないという見地から、工学的意味あいの強すぎる《造家》という訳語は不適切であり、意味の「茫漠」とした《建築》のほうが妥当性が高いと主張するものである。そのなかで伊東は、「『アーキテクチュール』を修むるというは一部は哲理を講じ一部は手法を究むるを謂うなり。……学と術とを並び修むるにあらざれば則ち未だ『アーキテクチュール』の真相を窺うに足らざるなり」と述べて、断片的技術へ傾斜する「造家学」のありようを批判した。

最近の研究では、伊東忠太の提言は「造家」と「建築」の語義の複雑な背景を意図的に単純化したものであることが指摘されているが、伊東の行文に即していえば、まちがいなく一九世紀ヨーロッパ的建築観に根ざすものであった。それだけに、その主張は正論であって、一大学院生の提案を当時の建築界は受け入れざるをえなかった。一八九七（明治三〇）年には、帝国大学造家学科は建築学科に、造家学会は建築学会に改称するのである。付け加えれば、伊東には無意識にせよ、自分たち第二世代の能力に自信があったはずである。ヨーロッパ的な建築学の樹立を自分たちなら果たせるという自信である。実際、こののち、長野宇平治（一八六七—一九三七）、武田五一（一八七二—一九三八）、野口孫市（一八六九—一九一五）といった、欧米の問題意識をわがものとすることのできる知識と技量をもった建築家が輩出する。

もっとも、技術主義に振れた針は必ずしも芸術主義に戻ったわけではなかった。現場での問題点はいくらでもあった。ヨーロッパ直輸入の工法で積んだ煉瓦造建築は一八九三（明治二六）年の濃尾地震で大被害を生じ、日本独自の配慮が必要なことが明らかになったし、屋根を葺くスレートは風で飛ばされた。西洋風の屋根架構が落下する事故も多かった。一方、洋風建築が普及するにつれて、建築家に求められたのは、輪奐《りんかん》の美を尽くしたモニュメントを建てることではなく、中小規模の邸館や庁舎や学校を適切に建設する能力となっていた。それだけに広く浅く「技術」を身につけることが望まれた。こうした状況下では、建築学がどれほど雑多なマニュアルの寄せ集めであっても、現実の建設行為において確実に統合されていった。

辰野金吾は、「技術」と「芸術」のあいだで揺れた。だが、辰野の後輩で、大学教育を補佐した中村達太郎（一八六〇—一九四二）や塚本靖（一八六九—一九三七）は技術としての建築を教えることを疑わなかった。中村には『建築学階梯』『日本建築辞彙』の二大著作がある。前者は建築物の各部位の構法を縷述《るじゅつ》したものであり、後者は和洋の建築用語を集めて、語釈を施し、また適切な表記方法を示したものである。その有用性は、数十年間、版を重ねつづけたことにも明瞭である。この有用性において、この二冊は明治の建築アカデミズムを代表する業績となった。

明治三〇年代後半から大正五年頃――建築像の動揺

一九世紀の様式主義から抜け出す

明治三〇年代後半にいたって、こうした現実密着型技術が批判されはじめる。だが、もはやそれは、コンドル以来のヨーロッパ的建築像の継承ではなかった。むしろ、一九世紀的建築像の動揺から生じた批判であった。

一九世紀末にいたって、ヨーロッパ各地でアール・ヌーヴォー、ゼツェッション（分離派）などの造形運動が出現し、歴史的な様式の規範からの脱却を主張した。これら世紀末芸術の情報はいち早く日本へも伝わり、それまで疑うべくもなかった様式主義が、実は一九世紀に特有の発想であって、むしろ過渡期的現象ではなかったかと考えるようになっていた。これと並行して、建築構造の変化が進んだ。それまでの石造・煉瓦造とまったく異なる鉄骨構造・鉄筋コンクリート構造が実用化されはじめたのである。こうして建築のあるべき姿は一挙に不分明になっていった。ここにおいて、建築についての原理的思考が求められることとなった。

様式主義の過渡的性格に早くから気づいていた伊東忠太は、その建築史についての学殖をもとに「建築進化論」を唱える（明治四二＝一九〇九年）。その説くところは、古代ギリシャにおいて木造建築が石造に変化するなかで古典様式に進化したように、日本の伝統的な木造建築の形式も石造あるいは鉄骨構造の「完美なる」様式に進化しうるはずだというものであった。一九一〇（明治四三）年に国会議事堂のコンペ問題が燃え上がったこともあって、「我が国の将来の様式」という問いは広く関心を呼んだ。日本の建築的伝統が意識された最初であった。だが、実作に結実させることの困難さから、大正初年まででその関心はしぼむ。

倫理性を拠りどころとした新世代

もう少し若い世代になると、建築を学びはじめたときから、新旧の対立に直面していた。建築の理想像が不安定ななかで建築家としての自分をつくり上げなければならなかったのである。東京帝国大学の卒業年次でいうならば、一九〇五（明治三八）年の前と後ではっきりと世代の違いが生じている。これ以降の卒業生は、様式建築に対して大なり小なり疎隔感をあらわにしている。より若い世代が建築を根底的に把握しようとしたとき、拠りどころとしたのは「倫理性」であり、「自己の表出」であった。一九一〇（明治四三）年に東大を卒業した高松政雄（一八八五—一九三四）はその卒業論文「建築家の修養」で、人格の表出としての建築という発想を提示し、大きな反響を呼んだ。そこには「個性の表現なき建築は建築にあらず」という〈創造〉至上主義がうたわれ、同時に、構造と意匠の一致という格率が唱えられている。それはジョン・ラスキンの祖述といってよいのだが、しかし、それまでの建築の捉え方とはまったく違う視点を導入したことはまちがいない。

既成の建築の価値が疑われているとき、そうした建築の完成のためだけを目的とする学問は急速に意味を失う。第一世代の実務教育を、「漫談」「ノートのとりようもない」と一蹴する若い世代が登場する。旧世代との建築観のズレを示すのが、一九一五、六（大正四、五）年のいわゆる「虚偽論争」である。ラスキンが古典系様式の付け柱や石貼り仕上げを「虚偽建築《シャム・コンストラクション》」と非難した建築観を踏まえて、若手の山崎静太郎（一八八五—一九四四）が木骨煉瓦張りといった建築物は道徳的に許せないという意見を発表する。一方、そうした手法にはそれなりの意味がある（「幾分の耐火力を持たしめ尚市街建築の体裁を具えしめんため」）とする見解を中村達太郎が述べたことから、両者のあいだで応酬があった。建築をある原理のもとに捉える発想それ自体を理解しようとせず、社会の「必要」に従う中村に対して、山崎は「左様なコンヴェンショナルな御議論」では「巧言令色だって一個の礼儀だという結論になってしまう」と言い返す。これは、実務との対応を顧慮しない、芸術至上主義的な建築観の宣言であった。

大正期――深まる分裂

近代科学としての構造学

生まれたばかりの芸術至上主義的な傾向に対して、すぐさま構造学から批判が浴びせられることになる。

従来、構造学は経験的に得てきた技術の集積と、欧米の研究成果のキャッチアップでこと足れりとされてきた。しかし、鉄骨・鉄筋コンクリートという新構造の出現と、日本の建築の宿命である耐震性の向上という課題を解決するために、物理学を援用した力学的解析へ変身していった。それは、建築学のなかにはじめて現れた近代科学という印象で受け取られた。しかも、耐震工学は世界をリードする水準に達したと目された。

ヨーロッパでは、技術系の分野は建築学科とは異なる建設工学科のような教育機関で教えられ、卒業後も建築家とは別の職能が与えられる。しかし、如上の成果をおさめた構造家たち――佐野利器（一八八〇―一九五六）、内田祥三（一八八五―一九七二）、内藤多仲（一八八六―一九七〇）らはむしろ建築学を工学として再編しようと考えた。「西洋のアーキテクトはどうであろうとも……、『いかにして最も強固に最も便益ある建築物を最も廉価に作りうべきか』の問題解決が日本の建築家の主要なる職務でなければならぬ」（佐野利器『建築家の覚悟』明治四四＝一九一一年）と唱えた。それは一面ではコンドル以前への先祖返りであるが、むしろ近代的な合理主義思想をもって建築学を裁断しようとしたものといえるだろう。

こうして、大正期以降、自己表出を最大のテーマとする芸術至上主義的建築観と、合理性の貫徹を目標とする技術主義的建築観とが対立することとなる。そうしたなか、鉄筋コンクリート構造の初期の研究者であった後藤慶二（一八八三―一九一九）は、その力学的特性が新しい様式を指し示してくれることを夢見た。また中村鎮（一八九〇―一九三三）はコンクリート・ブロックの普及と芸術至上主義との両立を図ろうとした。だが、ともに思いを果たせぬまま早世する。

環境工学や計画学の確立

ここまで、建築の学の流れを技術と芸術の対立の構図の上に描いてきた。技術至上的にせよ芸術至上的にせよ、その思考は実践と結びついていた。しかし、大正期以降、昭和戦前期を通じて、建築学の実践からの絶縁が進行していく。

たびたび名前を出した伊東忠太によって形成された建築史学は、そもそもは様式的知識を習得させる実学として重視されていた。伊東や関野貞（一八六七―一九三五）といった建築史学者が建築の未来像について積極的に発言したのも、その研究が製図板に直結することを期待されていたからである。しかし、文献史学や美術史学と張り合い、また協同するなかで、それら近接領域と同様の実証性と自律性を獲得することを目指すこととなる。建築史家は細部の徹底した観察と史料への沈潜をその業とするのである。

また、中村達太郎らの教育は、いわば経験の伝授であった。彼らは建築がどのようにつくられているのか、その技法を部分ごとに解説した。窓の大きさにしても、様式的・技術的約束事として教えた。またビルディングタイプごとに注意すべきポイントを――たとえばビールとワインは別々に保存しないといけないといった雑学の網の目を織り上げていった。しかし、一九二〇年代以降、個々の経験の奥にある普遍的な真理が求められるようになっていく。そこでは実験と法則化が繰り返され、また大量の事例観察と統計処理によって、特殊解ではなく一般解が得られていった。すなわち、熱伝導率や音響特性を解明する物理学としての建築環境工学、あるいは行為と空間の対応関係を明確化する建築計画学と呼ばれる領域の確立である。明治時代の建築学者たちは自分たちのことをしばしば「技術家」と称したが、やがて「工学者」と名乗るようになるのである。

アカデミズムが学理の追究に純化していくなかで、デザイン論や創作論は、論証を欠いた思弁と見なされることとなる。一九二〇年代に入ると、建築学会の機関誌『建築雑誌』に、「建築はどうあるべきか」といった原理的な問いかけが現れるのは講演や座談会のなかで、論説としては影を潜める。その種の議論は、ことごとくジャーナリズムへとゆだねられてしまう。先に名を挙げた後藤慶二にしても中村鎮にしても、その重要な論考は商業雑誌に発表されたものである。

こうした状況下で、学問と創作のあいだに架橋しようとした人物に、堀口捨己、藤井厚二といった建築家がいる。堀口は、きわめて芸術至上主義的な建築家として出発しつつも、茶室や数寄屋の研究（それも文献史的研究）で大きな成果を挙げ、その過程で日本的な美意識を現代建築に生かす方法を把握する。藤井は、建築環境工学のパイオニアの一人であって、建築が採光・通風・断熱といった面で、どのように室内条件を左右するかを実験的に解明した。彼はそれらを単に「認識」するにとどまらず、知見に基づいて設計を積み重ね、日本の風土に適応した意匠を追究した。

ここまでの記述を整理するために、技術―芸術、学理―実践という二つの対立軸を組み合わせた座標を考えてみよう［図1］。初期工部大学校は実践側・技術側、コンドル先生は実践側・芸術側となる。佐野利器は学理側・技術側、大正期以降の建築史学は学理側、芸術側と位置付けられよう。

近代日本の建築学は二重三重に分裂してきた。「建築学」とは細分化した領域の総称にすぎない観さえある。だが依然として、建築学は総合化の契機を求めている。図1の座標軸の中央近くに位置を定めることのできる後藤慶二や藤井厚二は今でもあこがれの対象となっている。なかでも藤井はエコロジカルデザインの祖として、近年、一層注目されている。こうした存在を持ちえたことを人は誇りに思う。

明澄な認識と美の創造とを、ともに目指すという選択をした日本の建築学は、その選択が誤りでないことを祈っているのである。

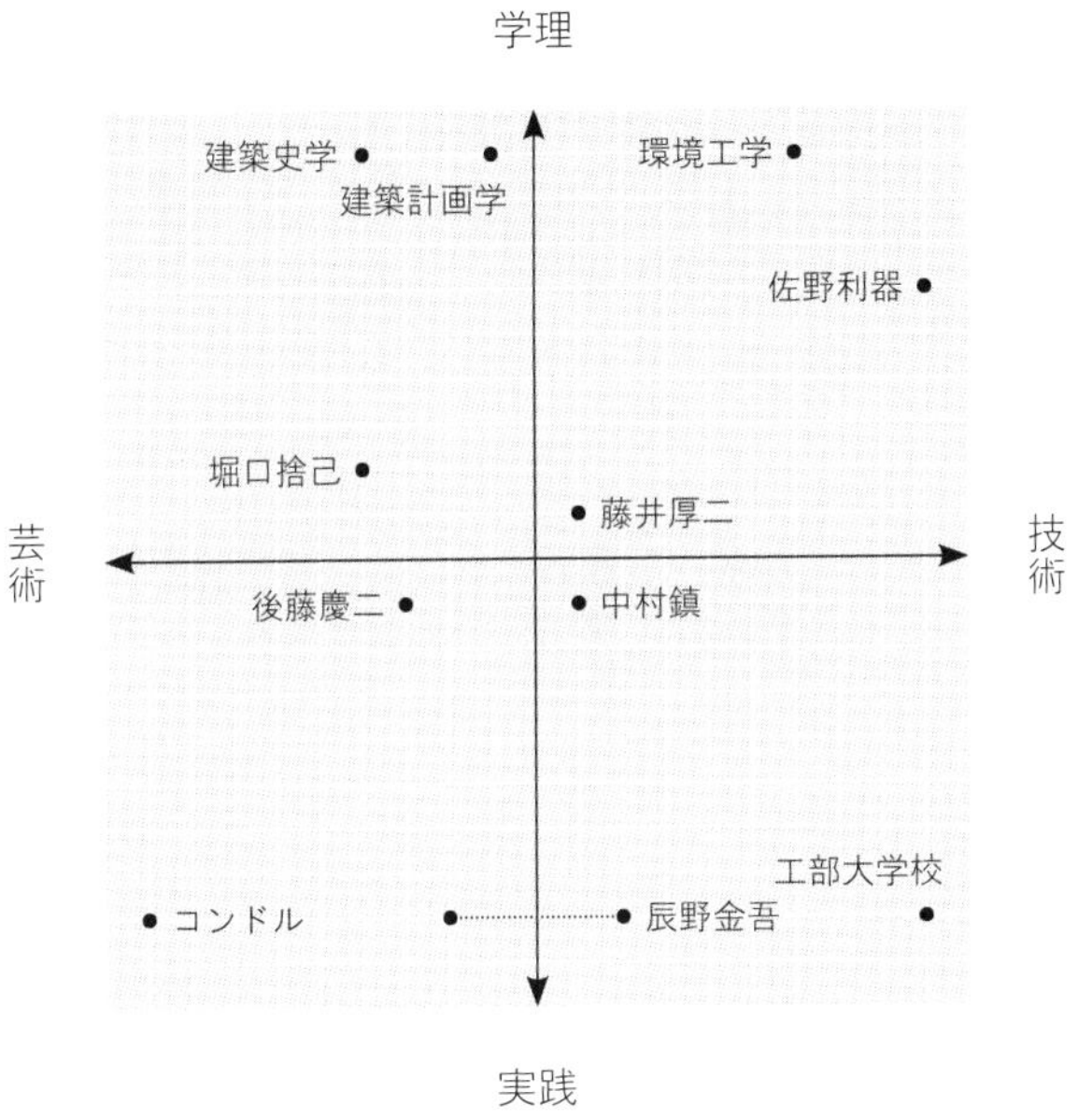

図1 近代日本の建築家分布図

戦後民主主義の形象

『建築ジャーナル』一九九五年八月号に特集「民主主義のかたち」の総論として掲載された。一九九五年は阪神大震災と地下鉄サリン事件の年であり、そして戦後五〇年目の年でもあった。福島県庁舎の設計者について、本稿を書いた時点では山下寿郎事務所としか知らなかったのだが、ほどなく池田武邦氏が担当したということをご本人からうかがって仰天することになる。

なお、本稿で取り上げている福島県庁舎の建設経緯については、二〇一七年に速水清孝さんのすぐれた論文「福島県庁舎の設計と建設の過程」が刊行された。

＊

戦前・戦後における庁舎建築の歴史的認識

これまで、太平洋戦争をもって「近代建築史」と「現代建築史」とを区分してきた。日本の歴史一般においても、いや世界史のスケールで眺めても、太平洋戦争・第二次世界大戦の前と後とで、森羅万象がその意味を変えたように思える。しかしながら、こと建築の領域に限れば、第二次世界大戦がもたらした変化を過大に評価することは疑問であるとしばしば指摘されてきた。つまり連続していることがらの方が多い、あるいは戦後に生じた事象も実は戦前から準備されていたのだ——という見解である。こうした時期区分論は、戦前弾圧されていたモダニズムが戦後ようやく勝利を収めるという神話的認識が覆されるにつれて力を得てきた。今日もっとも広く教科書的に用いられている建築学会編『近代建築図集』やその解説書的な『近代建築史概説』（ともに彰国社）は、まさにそうした立場で編まれている（そこでの「近代」と「現代」の境目は一九六〇年あたりに引かれている）。

そうした歴史認識は、研究が進むほど確かなものになっていくように見える。だが、そこにひとつの反証を提出できるとすれば、それは庁舎建築である。

福島県庁舎を例に挙げよう。この庁舎は、一九三七（昭和一二）年に佐藤功一の設計を得て着工したもので、「東北地方随一の豪華殿堂」となるはずであった。佐藤功一の原設計は、左右対称の日の字型平面で、正面と左側面にそれぞれ行政・議会部分への大きな車寄せを備え、正面玄関奥には大階段を配置するというもので、中軸線上には塔を冠していた。［写真1］

それは佐藤自身もその形成の一翼を担っていた一九二〇・三〇年代の府県庁舎の典型的手法をよく示すものであったといえる。昭和戦前期の府県庁舎は、実のところビルディング・タスクとしては一般のオフィスビル変わらないものとなっていた。多層階のオフィスビルとしてコンパクトにまとめなければ、必要床面積を獲得できなくなっていたのである。しかし、そのような計画上の要請は、当時の府県庁舎の社会的意味付けと相容れない部分があった。平板なボックスになりがちな外観において、統治機関としてのモニュメンタリティをどう確保するか、また、合理的であるべき平面計画のなかで官僚組織の階統制をいかに演出するか——先に庁舎の典型的手法として挙げたものは、そのようなジレンマに対するその時点での建築家たちの解答にほかな

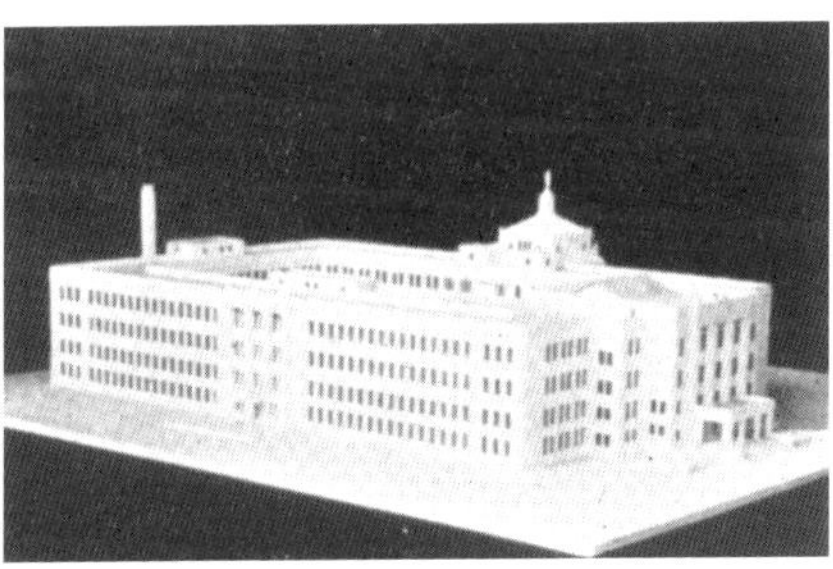

写真1　福島県庁舎原案模型（設計：佐藤功一）

らなかった。

ところが、着工後の一九三七年の一〇月、鉄材の使用を軍需に集中させるための法令「鉄鋼工作物築造許可規則」が施行される。そのあおりで、一階部分の外壁を立ち上げた段階で工事は中断、結局、木造で二階を仮設して戦中から終戦後をしのいできた。

「豪華殿堂」から「近代的なオフィス」へ

一九五二（昭和二七）年になってこの未完の庁舎を完成させることとなる。一階部分の躯体は生かして、その上に四階分を載せて、計五階建てとする計画である。この改修増築工事の設計は山下寿郎設計事務所に委ねられる。工事再開にあたって、県は設計者に、意匠は「民主政治にふさわしいものたるべきこと」という要求を出す。山下事務所にとっても、そのような与条件はわが意を得たものであった。躯体はそのままなのだから、やりたいことがすべてできるわけではない。石張りを想定した縦長の窓の形などはそのまま残ってしまった。しかし、それでもきわめて根本的な変更を成し遂げている。その変更点を列挙してみよう。

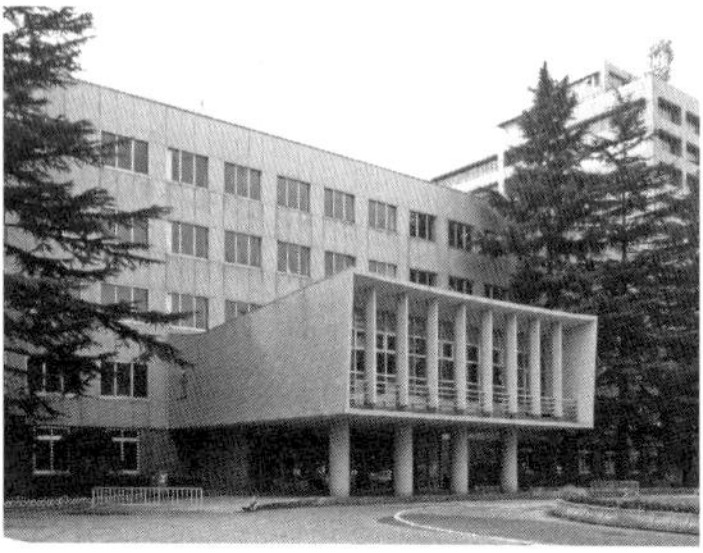
写真2　福島県庁舎／1954年／山下寿郎設計事務所仙台支社／正面車寄せ

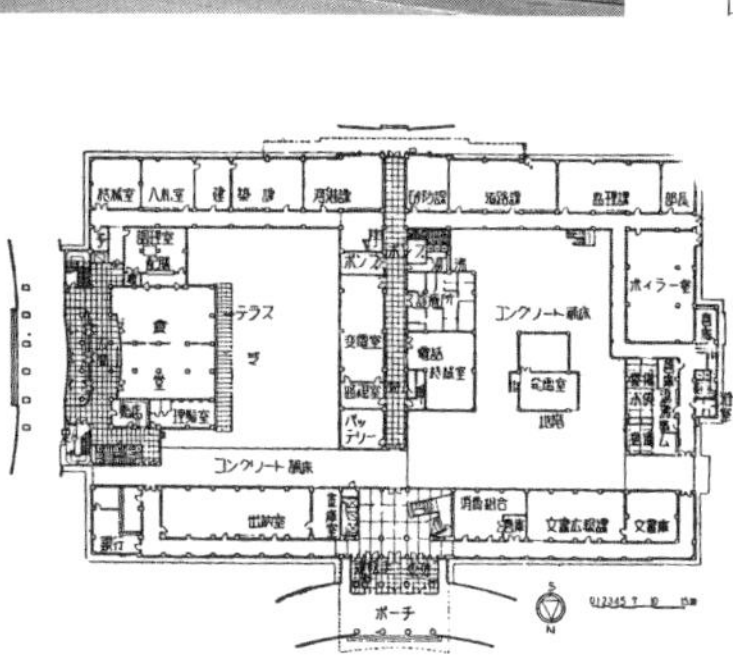

図1　福島県庁舎1階平面図

［写真2・図1］

①原設計では二階をメインフロアとしていた（建設済みの一階部分はいわゆるベースメント層の扱いであった）のを、一階をメインフロアとし、GLとほとんどレベル差なしで入れるようにした。

②原設計では玄関から二階へ上がる大階段が中央軸線上を占めていたが、すでに躯体が打ち上がっていたこの階段を破砕して、その位置を広いホールとし、階段はホールの一隅に斜めに振った軽やかな姿で配置された。

③正面中央に屋根をいただく塔屋を設けていたのを改め、コーナー部に時計塔を建てた。

④立面において、正面中央部が前方に段状に突出し、さらに大きな車寄せが置かれていたのを一新して、骨格においては凹凸をなくす。そして、主玄関上部の二階に、前方に大きく跳ね出すかたちで県産品陳列室を設け、この部分に主玄関の庇の役割を与えている。

⑤県議会議場では、知事以下の当局者席を議員と同じ床レベルまで下げ、傍聴者席・新聞記者席を拡充する。

以上の変更は、形態レベルでは、原設計の古典様式をモダニズム的語法へ改めたにすぎない（その変換はきわめて巧みであるが）。だが、建物の意味作用においては、「従来の官庁建築につきまとっていたあのいい表しようもない威圧的な重苦しさ、階層的な社会そのままの息苦しい束縛感を払いのけようと」する行為と意識されていた。すなわち「階段は『臣民』の目を圧する道具立てとしての役割を奪われ、今は「民衆』となった人たちを滑らかに上階に案内するための交通路として、ガラスブロックに囲まれた明るい空間のなかにひかえ目に収められた」［＊1］。そのとき庁舎は、国家のモニュメントたることをやめ、「さりげない姿」の「近代的なオフィス」となる。

その変更は、まさに「戦後民主主義」の気分の「原形質」を映し出している。すなわち、「戦前」に対する嫌悪感——「戦前」的なるものを一掃してしまいたい、匂いも嗅ぎたくないといった嫌悪感である。「官」が「民」を圧伏し、威嚇し、束縛してきた体制、まだ生々しく記憶のなかにあるそのような「戦前」の体制を消滅させたいという気分。そのような気分が建築の評価に投影すると、戦前の庁舎建築の窓が小さいのも、車寄せが大きいのも・要するに歴史様式的な手法のすべてが、「戦前」的空間として唾棄されてしまう。物理的な暗さや狭さが、「陰鬱さ」「閉鎖的」と、いわば政治的に読み換えられてしまうのである。

そして、まさにその単純な逆像として、モダニズムが招致される。広いガラス面から注ぐ光の多さは民主政治の明るさなのであり、空間構成の広やかさは民衆が自由に政治に参加できる開放性を示すのである。

急いで付け加えないといけないのは、そうしたモダニズムの政治的把握は決してこの時代だけの浮薄なありがたがりではないということである。戦前から、多くの建築家にとってモダニズムは西欧リベラリズムの象徴であった。そうした性格はぼやかされ、看過されがちになっていったとはいえ、しかしモダニズムが社会的正義のために戦うものの側にあることは忘れられてはいなかったはずである。福島県庁舎の設計者が、設計変更にあたって「技術の刃をふるった」と記したその戦闘的姿勢がモダニズムの背後にあったのである。その点でいえば、戦前と戦後は一直線につながっている。変わったのは建築観を突き動かす「気分」である。

モダニズムとの「蜜月時代」

福島県庁舎が起工した一九五二（昭和二七）年、コンペをおこなったのが東京都庁舎である。戦前からのモダニストばかり一一名――石本喜久治・蔵田周忠・佐藤武夫・谷口吉郎・丹下健三・前川國男・松田軍平・村田政真・村野藤吾・山田守・吉田鉄郎――を指名しての指名コンペで、この年の九月に丹下案が当選と決まった。翌五三年三月に着工、五七年二月に竣工を見る。都庁舎で、丹下健三は「シティ・ホール」という概念を立てて、ピロティとペデストリアンデッキによる開放的なアクセスと玄関ロビーの都民ホール化を図った。さらにコアシステム、岡本太郎による壁画の設置など新機軸があふれるように盛り込まれていた。［図2］

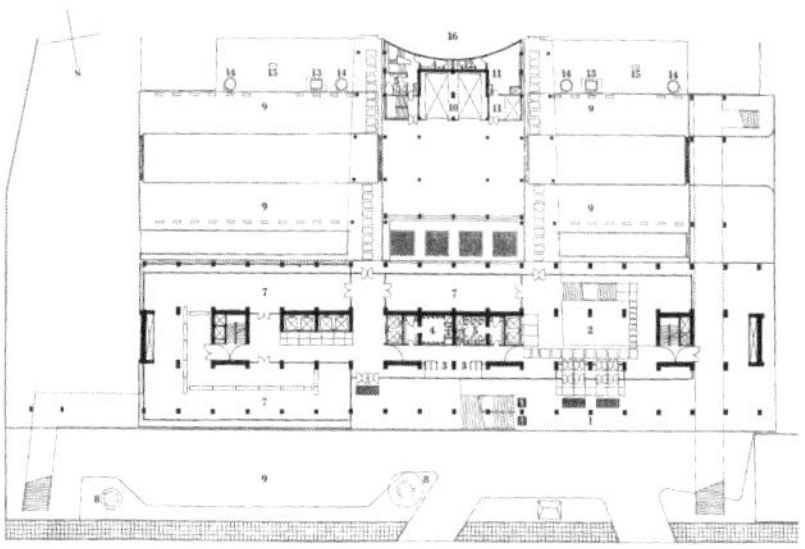
図2　東京都庁舎1階平面図

福島では「気分」のレベルにとどまっていた「民衆のための庁舎」が、ここでは具体的なプログラムとして提示され、建築として血肉化されたといえる。その提案は現実の庁舎運営と齟齬を来してとかくの問題を生んだが、それにもかかわらず、こののちの公共建築に多大の影響を与えることとなる。福島県庁舎では「さりげない姿の近代的オフィス」に変身することで満足していたが、しかしモダニストにとっても、庁舎は何らかのモニュメント性を有すべきだ、という認識は共通して存在した。都庁舎の影響力の大きさは、歴史様式によるモニュメント性に替わる新しいモニュメント性を付与する方法がそこで示されたからにほかならないだろう。

一九五三（昭和二八）年には岡山県庁舎の設計者がコンペによって前川國男に決定する。前川案は、高層の事務棟と低層の議会棟を組み合わせ、そこに均衡の美を生もうとするもので、以後、様式的な左右対称性に替わる配置計画の基本形となる。このほかに注目されるのは前庭に回廊をめぐらして広場としての演出を図っている点、あるいはピロティを用いる替わりにエントランスロビーを三層吹き抜けにしている点である。［写真3・図3］

丹下・前川の両作品で示された構想は、庁舎が民衆（市民というべきか）のためのものであることを明示する建築的仕掛けによって庁舎に社会的モニュメント性を与えるものであったといえる。それはモダニズム的語法の洗練と庁舎の位置付けの提案とが一致していたという点で、一つの蜜月時代であった。

しかし、「都民ホール」と呼び、「県民室」と称しても、

写真3　岡山県庁舎／1957年／前川國男建築設計事務所

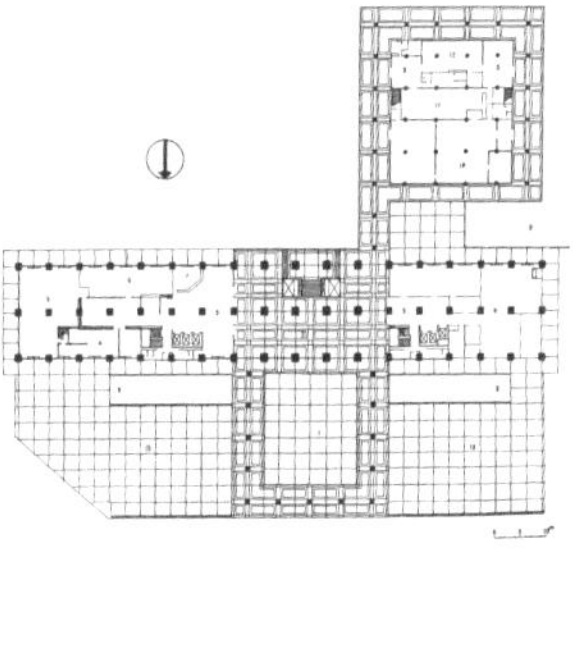

図3　岡山県庁舎1階平面図

そこを民衆が真に自分たちのものと感じ、使いこなせたかは疑問である。建築と社会的機能とが見かけ上あまりにもうまく合致していたために肝心なところを詰めなかったように思われる。理念上の整合性が優先されるのが戦後民主主義なのかもしれないが。

庁舎建築の新しい課題

昭和三〇年代に入ると、建築家主導の庁舎計画は急激に失速する。理由の一つは、地方財政上の問題であった。ささいなことで、議会筋は「血税の無駄」と言い立てた。事実、地方によってはエレベーターにさえ人々は驚嘆した。また、建設費を地方債でまかなおうとする場合、庁舎の規模と建設費は自治省によって、きわめて切り詰めた基準をもとに査定された。要するに日本はまだ貧しかったのであり、ピロティや吹き抜けは面積の無駄として排除されがちだったのである。事実、東京都庁舎の工費は同時期の府県庁舎のほとんど三倍に及んでいた。

もう一つの理由はことさらに「前衛的」な庁舎を府県当局が求めなくなっていったことである。戦前に回帰したわけではない。もはや開放的なエントランスや、広いロビーは誰の設計であっても必ず確保された。福島県庁舎の苦心の成果は今では当たり前になった。問題は「当たり前」以上のことを求めなくなっていったことである。コンペはまったくおこなわれず、建設省営繕への設計依頼が急増する。曰く「官公庁営繕は質実と実用性を旨とすべき」である――。「戦前」があまりにも滑らかに退場したために、「戦後」が戦いとったものの価値を（そしてその課題についても）日本人は認識しそこねたのである。

＊1　津田輝夫（山下寿郎設計事務所仙台支社）「福島県庁舎・福島県自治会館の計画を通して」『建築文化』vol.11、No.11、1956」より抜粋

村野藤吾の一九七〇・八〇年代

二〇〇七年に京都工芸繊維大学美術工芸資料館で開催した展覧会「村野藤吾・晩年の境地」の図録に執筆した。村野藤吾とその作品については若いときからいろいろな機会に論じてきたが、本書には現代の建築家として分析を試みた二一(三?)編を収載することにした。歴史的視点からの論考はあらためてまとめられればと考えている。

＊

――「何一つ音とてなく、寂寞を極めている。この庭には何もない。記憶もなければ何もないところへ、自分は来てしまった」

三島由紀夫『天人五衰』

「自分のものができるようになった」

一九七八年、石井和紘は村野藤吾にインタビューして、「今の時代は、ぼくのように変わったなあ。この頃みんなわかってきた」という言葉を引き出した[＊1]。一九八二年、竹山実は村野藤吾から前年に聞いた「やっと最近になって、自分のものができるようになった」の意味を問うて、「思うとおりに、何もこだわらないで、何でも使えるもの全部使って感じを出す……どんな手段を使っても自分の欲する目的のものを表すことができる、そういう意味だと思うんだ」と語らせている［＊2］。

晩年の――ここで直接の対象となるのは一九七〇年から一九八四年、七八歳から九三歳までの――村野藤吾の業績を一覧したとき、その発見性と多彩さに驚かないものはいない。今、彼のこうした言葉を読み返すとき、彼が、何を欲したか、何をわかってもらいたかったのか、はあらためて深く考えるべき課題であると思われてくる。もちろん、長谷川堯によるたゆみない、そして緻密な考察と分析がすでに存在する。それでも、村野藤吾がその生涯の最後に到達した境地はなお巨大な謎であり、問う者の数だけの答えと新たな謎を返してくる。功成り名遂げた老大家が、にわかに何か危険な存在になる、まずありえない事態がなぜ起こりえたのか、村野作品に寄り添ってその経緯を解きほぐすとき、新しい何かが見えてくるかもしれないという希望をもって、問いを立ててみようと思う。

非難される側の認識

上に引用した発言にある「こだわらない」という言葉は、ほぼ同時期の別の――よく知られた発言を思い出させる。「こだわらないで、絶えずサムシング・ニューでやっていく。社会的条件は非常に変わっていくでしょう。それに対応してやっていくには、一つのことだけいったり、理屈だけいってたってダメですよ。絶えずサムシング・ニュー、これをやらないと」［＊3］。この発言の前の話題は、ＩＩＴのキャンパスを訪れたときのことであり、「一つのことだけいう」典型としてミースの追随者を指しているのは明らかである。と同時に、これらの「こだわらない」が近代主義建築にこだわらないという含みが強いこともまた明瞭であろう。

村野藤吾の七〇年代以降の作品の主題に、近代主義への「違犯」があることを、長谷川堯は正当にも指摘している［＊4］。ポストモダニズムを通過して久しいわれわれにとって、近代主義批判は再説するまでもないお題目である。だが、村野藤吾が晩年を迎えたとき、近代主義の何を批判し、どう脱却しようとしたのか、は必ずしも自明ではない。

いったん、時代をさかのぼって、村野作品が近代主義からどう批判されていたのか――より正確には、どう批判されていると村野藤吾は考えていたのか、から検証してみたい。
上述の「サムシング・ニュー」発言中の「理屈だけいったたってダメですよ」という言辞ははるかに先立つ有名な問答を想起させるだろう。

浜口隆一　現代建築では石を構造材に使うということはないですね。それだけに建築の表現を決定するものとしての外装にあえて石を選ぶという、現代建築の中での意味というのですかね……
村野藤吾　なにも私は現代建築なんてことを考えませんもの、頭にあるだけのものでやっていく。ただおれはこれで与えられた問題を解決するんだ。その場合に現代がどうであろうが、そんなことはちっとも頓着しない［＊5］。

ここで村野は浜口隆一の構造即意匠という近代主義の教条をぴしゃりとはねつけているように見える。だが、日本生命本社ビル（一九六三）の建築界での評価が必ずしもよくないことを気にしていたのは、他の多くの言説から透ける。建築学会賞受賞の弁（一九六四）で「曰く『レバイバルムード』曰く『ネオクラシック』等々、史観の相違もあって観る人によりあるいはそうも見えなくもないであろう」と語り［＊6］、一九八〇年に至っても「日生劇場、それから読売会館、あの二つの建物ぐらい、建築界から悪口を言われた建物はないですよ。……日生会館、あれも随分論争のタネになりまして、建築界で容易に御承認頂けませんでした」と回想する［＊7］。
千代田生命（一九六六）に対する近代主義からの批判もまた意識せざるをえないものだったように見える。一九八三年に鈴木博之とおこなった対談で、鈴木が千代田生命について「ものすごく面白いファサード」という印象を持ったと語ると、村野藤吾は「千代田生命を誉めてくださる人はいないんですがね……。ああいうのは、日本の建築界には受けないでしょう。外装は単なる装飾だと思っている人が多い。……構造、すなわち外観といったものが、日本では受けるでしょう」「私は構造というのは手段としてみます。

〝何が美しいか〟というのは、別にありますから。ですからね。どうも建築界一般から考えますと、私の考え方というのはちょっと違うようです」と述懐して［＊8］、建築界主流の価値観は、構造から切り離された意匠要素をすべて装飾とみなし否定すると、考えていることを示す。

ここまで述べてきたような批判に対して、村野は反論しなかったわけではない。よく知られたところでは一九七二年に日本建築学会賞大賞を受けたときの「受賞有感」がある［＊9］。

建築界の世評を詮ずれば、大体二様のようである。構造的でなく、装飾的である。アーバンデザイン的でない。……かりに読売会館を例に取ってみよう。都市交通の観点からあの建物にピロティーを取るとしよう。最も重要な百貨店としての必要最低面積を割って、営業は成りたたないことになる。構造的でないというに至っては、しからば何が構造的なりや、そもそも建築とは何んぞやということから始めなければ反論はできない。所詮、人間のための建築であることには異論の余地はあるまいし、だとすれば、構造も、装飾も、アーバンデザインも含めて、手段ではないかと思う。

十数年来の憤懣が噴出したような口吻だが、しかし、作品に即して見るならば、彼の近代主義批判は、言葉での直截さとは異なる、複雑なものであったといわねばならない。

抽象形態という「要素」

一九三〇年代、村野藤吾は歴史様式からの脱却を図るにあたって、それを単純に否定するのではなく、それがなぜ社会的な価値を獲得しているか、そのメカニズムを透視し、わがものとしていった。村野藤吾の意図は、戦前期には高く評価された――十全に理解されたかどうかはともかく。しかし、戦後になると状況が変化する。一九五二年には外務省庁舎、東京都庁舎、小倉市庁舎の三つの指名コンペに応募し、すべてに落選する。一九五〇年代後半、彼の作風は、彼の生涯を通じて、最もモダニズムに接近する。関西大学第一学舎（一九五五）、神戸新聞会館（一九五六）、新大阪ビル（一九五八）、横浜市庁舎（一九五六コンペ、五九竣工）、小倉市中央公民館（一九五九）、早稲田大学文学部校舎（一九六二）などの作品がそれである。これらでは、彼は直方体の直線的な形態にまとめ、構造体を露出し、あるいはカーテンウォールの軽い皮膜に包み込む。そして装飾的要素をできるだけ排除する（その意味では、彫刻「七つの秘蹟」と不可分の平和記念聖堂は戦前の延長であった）。

こうした、抽象形態への還元や即物的表現は、実は村野としてもその出発点から志向していたものではあった。心斎橋そごう（一九三五）や中島商店（一九三二）にはっきり表れているように、構成主義的な「面」と「線」への還元は村野の原形質といってもよいのである。そのかぎりでは、村野藤吾はことさら時代に妥協したという思いはなかっただろうと思われる。

村野藤吾は一九三〇年の欧米巡歴によって、日本で最も多くの近代主義建築を実見した建築家のひとりとなった。そのことは彼をして最も早く「新興建築」の欠点を知る者たらしめた。村野の見るところ、「新興建築」は合理主義的であっても合理的でなく、理論に酔って民衆からの理解に無関心であり、つまるところ社会的性格を欠いた「実験室的労作」に終始しているのであった。したがって、彼は、抽象形態に合理性と訴求力とを帯びさせることで、近代主義を乗り越えられると見たのではなかったか。新大ビルの羊のように。

しかし、近代主義とは、社会的関心と工学面での配慮、そして造形とが不可分のものであるという思想であった。そもそも近代主義は、近代建築史が教えるように、一九世紀末からの個別の提案――合理主義、社会主義、倫理主義など――を統合しうる体系として成立したというべきであろう。理念的な整合性にこそ意味を見出す発想が戦前期同様、戦後も「合理主義」なのである。こうした建築観を具現する存在が前川國男であり、彼の作品――たとえば日本相互銀行本店は「綜合的努力の蓄積は、強い造形的迫力となって……新鮮な近代的感覚を満喫させる」と価値づけられる[*10]。かかる近代主義から見れば、村野藤吾が抽象形態を「意匠」として洗練していけばいくほど、近代主義に似て非なるもの、形式だけをつまみ食いする折衷主義にすぎないように映ったことはまちがいない。

「人間」の発見

一九六〇年代前半は、村野藤吾はあまり自分の心境を開陳していない。その意味で一九六四年に語られた「村野藤吾の設計態度」、「日生を語る」、一九六五年の「わたくしの建築観」は彼の思考の基軸を知る上で重要である。これらにおいて、村野は三点の注目すべき問題を提出している。ひとつは自らの建築設計の姿勢を「人間にたいし否定的なものにならないように……プラスになるようなものの考え方」と説明し、「ヒューマニズム」と名づけたことである［＊11］。

「人間のためにどうしたら良いかわれわれが人間として生活する上でこの大きな造形がどういうふうに町の人に影響していくか、それこそ大事なものではないか」［＊12］「人間に対する感じをよくするという意味で、われわれが気持ちよく生きていく、ということに尽きる」［＊13］——こうした勢い込んだ表現は、「人間」というキーワードについての村野の強い思いを示している。この立場を踏まえて、「われわれはあまり近代の合理主義に教育されすぎた……しょせん構造は手段だ。目的は人間に対してどういう影響を与えるかというのが問題ではないか」［＊14］と「構造即意匠」論を批判する。

三つめは社会の工業化志向が強まることへの危機感がここで示されたことである。「単位面積における労働量をできるだけ少なくしようという、近代産業の傾向というものが支配的な型をとったということは、これはある意味で非常になげかわしいこと」という意見を表明する［＊15］。

この時期——一九六〇年代前半、村野藤吾は建築本来のファサードの前面にルーバー、あるいはバルコニーをめぐらせる手法を精力的に追求していた。尼崎市庁舎（一九六二）、出光興産九州支店（一九六二）、名古屋都ホテル（一九六三）、名神高速大津レストハウス（一九六三）、甲南女子大学（一九六四）などに見られるもので、いわば、「二重のファサード」と呼ぶべき手法である。むろん日生ビルもこれに加えてもよいのだが、そこでは大企業の本社ビルたる格式の要請、花崗岩という材料による制約から、そのファサードは、他の作品に見られる軽さ——さらにいえば仮想性を消されている。

この手法は、直接的にはサーリネンを参考にしたものであろうし、村野作品の中での系譜としては大阪新歌舞伎座(一九五八)から発展させたものかもしれない。だが上記の作品における、大量生産性を隠さないメカニカルな形状と、装飾的で、遊戯的でさえある分節には、この時点での村野藤吾の問題意識がこめられているといえる。上に見た言説と考えあわせるならば、村野は装飾的といわれることをもはや恐れることなく、細密な分節をファサードに施し、ヒューマンスケールを獲得しようとしていたのである。そうした細かな分節要素の生産を工業化を前提として実現するために、あるいは工業化のイコンたらしめるために、幾何学形態の繰り返しがおこなわれたといえよう。役割としては一九五〇年代の村野作品を構成したガラスブロックやテッセラの直系である。だが、今や付加性を隠さないところに、村野と時代との関係の変化があるといえるのだ。

この「二重のファサード」を最も壮麗な規模で完成させたのが千代田生命本社ビル(一九六六)[写真1]であることは言をまたない。その結構については筆を省く。ただ、二つの点について留意を喚起したい。ひとつはアルキャスト・ルーバーの形態について。このルーバーのピースはI字形をしていて、開口の中央で隣と接続する。したがって、垂直の方立てと上下の水平材は見切られることなく一体のものとなっている。

千代田生命で特筆すべきもう一点は、外壁と地表面との接点の処理である。垂直に下りてきたテッセラタイル張りの外壁は地表面近くで裾を広げるように曲面となって、舗石に溶け込む。村野の自註にある『地』に親しみ、抵抗のない表現」[*16]である。こうした手法は関西大学で萌芽的に見られるが、ここできわめて印象的に出現したのである。

ここで指摘した千代田生命の二手法のうち、前者は泉州銀行府中支店(一九六六)、大阪ビル(東京八重洲、一九六七)において、柱が梁と溶融していくような表現となってさらに展開する。一方、後者は宝塚カトリック教会(一九六六)で建物が地面から「生え」ている表現として、突きつめられる

写真1

［＊17］。

なお、宝塚カトリック教会は、近代主義による最大の格率であり、村野自身も逸脱することのなかった抽象形態性を棄てた第一作でもあった。長谷川堯がいうように、宝塚カトリック教会は「村野の新紀元を画するような、記念すべき小品」であった［＊18］。この画期がどのようにして訪れたか、村野藤吾は語っていない。むろん、ロンシャンやイエール大ホッケーリンクに触発されたということはあるだろう。だが、その前提としてここまで語ってきた助走が存在していた。そして、一九八〇年代にしきりと口にした「工業化社会によって曲線を描く自由が奪われている」という憤り［＊19］が言語化されないまでも、すでにわだかまっていたことは十分に考えられるのである。

七〇年代・八〇年代の手法群

一九七一年に忽然と現れた箱根樹木園休息所［写真2］は上述の二手法――構造体の分節の曖昧化と、外壁が地表面から生えだしたような納まりを統合し、その効果を徹底した作品である。ここでの躯体は壁とも柱ともつかない。そうした中途半端さはふつう見る者をいらだたせるだけに終わるが、ここでは、外装材である砕石入りモルタルのなま暖かく湿ったような質感によって、見たことのない――強いていえば崩れかけた土塀がまとうような構築感を発生させている。それまで構造と意匠が分裂している点を批判されつづけた村野藤吾が、工学的構築性をはぐらかし、原初性を装うことで、構造体と造形の一体化を成し遂げている。

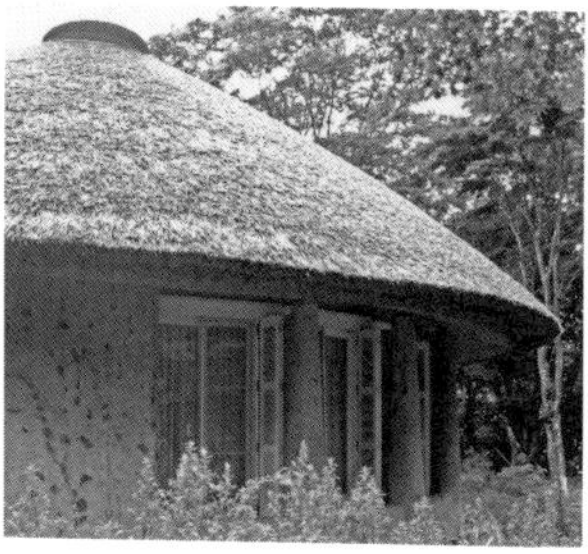
写真2　箱根樹木園休憩所

外装材の質感がもたらす成果としては、これに先立つ日本ルーテル神学大学（一九六九）を挙げなければならない。一見したところ、垂直の版によって空間を囲い込んでいく構成主義的な手法と思える。しかし、福田晴虔が的確に指摘するように、モルタル吹きつけの脆そうな質感が建築全体を覆い、さらには地表面に及ぶにいたって、「輪郭をぼかして、周囲の空間に溶けこませる」[＊20]。福田はここで「巧みさ」の否定を見出し、そのことによって建築と生活とが相互補完的な空間をつくり上げていることを見抜く。

「自由な線」の希求は、別の方向にも展開している。竣工時期の早い順に挙げるならば、反り上げるように跳ね出すキャンティレバーをもった日本興業銀行本店(一九七四)、三次元的にふくれ、めくれる曲面だけで構成された西山記念会館(一九七五)、和風を基調とする迎賓空間を薄い曲面屋根が羽根が打ち重なるように覆う松寿荘(一九七九)などである。これらは構築感を排された面的、膜的な存在として、そのフォルムを与えられている。最初期の村野作品には表現主義の影響が見え隠れしており、彼の造形の基底を形作っていると考えられるのだが、幾何学形態の格率が消えた今、あらためて世に問うたといってよい。

この両者——箱根樹木園休憩所の土壁的表現と西山記念会館などの被膜的表現を重ね合わせた試みが小山敬三美術館(一九七五)であり、箱根プリンスホテル宿泊棟(一九七八)であるといえよう。前者は崩れ落ちそうな壁がキャンティレバーで宙に浮くという造形を違和感なく成り立たせており、さらに床面にも曲面を導入するという困難な課題を成功に導いている。後者では割石塗り込め仕上げというテクスチュアによって柱型に組積造的な質量感を与え、三次元曲面を持ったバルコニーの連続を統御している。

これらでは機能的要請の少ない課題で実験した手法の成果を、より制約の多い課題でも継承してみせるテクニックが示されている。こうした手腕こそが、冒頭に紹介した「自分のものができるようになった」という自負にほかならない。

もうひとつの冒頭の発言「今の時代は、ぼくのように変わったなあ。この頃みんなわかってきた」は具体的には何を指していたのか明確にされていない。だが、この時代の状況から見て、建築界が装飾性に対して積極的になり、商業性に寛容になったことに関わると考えて大過なさそうである。松寿荘では、村野は「若い建築家にこういう建築手法があったということを伝えておきたい」といって、細部装飾と空間構成に技巧のかぎりを尽くしている。村野のインテリアデザインのうまさは戦前期から定評のあるところだが、箱根樹木園休息所の釣り竿による照明あたりから、徹底した新しさ——村野のいう「サムシング・ニュー」に貫かれていく。箱根プリンスホテル、松寿荘をへて新高輪プリンスホテルにいたって奇巧は頂点に達し、おびただしい装飾要素が新機軸を主張することとなる。そこには近代主義が「空間」の価値を最大限に強調したのに対し、モノ自体の価値を再評価させようとするものだったといいうる。同時に、動線計画におけるシークエンシャルな演出も繊細緻密を極めていく。これらの傾向を、「内部空間の巧緻化」と呼んでみたいのだが、それらが目指しているのは、単一原理へ統合しようと近代主義に対抗して、部分の自立・断片化を村野流として提示することであった。

村野藤吾は一九七一年ごろ、「成功の秘密は?」と尋ねられて、「成功したものがないこと」と答える[*21]。これは奇をてらった返答では必ずしもなかった。彼は主流派たる近代主義との距離感を測ることで、その作風を築いていったといえるからである。ではその晩年、全き成功をかちえた村野はさらなる展開の糧をどこに求めたか? われわれは谷村美術館[写真3・4]という、まことに珍しい建てられ方をした作品を知っている。事務所員を加えず、村野藤吾一人で設計にあたり、施主が経営する建設会社の社員が手伝うだけだったのである。この建築は、ほとんど内部空間だけで成立している。洞窟のように壁と天井が連続し、大小の室が単一の壁仕上げのまま、曲がりくねった通路でつながれる。輪郭を失ったこの空間が人に与えるのはさまざまな光の表情と、一つの室から次の室の仏像が見通せる一瞬の視覚だけだ。明暗と距離の感覚だけが残っていると言いかえてもよい。それは上に指摘した同時期の巧緻

写真3

写真4

を極めるインテリアの逆像にほかならない。

外部から見るとさらに驚かされる。建築物の外観は各室のボリュームをそのまま立ち上げただけで何の操作もなく、外構は建物の際に二、三本の樹木が生えるだけで、あとはただ一面に白い玉砂利を敷く。笑い出したくなるほど、何もない。村野は民俗住居の自然発生性や無技巧性を取り入れる努力を積み重ねてきた。そして、ここに至って蟻塚のような自生感を得た。それは「近代」という枠組みを取り払うべく作為的に「自然《じねん》」を追求していった果てにたどり着いた空無であった。しかし、そこに漂う明るさは、村野藤吾が、社会的評価も「ヒューマニズム」も忘れることに成功した、いわば万物放下《ほうげ》の明るさなのである。

＊1 鈴木博之・石井和紘『現代建築家』晶文社、1982年、99頁

＊2 村野藤吾・竹山実「ホテル文化の原点への挑戦」『新建築』1982年7月号、188頁

＊3 村野藤吾「社会的芸術としての建築をつくるために」『新建築』1980年1月、148頁

＊4 長谷川堯「解説」『TOGO MURANO 1964→1974』新建築社、1984年、229頁

＊5 村野藤吾・浜口隆一「日生を語る」『村野藤吾著作集』同朋舎出版1991年、461頁（初出『新建築』1964年1月号）

＊6 村野藤吾「日本生命日比谷ビル」『建築雑誌』1965年8月号、599頁

＊7 村野藤吾『建築をつくる者の心』共同ブレーンセンター、1981年、599頁

＊8 田中一編『建築縦走』建築知識、1985年、86－87頁

＊9 村野藤吾「受賞有感」『建築雑誌』1972年8月、798頁

＊10 「昭和27年度日本建築学会賞」『建築雑誌』1953年6月号、12頁

＊11 前掲「日生を語る」468頁

＊12 村野・浦辺・西沢「設計態度」前掲『村野藤吾著作集』648頁（初出『近代建築』1964年1月号）

＊13 村野藤吾「わたくしの建築観」『建築年鑑1965年度』美術出版社、1965年、11頁

＊14 前掲「設計態度」647頁

＊15 同右、655頁

＊16 村野藤吾「光と肌理」前掲『村野藤吾著作集』478頁（初出『建築文化』1966年8月号）

＊17 村野藤吾「宝塚カトリック教会」『建築と社会』1967年2月号、31頁

＊18 長谷川前掲「解説」256頁

＊19 たとえば前掲『建築をつくる者の心』201頁前後の要約

＊20 福田晴虔「サンボリックな空間構造」『現代日本建築家全集2　村野藤吾』三一書房、1972年、173頁

＊21 村野・栗田・矢内原「座談会・芸術としての建築」前掲『現代日本建築家全集2　村野藤吾』、161頁

関西建築界戦後四〇年史——村野藤吾から安藤忠雄まで

一九八七年七月刊行の『昭和生まれ関西の建築家五〇』に寄稿した。一方に山形政昭さんによる中之島・御堂筋の建築ガイドという空間的把握があり、他方に本稿の歴史的概観があるという構成であった。実は、紹介される五〇人に安藤忠雄氏が入っておらず(早い段階で行き違いがあったらしい)、編集サイドから、せめてオマエの文章で十分に取り上げてほしいとの要望を受けての執筆だった。

＊

一、空漠からの出発

一九三七(昭和一二)年一〇月の「鉄鋼工作物築造許可規則」施行以後、一九四八、四九(昭和二三、二四)年ごろまで、建築家の仕事は払底する。もちろん、戦時中は軍需施設の建設があり、中国大陸へ職を求めることもできた。戦後は進駐軍関係の仕事に恵まれる者もあった。けれども大半の建築家にとって戦中戦後は空漠たる歳月であった。事務所を海軍に収用されたと思えば、今度は、自宅を占領軍に接収された安井武雄の境遇が、この時期の建築家の象徴である。

関西に限ったことではないが、戦前と戦後とで、主導的な建築家の顔ぶれが、がらりと変わる。それは、この苦難の一〇年間を乗り切れたかどうかで、結局は色分けされるだろう。村野藤吾は食うや食わずの中、『資本論』を読みつづけて空漠に耐えた。安井武雄は施工に手を染めてまでも事務所を維持した。長谷部・竹腰事務所も、住友土地工務、日本建設産業と変質を強いられ、日建設計工務に落ちついたときには、かつての名声は関西だけのものとなっていた。

朝鮮動乱による特需景気で、日本経済は再生の手がかりをつかむ。特に大阪は、一九五〇、五一（昭和二五、六）年の繊維産業の復興（いわゆる糸へん景気）の中心であった。面白いのは、経済の復興に際して、東京ではビル建設ラッシュがまき起こったのに対し、大阪財界はむしろ工場建設に力を入れたことである。それはいかにも大阪商法を象徴するようなエピソードであるが、実際問題としては、大阪駅前に代表されるように、土地の所有関係が混乱紛糾していたことも一因であった。ともあれ、そうした工場建設ブームの中で、産業施設のエキスパートとして地位を築いたのが、東畑建築事務所であり、また三座建築事務所であった。

さらに全くの戦後派事務所が登場する。戦前は、ル・コルビュジエの高弟として名のみ高かった坂倉準三率いる坂倉建築研究所である。坂倉は西澤文隆を擁して、塩野義製薬関係のほか、大阪球場、クラブ関西、難波ターミナル・ビルといった大建築を手がける。いずれも、戦後の教条的「合理主義」をいちはやく乗り越えて、モダニズムの美しさを発揮した作品であり、関西は言うに及ばず、日本有数の事務所へ成長していく。

戦前派では、安井武雄が一九五二（昭和二七）年の大和ビルで堂々たる健在ぶりを示した。彼にこののち三年の寿命しかなかったのは、今考えても惜しまれる。

一方、村野藤吾は一九五一（昭和二六）年の志摩観光ホテルで本格的に活動を再開する。以後、広島の世界平和記念聖堂（昭二八）、名古屋の丸栄百貨店（同年）と再び建築界の注目を一身に集める存在となっていく。

二、被膜の街

昭和三〇年代に入ると、建築界もそれまでの貧しさからようやく縁が切れてくる。大きな建設工事のたびに不発弾を掘りあてるような時代であったから、「もはや戦後ではない」という流行語もいささか空々しくはあったが、しかし、一〇年前の焦土は全く姿を変えていた。

そんな時代の証言として、一九五八（昭和三三）年四月の『建築雑誌』に掲載された「コマーシャリズムの建築をめぐって」という座談会が挙げられる。建築学会の企画には珍しく、出席者は全員関西の建築家である。この座談会で話題を集めているのは、竹中工務店の新朝日ビルと日建設計の大阪毎日会館、ともにこの年竣工したばかりであった。

新朝日ビルについて、竹中の小川正は、村野藤吾ゆずりの「外装着物論」を展開する。すなわち、身体は不動産として減価償却を必要としないとし、一方、外装は消耗品と考えて、陳腐化したらどんどん改装するという論理である。新朝日ビルのアルミパネルについては、「今度は金色にしようというのでも、一週間で外装を新しくできるわけです」と説明し、「改装によって新鮮になったという感じ、それは市民にとって非常に魅力的なんですね」と語る。

これに対して、日建の塚本猛次は、大阪毎日会館の場合は「むしろスケルトンを買うのだ、床面積を極力増して土地を何枚にもするんだという考えが主なんです」と述べている。

この両論は、それぞれ自作の解説というにとどまらず、それぞれの組織の作風の特質を述べているのに見えて、はなはだ興味深い。

日建設計については後で論じるとして、ここで竹中工務店の作品について見てみよう。戦前から竹中の設計部は充実していたが、石川純一郎、早良俊夫らによるモダニズム色が強く、良し悪しはともかく、やや突出した存在であった。だが、戦後の竹中は、施工面では潜函工法、意匠面ではいわゆる竹中調を武器に、ビル建築には向かうところ敵なしの勢いを得る。早い時期の阪急航空ビル（昭和二六）、第一生命ビル（昭和二八）で、すでに「竹中調」といえば誰でもピンとくるイメージが出来上がっていたようである。それは、縦長の窓、タイルあるいはアルミなど軽快な外装材、ほのかな装飾性といった特徴である。

先に、戦後の教条的「合理上義」と記した。それは単に建築家サイドだけの傾向ではなかった。目先のフローの産出を急ぐ施主にとっても、より安くより早く、が売り物の「合理主義建築」は願ったり叶ったりであった。それに、施主サイドの法人化によって、戦前のようなパトロネージは消えていこうとしていた。市街地建築は、いやでも箱に同じ形の窓を開けただけの「合理主義建築」にならざるをえなかったのである。昭和はじめ、モダニズムは第一次世界大戦の敗戦国建築であるという悪口があったが、敗戦日本の状況を見るとき、それには一分の理があったと思われる。

しかし、歴史様式に対する支持も消えたわけではなかった。大和銀行本店（大阪、昭和三三）、三和銀行京都支店（昭和二七）など、オーダーを有する建築が一方では建っている。こうした難しい環境のなかにあっては、筋金入りのモダニズムと、ほのかな装飾性とを併せ持つ「竹中調」が広範に受け入れられたのは自然であったといえる。

新朝日ビルにつづく竹中設計部の話題作といえば、関電ビル（昭和三五）であった。この作品は明らかにミースのレークショア・ドライブの日本版を意図している。深い庇には丹下健三の香川県庁舎の影響もありそうだが、しかし、日本的表現には目もくれず、「気分はシカゴ」という割り切りは、今見ても颯爽《さっそう》たるものがある。

だが、この時期の作品で注目すべきは、岩本博行による天神ビル（昭和三五）、御堂ビル（昭和四〇）［写真1］であろう。この茶色のタイルを貼ったプレーンな壁面に縦長の窓を配した二ビルは、なによりもまず、カーテンウォールのファサードに新機軸を開いた作品として意義がある。

カーテンウォールは近代主義建築の典型的手法であるが、それだけに、そのファサードは近代的空間のヴォリューム性を強調しようとする決まりきったものになりがちであった。だが、天神ビル・御堂ビルにおいて、背後の建築空間から独立したファサードそれ自体を視覚的に際立たせようとするファサード構成が開発される。先の座談会で述べられていた立面だけの改装というのが、現実にはほとんどおこなわれていないことを考えると、このファサードの自立は有用性よりも、やはり意匠的観点から選びとられているといえる（むろん、ファサードをカーテンウォール化すれば、立面の決定をまたずに平面計画を進められるという実務的利点はあるにせよ）。こう考えてくると、「ファサードの被膜化」と呼ぶべ

写真1　御堂ビル

写真2　新大阪ビル

き手法こそ「竹中調」の本質であることに思い至る。

こうした「ファサードの被膜化」の先達は、実は村野藤吾である。初期の森ビルの時点で、すでに村野作品のファサードの被膜性は明瞭であろう。彼がいわゆる「深い窓」を嫌ったことにも、彼のファサード観は現れている。新大阪ビル（昭和三三）［写真2］は村野作品のなかでは最もモダニズム色が強いものの一つであるが（新歌舞伎座と同年の完成であることに気付くと、いささか驚く）、それでも、サッシュの納め方など細部によく示されるように、壁面はいかにも村野らしい小味の利いた「面」としてデザインされている。リボン窓であるにもかかわらず、角をガラスが回りこまないことに代表されるように、ヴォリューム性の表現からは一歩、身を引いている。

ここまで挙げた作品に代表されるアトラクティブなファサードこそ、大阪のビル建築のなによりの特質であるといって大過なかろう。中之島界隈の景観のなかで、丹下健三の電通ビルが異質に感じられるのは筆者だけの経験ではないはずだ。その原因はおそらく、電通ビルの強烈な「構築性」が周囲の「被膜性」と根本的に相容れないからである。

三、Golden '60ies

一九六〇（昭和三五）年から本格的にテイク・オフする高度経済成長。一九七二（昭和四八）年のオイルショックまでの一〇年あまりは、建築界にとっても、毎月の残業時間が百数十時間に及ぶという輝かしい季節であった。

この時代のキーワードは「技術革新」である。建築の世界でも、構造計算の電算化から新素材の開発まで、テクノロジカルな進歩は枚挙に暇ない。こうした技術革新をその造型に最も的確に生かしたのはおそらく日建設計であった。

先にも引用したが、日建の塚本猛次は、大毎会館について床面積を極力増して土地を何枚にもすると述べて、竹中の「外装着物論」と著しい対照を見せる。この発言に示されるように、日建は早い時期から、空間を積み重ねていくヴォリューム性の表現に主眼を置いていた。そうした姿勢は自ら、アメリカ的な明快な造型に近づいていく。だが、大毎会館ではまだ、いささか眼高手低の観がある。ファサードの階段の処理や上階の凹部などに、近代主義的な「ヴォリュームとしての空間」を表出するが、サッシュやスパンドレルの線が壁面をあいまいに分割して、空間の積層という印象を弱めてしまっているのである。

しかし、技術的進歩によって、雨仕舞一つをとっても、思うままの形状が可能となる。チマチマしたディテールを消すディテールが開発されていくにつれ、日建の目指するところは明確になり、名実ともに日本のSOMと目されるようになる。

日建・大阪で特筆すべきは、その量塊性である。日建の前身である長谷部・竹腰事務所時代から、その作品は日本人離れのした量塊感が特徴であったが、日建設計でも、薬袋公明主導の下、昭和四〇年前後から、明快でスマートな持ち味のなかに力強さを加えるようになってきた。それは林昌二の日建・東京が近代主義的空間を研ぎ澄ませていくのと対照的であった。具体的にいうと、高松市の百十四銀行（昭和四八）［写真3］の、そそりたつ銅板葺の妻壁であり、三和銀行本店（昭和四八）に見られる、花崗岩の壁に深々とうがたれた窓の扱いである。

量塊性とモダニズムとを両立させるために薬袋が案出した手法は、巨大なボックスの複合であったといえる。三和銀行本店において壮大な規模で完成したボックス的構成は、そののち鉄鋼会館（昭和五〇）、住友生命御堂筋ビル（昭和五七）などに展開していく。

さて、高度成長期はヒトとモノの流れの量が激増した時期でもある。東海道新幹線の多くの駅舎、大阪空港ターミナルビルといった、安井建築設計事務所の作品は、まさにそうした時代の顔である。そこに一貫する透明な空間は、

写真3　百十四銀行本店

写真4　倉敷市民会館

高速交通網のアクチュアリティーにふさわしい。

この時代はまた、「都市計画」が一躍脚光を浴びた時代でもあった。そうしたなかで、水谷頴介と上田篤は、全国的な影響力を発揮したプランナーである。二人に共通するのは地域の歴史性を重視しつづけている点であって、二人の姿勢は「都市計画」万能の幻想が薄れた今日になって、むしろ真価を現してきているといえよう。

都市計画で逸することができないのは千里ニュータウンであろう。この巨大なプロジェクトの経緯を解きほぐす余裕も、適切な評価を下す能力も筆者にはない。ただ、他のニュータウンなるものを訪れたとき否応なく感じる索漠たる印象がここにはあまりないことは指摘しうる。その原因の一つは、たぶん高度成長のおかげでゆとりがあり、「経済の論理」がそのまま建ち上がったという感じを与えないことがあるだろう。それと、全体計画にどことなくルーズなところがあって、「この街はこう住め」とのべつ命令されているような人工性が薄いことも感じる。

四、ヴィルトゥオーゾ群像

モダニズムにおいては、「空間」の表現が最も重視されていた。しかし、空間だけが建築のすべてではない、と考える建築家が次第に増えてくる。細部装飾に代表される視覚的な面白さを大事にしようとする発想の出現である。先述の竹中工務店のファサード重視もそうした発想の一つの表れといってよいだろう。さらに、浦辺設計の存在がクローズアップされている。

浦辺鎮太郎の作品では倉敷国際ホテル（昭和三八）が早くから知られていたが、竣工当時はジャポニカ・ブームの延長のように捉えられたように思える。倉敷市民会館（昭和四七）［写真4］あたりから、近代主義への反逆としての浦辺作品の意味が広く了解されている。そして、アイビースクエア（昭和四九）で、様式的モチーフをさまざまに組み込む手法の真価が明瞭となる。

歴史的背景を有する建物や商業建築では、こうした手法も納得されやすいのだが、浦辺作品で注目すべきは、大佛次郎記念館（昭和五三）・倉敷市庁舎（昭和五〇）といった公共建築においても、大胆な装飾性を見せる点である。倉敷市庁舎は好き嫌いの分かれる建物だが、その造型の闊達さには瞠目させられるし、近代主義建築が忘れがちだった大衆へのアピール性が強烈に発揮されている点では屈指の作品であることは間違いない。

竹中に在籍していた永田祐三によるロンシャン第二ビル（昭和五二）、松蔭女子学院（昭和五六）も、歴史的モチーフを前面に押し出した作品であり、そのことによって、社会的にも注目を大いに集めた。形姿に関心があるように見える。松蔭などは竣工後、入試の偏差値が急上昇したといわれ、イメージが行動を決定する現代という時代にあって、建築が果たしうる役割の大きさを示してくれたといえよう。

浦辺・永田ともにいささか偽悪的ポーズがつきまとうが、学理的に装飾性へ接近していった作家として坂倉の西澤文隆が挙げられる。西澤は坂倉準三の一番弟子として、モダニズムに立脚した秀作をつくりつづけてきたが、そのなかで住宅作品にはっきり示されているように、早い時期から緻密なディテールに裏付けられたヒューマンな空間を追求してきた。数寄屋建築の手法を深く研究し、その成果を「透き屋」として提出した自邸（昭和五四）では、和風・洋風・モダニズムが一体となった視覚的表現が積み重ねられている。より大規模な建築において、どのような展開を見せるか、大いに期待されたが、早すぎる死が彼を襲ったのである。

建築における視覚性ということでは、やはり村野藤吾が終始第一人者であった。四〇年代後半から、その手法はそれまで以上に自在さを増していった。外壁の表現ひとつをとっても、ルーテル神学大学（昭和四五）のモルタルかき落とし、箱根プリンスホテル（昭和五三）の割石と目地の同化など意表をつく手法が用いられる。さらに、八ヶ岳美術館（昭和五五）における幾何学形態からの脱却、宝塚市庁舎（昭和五五）におけるマッスの組み合わせと装飾的細部の両立、新高輪プリンスホテル（昭和五七）における艶冶と装飾を露出させた鉄骨架構の併存と、建築的冒険を繰りひろげる。

九四年という彼の寿命は決して短かったとはいえない。しかし、村野にとってみれば、推し進めてきた建築の変容と深化はなお途上にあったと思われる。それほどに、晩年の村野作品の発見性は高いのである。

五、設計者としての官公庁営繕

ここまで商業建築を中心に述べてきたが、公共建築の分野でも特筆に値する成果が挙がっていることを忘れているわけではない。そうしたなかでも、兵庫県営繕は、全国の自治体のなかで唯一、自主設計監理に徹している点で、逸することはできない。

兵庫県の自主設計体制は、いうまでもなく光安義光によって確立された。光安は、東京工大で谷口吉郎に師事、一九四八（昭和二三）年に兵庫県に入る。任官当初は戦後復

写真5　正面のない家（H氏邸）／西澤文隆

写真6　兵庫県庁舎

興のさなかで、夥しい数の庁舎・校舎の設計にたずさわる。量のみが求められた時代にあって、光安は「少しでも美しいものを作る」ことに努め、営繕課全体がそうした態度で設計にとりくめる機構を身を挺して築いていく。作品を個人名で雑誌発表できるようにし、また、それぞれの環境に適応した意匠を追求するために、いわゆる標準設計を排した。もう一つ、目立たないことであるが、各課員の製図板の前に衝立を設け、設計行為の「個人性」を強めている。それは、若手の課員にも一つの作品については、設計から監理、竣工後のメンテナンスまですべて任せるという体制づくりと表裏をなすものであった。

高度成長期に入って業務量が急増すると、どの府県も外部への委託設計が常態化するが、兵庫県は自主設計の基本方針を守りつづける。やむなく外注する場合でも容易な仕事に限定し、高度な設計は自課で担当するという原則を堅持している。このことについて、「営繕課員が設計事務所員に対して引け目を感じるようにはしたくなかった」と光安は語る。

官庁営繕は、戦前の逓信省などの華やかさに比べ、昨今では魅力に乏しい存在となっている。そうしたなかにあって、兵庫県は、官庁宮繕組織がかけがえのない能力を有する設計集団であることを敢然と示している［写真6］。

一方、大阪府でも、年一、二作と数は少ないがコンスタントに自主設計の作品を残している。最近は保養所など利便施設の仕事が増え、地域の環境をより深く捉えた、きめの細かい設計が求められている。そうしたことによって、自主設計の重要性が高まっており、大阪府営繕では、今後は、発注業務と自主設計の部門を分離する方向にあるという。これまでは、設計のための時間は、終業時間以降、終電車までということになりがちだったが、これからは設計に専念できる体制づくりが進んでいる。今後の活動を期待して見守りたい。

六、Young and Young — at-Heart

一九七〇年代に入って半分もいかないうちに、「七〇年代は退屈だ。六〇年代は面白かったのに」といった感慨があちこちに現れた。それは確かに筆者の実感でもある。

七〇年代の建築界のスーパースターは磯崎新であった。しかし、その知的な「操作」はあまりの犀利さゆえに、特有の自閉的表情を帯びる。そこにみられる「肉体の欠如」こそ七〇年代の特色であろう。ここで語ろうと思うのは、メタボリズムへの幻滅と『建築の解体』とにはさまれた七〇年前後の数年間の動きである。

一九六〇年代後半はユース・カルチュアの時代だといわれる。若さとは、現実との不整合感のなかに立ち現れる。この時代、現実との折り合いの悪さを直接的に建築への意欲と結びつけることが可能であった。ここで念頭にあるのは、東孝光であり、毛綱モン太（毅曠）であり、山崎泰孝である（ちなみに、黒川紀章は現実との適合性の高さのゆえに、本質的に「若さ」を欠いていると思う。別にそのことは彼の傷ではない）。

東孝光は、郵政省、坂倉を経たのち三四歳で独立する。東京・青山の「塔の家」をひっさげての颯爽たるデビューであった。設計とは、形を整えることでも、機能を充足させることでもなく、住まい方の理念を空間化することだ、と「塔の家」は告げる。その本質的なラディカリズムは、まさに時代のものであり、若い層の支持を得た理由でもあった。この姿勢を自邸以外でも、貫いてゆけることを一九六八年（昭和四三）のさつき幼稚園第一期、赤塚邸で証明する。その「共同設計論」は若手建築家の指針であった。

東と同時期に坂倉事務所に入所した山崎泰孝は、その在籍中に芦屋市民会館ルナ・ホール（昭和四五）の設計を担当し、一躍その名を知られるようになる。そこでは、ホールの運営方法にまで踏み込んだ建築的提案がなされており、常套的な設計のあり方を変えるものとして大いに注目された。そのデザイン、特に、ポップ・アート的感覚が横溢したインテリアは、ユース・カルチュアとしての建築の典型であるといえよう。山崎は以後、その造型力を生かして善光寺別院願王寺（昭和五〇）、Mビル（昭和五六）と斬新な建築を提示しつづけていく。

この二人が、いわば「迫力」で注目されたのに対し、清々しいリリシズムによって、その存在を知らしめたのは、当時京大助教授の川崎清であった。栃木県立美術館（昭和四七）、和気町中央公民館（昭和四五）、潮岬測候所（昭和四五）などで、川崎はガラスという素材の魅力を生かして、初期近代建築の特質を的確にすくい上げた抒情的空間を生んだ。その抒情性と表裏をなしていたのが、周囲の環境への配慮である。栃木県立美術館のスズカケの木の扱いにも、既存の環境を保全し、むしろそこから設計の手がかりを得ようとする姿勢がはっきり示されている。その発想はやがて、京都市美術館収蔵庫（昭和四六）を地下へ潜らせるという手法へ集約される。

七、都市に住まうということ

一九六七、六八（昭和四二、四三）年から、住宅という課題が建築家にとって非常に大きな意味を持つようになってくる。その名も『都市住宅』という雑誌の創刊（昭和四三）がそれを象徴する。

関西における住宅設計でまず挙げるべきは都住創であろう。時期的にはやや後のことになるのだが、大阪が誇るに足るこの営為について、ここで触れておきたい。

都住創——都市住宅を自分達の手で創る会は、周知のように、設計事務所へキサの中心人物である安原秀・中筋修を建築設計者とするコーポラティブ・ハウス建設システムである。一九七五（昭和五〇）年に第一号が建ち、ほぼ一年に一作のペースでこれまでに一三棟が実現している。都住創の重要性は建築的にも社会的にも数多く存在するが、ここでは二つだけ挙げておきたい。一つは、郊外地の戸建て住宅ばかりに傾斜している国の持ち家政策に対する、都市生活者の側からのきわめて正当な対抗措置であることだ。もう一つは、ここで建築家がプロデューサー的立場に埋没せず、設計者として集合住宅の外観意匠に新しい可能性を切り開いていることである。

集合住宅の作家としては、遠藤剛生も特筆すべきである。建築意匠的には決して魅力的なテーマではないマンション設計でも、十分に作家的個性を表出できることを遠藤の作品は証明している。

一方、戸建て住宅の作家として着実に成果を積み上げてきた建築家に美建・設計の石井修がいる。その営為の真価は今や万人に認められるところとなった。九件の「目神山の家」（昭和五一—）［写真7］を代表とする石井の住宅作品では、自然と建築との融合が十全に果たされている。多くの

写真7　目神山の家

建築家が口にし、それでいて滅多に達成されないこの目標に、石井は、時には冒険とも思える手法を用いて到達してきた。彼は「同じ窓を吹き抜ける風でも、樹々のあいだを通ってきた風であってほしい」と語る。その言葉は、庭付き戸建て住居の本質を衝いていると思う。

　石井の作品を論じるとき忘れてならないのは、その形態の多彩さである。「内部さえちゃんとしていれば、外は形がなくてもいいんだ」と語りつつも「前と同じようなものはつくりたくない」という意欲が常に保たれている。石井修は今年で六五歳を迎えるが、作品しか知らないと四〇歳代後半ぐらいに想像してしまう。そうした建築家としての「若さ」は、住宅以外の、たとえばシャルレ本社ビル（昭和五八）などの作品にも十分に発揮されている。

　関西の都市のなかで、やはり京都がもっとも「環境」に注意を払うことを要求するだろう。その京都の風土を踏まえた住宅設計活動を続けている建築家として、吉村篤一が挙げられる。和風を意識した建築は、ともすれば厭味になりがちだが、モダン・デザインの良質な部分を継承した吉村の作品は常に折り目正しい。

八、ポストモダン／レイトモダン——安藤忠雄をめぐって

　一九七五（昭和五〇）年ごろから、建築の表現がきわめて多様になってくる。いうまでもなく、ポストモダンの時代の到来である。その様相を少し分析的に見てみたい。

　モダニズム建築は、ヴォリュームの表現に何よりの眼目があった。平面図で黒く塗られた部分ではなく、白く抜かれているところ、つまりは空間こそが表現の対象であった。これを逆転させて、黒く塗られた部分、物体としての建築に表現の重点を移すところから、いわゆる「ポストモダ

ン」は始まる。つまり、装飾の魅力、形態の訴求力の回復である。

そうした立場の最も戦闘的な建築家を関西は擁する。いうまでもなく、高松伸と渡辺豊和である。

装飾という場合、おおむね、本体に対する付加物という印象をもつ。しかし、高松伸においては、その装飾は付加的なものではない。その装飾はむしろ細かく分節された建築の細部というべきだろう。たとえば、織陣（昭和五六）のファサードで、黒御影の壁面に並べられたリベット。これが付加的な装飾だとすれば、壁体が本体ということになる。しかし、壁体もまた、いつでもめくれそうな、付加的表情をしているではないか。結局のところ、この建物のどこにも本体はなく、また装飾もない。あるのは大小さまざまに分節された建築の断片だけだ。高松作品のすごさは、その分節操作が既成の建築の分節手法を軽々と越えていて、部分と全体とが溶融してしまうところにある。今、「既成の建築」と書いたが、それは単にモダニズム建築だけを指しているのではない。高松伸が真に前衛の名に値するのは、彼が建築遺産の総てに反逆しているからだといって過言ではない。

一方、歴史的建造物からの引用と変形の上に建築を設計するのが渡辺豊和である。「引川と変形」と簡単に書いてしまったが、渡辺の破天荒な造型力によって、歴史的建造物の破片は思いもよらない形態となって建築化される。渡辺自身の言葉を借りれば、「夢に近いような歴史的風景」が出現するのである。渡辺の造型力は建築家ばなれしている。かつて、中之島周辺の近代建築の再生をテーマとした展覧会「中之島・第三の道」において、最も発見的であったのは渡辺の大阪府立図書館であったと思う。他の建築家のプロジェクトは、スケール感にせよ、構成の手法にせよ、どこかしら建築らしさが残っていたのに対し、渡辺案だけは一切の現実性を払拭した、自立するオブジェであった。彼は自案を「シュール・レアリスムの建築化」と述べているが、確かに渡辺案における府立図書館は建築であって建築でない存在へと変容している。渡辺作品の歴史的要素というのは、目新しい形態として働いているわけでも、ましてや記憶の喚起物として機能しているわけでもない。深い歴史性もろともに、その建築的形態が根こそぎ建築でなくなる瞬間のために存在している。そうしたことを可能にする造型力を建築家ばなれしているといっても、決してけなしたことにはならないだろう。

こうした二人の活動をその極北として、いわゆるポストモダンの表現は展開してきた。しかし、しばしば見過ごされがちなのは、装飾やフォルムへの執着とは別に、もう一つ、物質感へのアプローチが存在することである。ここでは、それを構築性の表現と呼んでおきたい。そうした建築のあり方の最良の例として、安藤忠雄の作品はある。

ポストモダンの類義語に「レイトモダン」という言い方がある。モダニズムを全否定するのではなく、延長線上に新たな表現を探ろうとする傾向のことである。安藤忠雄の作品も、見ようによっては、このなかに分類できるかもしれない。モダニズムの特質であった幾何学的形態、無装飾性、空間の流動性は安藤作品の特徴でもある。しかし、安藤作品を私たちが見るとき、否応なしに経験させられるのは、壁あるいは柱・梁といった建築の構成部材の存在感の大きさである。その圧倒的な物質感からは、建築が今、ここにこうして築かれてあるという感覚が立ち現れてくる。

その構築性こそ、リチャード・マイヤーあたりのレイトモダニストから安藤忠雄を分かつものといってよいだろう。

厳格な施工監理、献身的というほかないメンテナンス、徹底した所員教育。これら半ば伝説化した安藤の活動のありようは、つまるところ、作品に満ちているべき圧倒的物質感を獲得するための最も確実な方法として遂行されているといってよいだろう。

先に触れたように、安藤作品がモダニズムの成果を見事に継承していることも、また一面の真実である。私たちは、その作品のそこここに、先行する作家たちが提出した建築的課題が適切に解決されているのを見出す。安藤は、その意味で、一つの時代を総合してきたといってよい。あえて安手な比喩を使えば、ビートルズがロックンロールを総合したように、彼はモダニズムを総合する。その上で、新たな建築的展開の回路を形成しようとするところに私たちは魅せられる。

安藤忠雄の特徴の一つに、商業建築が活動の重要な位置を占めるということがある。それは単に営業上の問題ではなく、安藤作品の一側面を物語っていると思われる。このことについて考察を加えて、小文を閉じることとしたい。

磯崎新の『建築の解体』から一〇年、「四角いビルはもう古い」というTV番組が放映される。ポストモダンがいわば社会的現象となったことを如実に示す出来事だが、その一〇年は、オイルショック後の一〇年とほぼ重なる。この間、建設業界は今日に至るまで不況である。世間の不景気風は、建築にかかわる人間なら、イヤというほど知っている。しかし、実のところ、おおかたの人々の生活は奇妙に豊かである。小金とそれで買える商品は溢れている。それも一つの豊かさではあろう。時代の雰囲気としての豊かさ、ちょっと前の表現を使えば、「リッチな気分」というやつ抜きには、ポストモダンがこれほど広範に話題となった理由は説明できない。なにしろ、建築が生んだ初めての流行語なのである。

「貧すれば鈍す」という。このことわざを裏返したように、人は豊かになったとき鋭敏になった。倫理的にはいざ知らず、感覚的には。そうして、品質や機能よりもその商品がまとうイメージの良し悪しを評価する態度が広まる。冷蔵庫や缶ビールに対してだけでなく、建築についても。「すべての体験がみんな擬似体験になってしまう都市生活のなかで、僕たちが信じられるものといったら……デザインの素敵な洋服や、おいしい食べ物、雰囲気のいいレストラン……のように、商品化された具体的な品物しかないのだ」という田中康夫の揚言を全否定できる人間はいない。

商業建築にあっては建築のデザインは商品の一部となる。こうして、ファッションビルや喫茶店を代表とする中小商業建築が、建築業務の最も重要な部分となる時代がやってきた。ついこの間まで、店舗設計家は建築家とは別の職種のように見られてきたが、今や、その区別はつけにくい。

これまで日本のマスコミは建築竣工の記事を載せても、その設計者について報じるのは、タンゲかクロカワの場合だけだった。しかし時代に敏感な若者向け雑誌は、ブティックやカフェ・バーを紹介する際に、その設計者についてきちんとコメントすることが多くなってきた。作家もブランドである。そうしたなかでも、安藤忠雄が「有名ブランド」だからではなく、安藤作品が、いわゆる「商業建築」と明らかに一線を画していることに皆が気付いている

写真8　TIME'S

からであろう。

それは、京都・三条通のTIME'S（昭和五九）［写真8］での人々のふるまいに如実に見てとれる。

TIME'Sは安藤の名を京都の若者の頭に刻みつけた作品だが、そのファサードをしげしげと眺めるのは建築学科の学生ぐらいで、大半は高瀬川に接したテラスへと急ぐ。この岸辺のたたずまいに、人々は惹かれる。その心理は、時代に尖端を求めてではない。このテラスのもつ、優しく緊張をほぐす空間の伸びやかさを求めてであり、そんな空間がISSEYとともにあることの面白さを求めてである。おそらく、安藤ほど、押しつけがましくなく、「優しさ」を建築のなかに出現させる建築家はいない。押しつけがましくないのは、形態の論理と情感の論理がお互いを混濁させることがないことによるといってよい。

商業建築には、「これぐらいやっとけば施主も客も喜ぶぜ」といった妙にシニカルなわざとらしさがしばしばつきまとう。そうしたなかで安藤作品には人間をナメたところがない。安藤が建築を信頼するのと同じぐらい、「優しさ」を信じているからであろう。安藤のそうした「優しさ」は、大淀の茶室（昭和五七）やTSビルディング和室（昭和六一）に、もっとも無防備なかたちで現れている。

緊迫した構築性と、優しい空間と。その大きな振幅の中に安藤作品は成立する。こののち安藤が次の展開を見せるとき、振幅の大きさはどのように変化するのか、そして、関西という地域が、どのように彼の作品を育むか、刮目して待ちたい。（文章、敬称略）

関西におけるモダニズム建築

はじめに

御堂筋が広げられる前の大阪を想像することはむつかしい。それと同じくらい、神戸ポートタワーに高度経済成長を実感した、その時代の加速度を追体験することも困難になった。モダニズム建築がわれわれの目前にあるとしても、そこにただの汚れたコンクリートの箱を見るだけに終わってしまうかもしれない。本書は「文化遺産としてのモダニズム建築」を掲げている。汚い箱にしか見えないモダニズム建築もまた文化遺産であることを広く示すのが、本書の最大の目的といってよい。

「近代音楽」はふつう、古典的形式の解体をめざすドビュッシー以降の音楽を指し、「近代絵画」は写実主義を

＊

二〇〇一年に芦屋市立美術博物館で開催された「文化遺産としてのモダニズム建築展」の図録『関西のモダニズム建築二〇選』に掲載された。個々の作品紹介に先立つ総論の役割を担っており、通史的な展望をこころがけた。二組の対立項を設定して座標軸をつくり、その四つの象限のなかに事象を位置づけるのは松原隆一郎氏の手法を真似たもの。

否定する印象派以降の絵画をいう。文学についてはモダニズム詩に触れたころを回想した田村隆一の言葉を引こう――「日本的な語法、日本的な抒情と論理を殺戮することが、知的な快感というより、もっと原初的な、いわば僕の生理的な快感に訴えた」。

こうした既成の文化秩序の破壊を近代化と呼ぶなら、建築におけるもっとも顕著な「近代」の画期は、西洋建築二千年の歴史がつくり上げた「様式」に反逆する造形の出現だといってよい。すなわち一九世紀末のアール・ヌーヴォー、ゼツェッションである。それらは歴史様式の規範に替わる新たな装飾体系を提示しようとする試みであった。一九二〇年代以降、さまざまな建築的提案は、装飾を排除し幾何学形態へ還元する手法へ収束していく。その「白い家」が狭義の、そしてここで問題にしようとしている「モダニズム建築」である。

ただ、モダニズムの一義的な定義はむつかしいし、かならずしも意味がない。形態的な特徴を離れて、モダニズムは「変化を信頼する姿勢」である、と、とりあえず言ってみよう。だとすれば、何からどう変化しようとしたかを見定めることが重要になる。以下では、モダニズム建築と名づけざるをえない、新しさをもった建築群の、そのさまざまな新しさがそれぞれどのように実現していったかを素描してみたい。そしてそこにおいて「関西」固有の性格を見出せるとすれば、それが何なのかを探ってみたい。

前史としての一九一〇年代

一九一〇年代、大阪は、他のどの都市にもましてアール・ヌーヴォーとゼツェッションが目立った。「東京の批評家が机の上で彼是論議しているあいだに、この土地では遠慮なく実行する」(葛野壮一郎『大阪の建築』一九一六年)。大阪は、東京にくらべて洋風建築の普及が遅れていた。ようやく普及しはじめたとき、ちょうど洋風建築自体が変革の時期を迎えていたのである。

関西の設計事務所の草分け的存在であり、建築界に君臨した片岡安にしてからが、歴史様式を採用しながらもその細部を直線化していくという、ゼツェッション右派とでもいうべき作風だった。また、長く関西で唯一の建築に関する高等教育機関であった京都高等工芸学校の教授を務めた武田五一と本野精吾は、ともに留学して世紀末造形を深く学んだ人物であった。

建築が個性を表現する芸術であるという認識は、少なくとも学生のレベルでは一九一〇年代には通念化しつつあった。画塾に通い、美術展におもむく者が多くいた。卒業して社会に出た若い建築家たちは、それぞれの持ち場で様式主義に逆らいはじめていた。

一九一〇年代はまた、都市が変わっていく時代でもあった。第一次世界大戦による好況は空前の土地騰貴を呼び起こし、一九一九年には地価が繁華街では一年で三倍にも上昇する事態となった。大阪では、これ以前から市街中心部の道路拡幅が各所で進められ、沿線家屋の更新を促していたこともあって、伝統的な町家がつぎつぎとオフィスビル化していく。神戸でもまた、巨富を得た海運会社が、旧居留地の景観を一変させていく。またサラリーマン層の増加に伴って、郊外居住が一般化し、阪神間を中心に住宅地開発が進む。こうした動向をうけて、関西の建築家たちは一九一八年に東京市区改正条例を他の大都市にも準用させることを政府に認めさせ、翌一九年には都市計画法と市街地建築物法とを公布させる。

建築像の混迷——一九二〇年代

関西はゼツエッションを好んだ。しかし、それはかならずしもその革新性を評価したわけではなかった。日本ではゼツエッションはウィーンで生まれたころの破壊性を徐々に失っていく。ゼツェッションを利用したといっても気の利いた細部装飾として扱っていて、建築全体は歴史様式の骨格を堅固にとどめるという作品が大半になるのである。結局、一九世紀的な様式折衷主義というお釈迦様の掌から出ていかない。

そのことは、しかし、建築が変化しなくなったということではない。まず洋風建築の需要がそれまでの産業施設や官公庁舎からオフィスビルに移りはじめていた。しかも鉄筋コンクリート構造の技法が確立し、八階ないし九階建ての高層も可能となってきた。これによって建築は単純なボックス状を呈するようになり、壁面も軽量化をはかって平滑な仕上げが一般化する。装飾は入り口周りだけに限定され、建築の価値は建設費回収のスピードだけで測られるようになる。

これは先述の異常な好況から導かれたものであって、社会的背景も建築形態もアメリカの摩天楼の小型版ということができる。何人もの建築家がアメリカ視察におもむく時代であった。高層ビルは構造技術的には大いに注目されたが、意匠面で、この社会的要請を積極的に受けとめる機運は希薄だった。経済的要求によってゲテモノをしかたなく建てさせられているという気分が、少なくとも一九二〇年代にははっきり漂っていた。ただ一人、渡辺節だけはあえて様式性にこだわり、その訴求力を最大限活かすことで個性を発揮したが、それ以外の建築家は、建築が備えていた自立的な価値が経済によってないがしろにされていくという焦慮を感じないわけにいかなかった。なかでも、建築が商品となり消費財化する問題をどう解決すればよいかを深く考えさせられたのが、渡辺節のもとでチーフを務めていた村野藤吾であった。

建築を自己表現の方法と考えるようになっていた若い建築家は、清新さを失ったセッションに替わる表現の器を求める。突破口は東京から来た。一つは一九二〇年、東京帝国大学建築学科の新卒者六名が結成した「分離派建築会」がもたらした表現主義であり、もう一つは一九二三年、フランク・ロイド・ライトの帝国ホテルである。双方ともに、建築を不定形な量塊や水平・垂直の平面に還元するところに特徴がある。そこでは、建築形態につきまとう屋根や基壇、窓といった物理的な意味づけがぬぐいさられてしまう。表現主義を通過することで、様式折衷主義の呪縛から身をふりほどく建築家は多い。安井武雄も村野藤吾もそうであった。

留学という別の経路をたどった建築家もいる。本野精吾は一九一一年のドイツ留学で触れたペーター・ベーレンスを出発点にして、また上野伊三郎は二四年にウィーンで学んだヨーゼフ・ホフマンを基本に、それぞれ、建

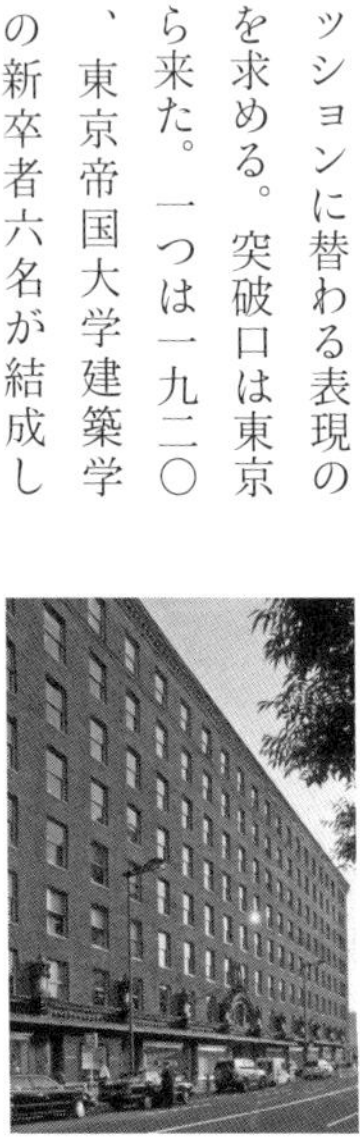

写真1　ダイビル本館

築を幾何学形態に単純化していく語法をつくり上げる。

「新興建築」の成立

様式規範を突き崩していく、そして単純な幾何学形態に還元していくという方向性はおぼろに見えてきても、近代的な建築空間をめざしてなお模索しつづける。その状況は、じつは欧米においても同様であった。モダニズムのさまざまな潮流は完成型が移植されたのではなく、いわば星雲状に日本にもたらされるわけだが、今日の眼で、一九二五年以降の状況の局面を区分するなら、おおよそ三種に分けられる。すなわち理念のレベルでのバウハウス、形態のレベルでの構成主義、装飾のレベルでのアール・デコである。

バウハウスおよびル・コルビュジエは、機能主義、合理主義をそれまでにない簡潔さで提示した。「建築は住むための機械である」というル・コルビュジエの片言隻句は衝撃をもって受け取られたし、バウハウス叢書の第一巻『国際建築』は新しい動向を集めた無二の資料集として争って読まれた。

構成主義はその時点までの抽象化志向を一気に極限まで押し進めるとともに、その多様な可能性を指し示した。村野藤吾が一九二九年の外遊の際にロシア構成主義のリーダーであったタトリンを訪ねていることにも、当時の関心の一端が知れよう。

アール・デコはそれまでの建築装飾のありようを大きく変えるものだった。文様は極度に抽象的で、二次元のパターンとして処理される。材料には金属やガラス、磁器など硬質で反射性のものを多用し、凹凸や質感をできるだけ消去しようとした。そのことで表層しか意識させないのである。

一九二五年に大阪で創刊された雑誌『新建築』は、二七年から二九年にかけてグロピウスやメンデルゾーンら海外建築家の特集を組む。また『建築と社会』は一九一六年以来、関西でもっとも有力な建築雑誌であるが、二九年から「国際新建築」という欄がもうけられて、上記の潮流に乗った海外作品がランダムに紹介されていく。

先に名前を挙げた上野伊三郎は、一九二七年七月、本野精吾とともに、分離派のメンバーで当時竹中工務店にいた

写真2

石本喜久治、大阪市建築課の伊藤正文と新名種夫、早稲田大学の同期の中尾保、中西六郎を糾合し、「日本インターナショナル建築会」を結成する。会員の作風や職域には違いがあったが、一致して機能主義を奉じており、その推進をめざしての運動であった。本野による自邸（一九二四年）［写真2］、上野による島津源造邸（一九二五年）は、どちらも直方体を組み合わせただけで一切の装飾要素をもたない建築形態を提示していた。

神戸にいた清水栄二は、当初は放物線を多用して表現主義的な傾向を強く示していたが、一九二九年の魚崎小学校校舎から形態の抽象度を増し、構成主義的な語法に転じる。分離派の森田慶一も、初期の表現主義から、二七、二八年以降、平面群で建築を組み立てようとする構成主義の手法に取り組む。

こうして、一九二〇年代前半の模索が、理念における機能主義、形態における幾何学性という類型に急速に収束してくる。二九年ごろ、こうした傾向を「新興建築」と呼ぶようになった。もとより「新興芸術」「新興文学」と重ね合わせた表現だが、今、ここでモダニズム建築と名づけている作品とそのまま一致する。

普及と分裂

一九三一年一一月、大阪の堂島川のほとりに朝日ビル［写真3］が竣工した。これは工事中から「新興建築のさきがけ」と目されていたが、完成した姿を見てだれもが驚嘆した。外壁にはステンレスと白タイルを貼りめぐらし、最上階は柱筋の外にガラス面を持ち出して、天井から床面までのガラス窓を水平に連続させる。室内も金属板を多用した内壁、ゴムタイルの床、ガラス製の空調ダクト、照明はチューブラーランプと斬新な手法のオンパレードであった。設計者・石川純一郎は説明とも詩ともつかない春山行夫ばりの文章を寄せている――「断髪の／明朗そのものの面貌

／漆黒の衣装／銀鼠のボアが／プレート・グラスの二重ドアを排して出る」「サンキストのピンク色とコテイの橙黄色とが漂わす香気」。ここからは、当時の「尖端的」風俗の劇場として、その空間を構想していることが伝わってくる。それは本野精吾や伊藤正文のような機能主義とはほど遠い。

写真3

写真4

「新興建築」がはらんでいる同床異夢は他にも見出すことができる。一九三三年三月、拡幅工事たけなわの御堂筋と平野町通りとの交差点に、安井武雄設計の大阪ガスビル［写真4］が竣工した。これに対して『新建築』誌の座談会「一九三三年の建築を回顧する」で、東京のモダニストたちは冷淡にしか扱わない。市浦健が「関西の人のモダーンはどうもすっきりしないと思う」というと、山口文象が「外部の窓に柱があるのは少しどうかな」と評し、川喜多錬七郎が「安井さんにしては新しいよ」と引き取っておしまいになる。安井武雄とすれば、一・二層の黒御影石張りの外壁とその上の白タイルとの対比、二層部分の水平連続窓と三〜七層部分の縦長窓、八層目の庇下面まで立ち上げる横長窓、という細かな変化こそ、立面のねらいであった。「新興建築」の普遍的な語法の存在があるはずだと考える人々と、単一の美の原理を信ぜず、建築家それぞれの個別性に賭ける人々との違いが露呈するのである。

一九三一年七月の『建築と社会』誌の「新興建築座談会」でも、様式折衷主義の傑作であるストックホルム市庁舎について「僕は頭が下がる」という村野藤吾と、「あれ

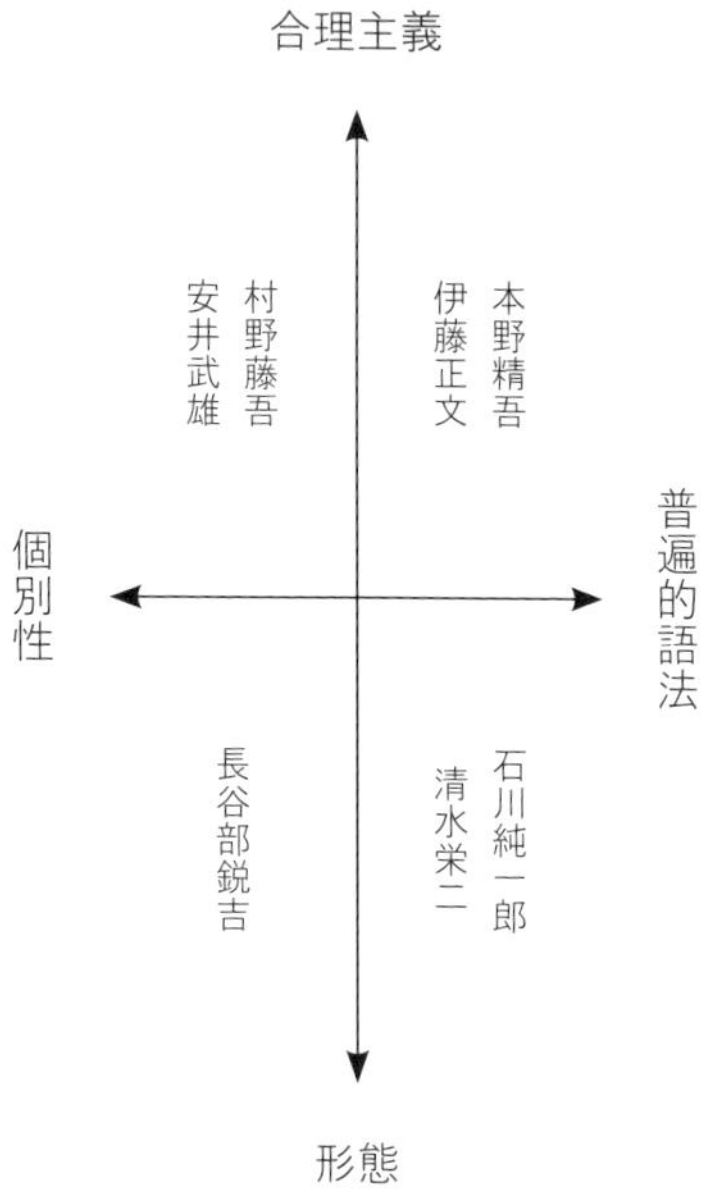

はあれだけのもの」という中西六郎の評価が対立している。図式化すれば右のようになるだろう。

さて、一九二九年の世界恐慌に発する不況は、三一年を底として徐々に回復し、三三年からは日中戦争の拡大による軍需景気へ転ずる。建築需要が復活するなかで、モダニズムは確実に定着していく。とくに商業建築において著しい。先に見た朝日ビルからもうかがえるように、建築のモダニズムは、風俗におけるモダニズムとはっきり連動しはじめていた。もとより明治時代から新しい建築デザインが風俗的な新しさのサインとして用いられることはたえず起きてきた。ただ、風俗としての、あるいは都市文化としてのモダニズムは、生活環境全体の革新を伴っていた。映画や写真というメディアの発達が、歩き方やハンカチの使い方のレベルから生活を変えた。それだけに、建築が、新しさの書き割りではなく、空間として風俗に参加できた。モボ・モガの「モダン」とモダン建築のモダンとが同質化しえたのである。

映画館は、一九二〇年代は劇場のイメージを追って荘重な様式建築になりがちだったが、三〇年代にはいるとモダニズム一辺倒になる。ましてやダンスホール、洋品店といった業種では当然のように採用されることになる。

ただ、合理主義的見地からのモダニズムを追究する建築家からすると、理念をはなれて形態面にだけ注目する態度は軽薄としか映らなかった。彼らにとってはモダニズムがもっとも真価を発揮するのは、経済的・面積的条件が厳しい集合住宅や機能上の要求が複雑な病院・学校のはずだった。そこにおいては、モダニズムへの社会的支持はけっして高いわけではなく、なお啓蒙しなければならなかった。

先にも触れたように、村野藤吾は建築の社会的価値という問題にこだわりつづけていた。大衆に対する同調でも上からの啓蒙でもない、第三の対応をモダニズムは必要としていると彼は考えた。民衆の支持を顧慮しないモダニズムは「実験室的労作」にすぎないと村野はいう。しかし、民衆の関心におもねると建築は商品で終わるともいう。彼の心斎橋そごう（一九三五年）は、隣に建つ華麗なネオゴシックの大丸に負けない訴求力を獲得し、まさにそのことで建築としての価値を高めようとした苦心の作である。

写真5　心斎橋そごう

もっとも、村野に対する評価とは別に、東京においてアントニン・レーモンドや前川國男が理念としての合理性と表現としての魅力とを統一的に実現するために重ねてきた苦闘が、関西では見られなかったことは認識しておく必要があるだろう。理念と形態は分裂したまま、それぞれに深化していったのである。

一九三〇年代後半になると、デザインにおいて、それまでのように表現主義的な要素、アール・デコ的な要素が混入することがなくなる。それにもまして、単なる無装飾の白い箱で十分と考えるのではなく、「空間のヴォリューム」が表出されるようになる。すなわち、透明なボックスとして、内部空間がありありと感じ取れるようになるのである。

同時にモダニズム建築が社会に定着してきたことがはっきりする。軍人会館や生命保険会社の社屋にも採用されるようになる。しかし、こうした手法の安定と社会的認知は、モダニズムが一つの「様式」となっていく現れでもあった。現にアメリカでは、モダニズム建築は「インターナショナル・スタイル」として受容されていた。端的な例を挙げよう。京都帝国大学では大倉三郎という一人の建築家が、一九三三年から三六年にかけて法学部・経済学部の校舎は様式的に設計し、附属病院はモダニズムによって設計している。いずれもすぐれた出来映えだが、そこではモダニズムが当初求めた制度破壊の志向性は消えている。こうした状況をつくり上げた段階で、三九年、戦時体制に入り、ほとんどの建設活動は停止することになる。

戦後、現代の始まり

建築の世界では戦後になって何が変わったのだろう。一般史では一九四五年までを近代、戦後を現代と時期区分し、建築も一九七〇年代までは同様の時代分けをおこなってきた。しかし、近年になると、七〇年前後に大きな歴史の断層があって、戦前と戦後の差を重視しない歴史認識が広まっている。今、この書物で二〇年代から六〇年代までをひとくくりにして展望しようとするのもそうした潮流に棹さすものといえる。

ただ、筆者の個人的な感覚からすると、一九四五年はやはり大きな画期ではなかったのかという気持ちがぬぐい去れない。今回、資料を見直していて、ふと、自分のそうした時代感覚は関西の状況が醸成したのではなかったか、と思った。つまり、関西の場合、戦前に活躍していた人々は戦後になると活動の第一線からはフェイドアウトしていき、まったく違う顔ぶれが建築界をリードするようになるのである。ここまでの小文に登場した建築家のなかで、戦後になっても重要な作品を残した人物は村野藤吾だけといってよい。村野にしても、戦前は「新興建築家」と呼んで不自然なところはなかったが、戦後の作品は時代から半歩身を引いたところに独自性を見せた。十年余の空白期が関西にもたらした変動は、やはり大きかったのである。

では新たに現れた動きには何があったのだろう。関西においては、戦後の復興にあたってまず建てられはじめたのは工場である。オフィスビルの再建が中心だった東京とはいかにも風土の違いというものを感じる。

少し脇道にそれるが、古くから関西のクライアントは建築に詳しくて、建築家を選ぶ際も世間的な評価や経歴などよりも自分自身の評価にもとづいて決めるといわれてきた。竹腰健造が丸紅から依頼を受けたとき「あんたが上手だから頼むんじゃない。建築後のもちがよいからやってもらうんだ」といわれたというエピソードがあるが（「商都かたぎ・主都かたぎ」『建築と社会』一九五五年八月）、ここには関西のクライアントの姿勢が如実に示されていよう。こうした気風は戦前においては多彩な作品を生む土壌となったが、経済的余裕を失った戦後にあっては、もっぱら実利的な貢献のみを建築家に求めるようになる。

　戦後の関西建築界の大きな特徴に組織事務所の多さ、裏を返せば個人事務所の少なさが挙げられるが、それも技術的妥当性を求める社会と、それに応えることに職能の意義を見る建築家がもたらした現象として説明できる。もちろん、表現が常に等閑視されていたわけではなく、組織事務所による建築にも、日建設計の旧神戸市庁舎（一九五七年）や安井建築設計事務所による大阪ガスビル新館（一九六六年）［写真6］のように、「作品」として世に問われたものもある。しかし、一九三〇年代に関して指摘したように、関西では理念と表現を統一しようとする意思が希薄だった。その傾向は、戦後になって社会が歴史様式を否定し、機能主義を受け入れるなか、経済上、機能上の合理性の追究を最大の目的とする建築観の醸成につながったように見える。『関西のモダニズム建築二〇選』には、戦後の建築がほぼ半数の九件あるわけだが、そのなかに関西在住の建築家のものが五件しかなく、あとは東京勢というのは、つまるところ、戦後の関西建築界には技術的所産としてつくられた建築が多いという事情があるのである。

　先に一九三〇年代の「合理主義」と「形態先行」の二項対立を指摘したが、戦後は「技術としての建築」と「作品としての建築」の二項にずれていったと捉えることができる。もう一つの軸は、依然「モダニズムとしての普遍的語法」と「個別的表現」との二項対立として捉えてよいと思われるが、「作品」派としてすぐ名前が挙がる村野藤吾や浦辺鎮太郎は、戦後にはモダニズムから距離を置くことでその表現力を獲得し

写真6

ており、やがてはっきりと離反するにいたる。戦後になっての変化の一つに建設会社設計部の充実が挙げられる。なかでも竹中工務店は早くからおびただしい建築を受注する。同社が社会的信用を得た過程を見ると、上記の二つの二項対立の構図のなかで中庸を得た対応をとったことがうかがえる。一方ではもろもろの実務的サービスを提供し、一方でデザイン上の訴求力にも配慮する。また形態の単純性を突きつめながら、村野藤吾の作風をよく学んで、ほのかな装飾性を漂わせる、というバランスのよさが指摘できるのである。

関西にあって、合理性とモダニズム的語法を保ちながら、作品性を追究していた建築家としてまず最初に指を屈するのは西澤文隆であろう。彼は坂倉建築研究所大阪支社の開設とともに来阪し、坂倉準三補佐役というポジションを超えた活躍を見せる。クラブ関西（一九五二年）にはじまり、一連の「正面のない家」、自邸にいたるまでの作品は、ル・コルビュジエを日本の伝統性によって再解釈したものとして世界的レベルで注目に値すると考えられる。ただ、そこには一種苦渋を帯びた力業というおもむきが漂う。論理やコンセプトではなく、ディテール、あるいは洗練度といった具体的提案で見る者を説得しようとする努力の跡といえばよいだろうか。それは戦後関西の実利的風土のなかで「作品」をつくりつづけるための方法上の宿命であったように受け取れるのである。

最後に、歴史的風土との関係について一言触れておこう。理念的には抽象的形態による普遍的造形をめざしたモダニズムにとって、歴史性や地域性は一方のアキレス腱である（もう一方は大衆的な訴求力であろう）。しかし、関西、なかんずく京都・奈良の歴史的風土は、建築になんらかの応答を求める。そこにおいて、京都会館はモダニズムの語法の枠内で解決をはかり、大和文華館はモダニズム以前に立ち返り、京都国際会館はモダニズムを踏み越えることで古都に応える。この三者は今日にいたるまで、モダニズムの可能性を見るか限界を見るかの問いをわれわれに突きつけている。

日本と近代と建築と

京都工芸繊維大学造形工学科（とその後身たるデザイン・建築学系）では、一年生を対象に「造形工学概論」（今は「デザイン・建築学概論」）なる科目を開講している。全教員が二分の一コマ、つまり四五分間でそれぞれに学科の教育の導入を図るものである。そのテキストと各教員の自己紹介とを兼ねた冊子『造形工学』（『デザイン・建築学』）を、毎年、新入生に配付している。本稿は二〇一一年版、すなわち『造形工学二〇一一』に掲載したもの。「概論」の講義ではできるだけかみ砕いたつもりだが、予備知識なしには理解不能だったようで、学生さんはみんなポカンとしていた。

＊

わたくしは日本近代建築史を専門としています。建築学会などではそのように人に告げます。ですが、一般の人には、それでは通じません。「はあ？　それは何なのですか？」という表情が相手の顔にありありと浮かんでしまいます。言葉がわからないわけではない。「日本」も「近代」も「建築」も、それぞれは一〇歳児でも知っている単語ですから。だから「近代建築」の具体的なイメージが湧かないというほうが正確でしょう。で、もう少し抽象度の低いタームをあわてて探すことになります。

多くの場合、「洋風建築の研究をしています」と言いなおします。たいがいはこれで納得してもらえます。少なくともわかったような顔をしてもらえます。ですが、今度はこちらに釈然としない気分が残ってしまうのですね。というのは、「近代建築」＝「洋風建築」という等式を成り立たせようとすると、二つの大きな問題が冷凍マグロのように転がっていることに気付かないわけにいかないからです。

問題のひとつは、「近代建築」という概念が漠然としていることです。建築学会では通じると書きましたが、実のところ、学界でも二通りの定義づけにはっきり分かれています。ただ、ここらの議論をたどって理解するのは、それなりの知識や問題意識が必要なので、初学者にはつきあいきれないでしょう。三年次に進んだ段階で、「近代建築史」の講義のなかで説明させてもらいます。

もうひとつの問題は「洋風建築」です。「風《ふう》」というと、本家は別のところにあってそこから派生した二次的存在というニュアンスがありますよね。「京風ラーメン」とか。ただ、「和風」という言葉と対にして考えると、ことさら神経質にならずに、西洋の建築文化を基盤とするものと、日本のそれに基づくものという程度の区分でよいのかもしれません。むしろ気になるのは、「洋」＝西洋の中身です。明治維新以降の日本が基本的には西洋化をめざしたことはまちがいなく、建築も軌を一にしています。しかし、そこには、欧米にあるがままの建築を極東の地に立てようとした場合（それはさらにその願望が達成できたケースと果たせなかったケースに分けられるでしょう）と、意図的に日本の固有性を主張した場合があります。ナショナリズムは近代国家の特質といえますから、後者を重視するという視点は十分にありえます。そうしたとき「近代建築」をそのまま「洋風建築」と言い換えていいものか、躊躇するものがあります。

実際、近代日本の建築家を悩ませた（あるいは意気込ませた）最大の問題のひとつが、「西洋」と「日本」なるものへの距離の取り方だったといってよいでしょう。見やすい例をひとつだけ挙げます。河原町御池の京都市役所本庁舎（一九二六年）です。全体の骨格は左右対称で中央に高塔を構えるという欧米の官庁建築の典型的形式です。そこに毛筆をモチーフにした装飾を配しています。これが「京都らしさ」を表出しようという意図を持っていることは明らかです。しかし、インテリアはむしろイスラム建築の様式が基調になっています。なぜ？

「近代」は多様な顔を持っています。そこにおいて「日本」という難問を日本人は解くことになります。建築にたずさわる人間は建築を通して。その過程、そしてその結果は、ここまで見たように、なんだか訳のわからないものにもなったりするのですが、簡単に了解できないからこそ、「近代日本」を、そして「建築」の既成概念を突き崩す手がかりになると考えられるのです。

写真1　京都市役所本庁舎外観

写真2　同エントランスホールのアーチ

名古屋市庁舎・愛知県庁舎の歴史的位置

二〇一四年、タイトルにある二つの建築が国の重要文化財に指定された際に、文化庁からの依頼を受けて『月刊文化財』に執筆した。愛知県庁舎のプラモデルというものが販売されていて、そのCMでは「帝冠様式」を「どうだ、カッコイイだろう」というニュアンスで連呼していた。たしかに音の響きだけとれば颯爽としているが。

＊

本年（平成二六年）十月、名古屋市庁舎（昭和八年竣工）と愛知県庁舎（昭和一三年竣工）の重要文化財指定が答申された。両建築は、構造においては鉄骨鉄筋コンクリート構造を採用し、意匠においても全体の構成は洋風であるが、屋根を中心に日本的な細部を組み合わせている。ともに平成一〇年に登録有形文化財に登録されているが、その際、意匠については「帝冠様式」と位置づけられた。この「帝冠様式」という用語は、近年、藤岡洋保の提唱によって「日本趣味の建築」と改められつつある。明治末期から昭和戦前期まで一般的に用いられた呼称であって、両建築も建設時には「日本趣味」と説明されていた。これを受けて、両建築の指定説明においても「日本趣味を基調」、あるいは「日本的な要素を取り入れ」と述べられていて、もはや「帝冠様式」とは呼ばれていない。日本近代建築史の中にこれら「日本趣味の建築」を位置づけ、そこで名古屋市庁舎と愛知県庁舎の特質を見定めるのが小論の課題である。

模索の出発点

一九世紀の建築は折衷主義である。折衷主義は二つの価値観によって成り立つ。一つは様式の細部の美への信頼である。もう一つは建築が置かれる状況に応じて様式を使い分けることを良しとする状況依存主義・機会主義である。逆にいうならば折衷主義は、建築全体を貫く造形の根拠というべき普遍的な原理を欠いている。しかし、それゆえにそれぞれの国で、民族を象徴する細部造形を設定できた。それとまったく同時に、見慣れぬ造形を探し出してはエキゾチズムに安んじてひたりえた。そして選択肢の中には非西洋的な様式細部を含めることも可能だった。それゆえに、明治二〇年代初頭に日本政府から中央官庁の設計を依頼されたドイツの建築事務所エンデ・ベックマンは洋七和三の奇図を描いた。彼らにしてみれば、ネオ・バロックの結構の中にはめこまれた日本モチーフは、世界中で日本にしかないデザインとしてこの国の個性を明示するはずであった。それに困惑した日本人が、しかし、自ら日本的な細部を西洋建築の骨格の中に持ち込もうと試みたのも当然のことなのであった。してはならないことでは決してなく、むしろ試みるべきことであり、可能なはずの企てとみなされていた。

さらに、そこにヨーロッパ世紀末の新造形の情報がもたらされる。それは二つの方向から「日本」への関心をかきたてた。一つは、歴史様式は実は衰亡しつつある存在であり、それの乗り越えを図ることは正しいことだという認識である。「国風」を表出する「現代の日本建築」をわれわれもめざしてよいのだという励ましと受け取れたのである。もう一つは、アール・ヌーヴォーにせよ、ゼツェッションにせよ、その淵源は日本美術であるという情報である。西洋文明の風下に立たされつづけ、日本文化は劣ってはいないと気負ってはみても、普遍性を欠いた極めて局地的な文化であると思わされてきた日本人にとって、ジャポニスムが西洋文明を革新する契機となったことは、自信を回復しうる快挙であった。討論会「我国将来建築様式を如何にすべき乎」をその頂点とする明治四一、四二（一九〇八、一九〇九）年の「日本」への注目は、それまでの伏流が一気に溢水した事態であった。

アール・ヌーヴォーやゼツェッションが日本的だという評価によって、折衷主義に否定的な若い世代も「日本」へ注目することになる。その典型が明治神宮宝物殿コンペである［写真1］。これには若手建築家たちがこぞって参加している。その間の心境を松井貴太郎は「国粋の美に帰る」と記している。彼らもまた自国文化の表出には関心があった。ゼツェッションは「清楚」「瀟洒」であり、そこが日本建築と同じだ、といった議論、あるいは世紀末の頽唐《たいとう》趣味は江戸の化政文化と相通ずるといった議論が声高になされた。いいかえれば世紀末造形を見て、そこから「日本的なるものは何か」という議論を組み立てるようになっているのである。

ただ、彼らにとっても、「日本的なもの」の表現は極めて困難な課題であった。明治神宮宝物殿コンペにしても、みずからの作品にみずから納得がいかないという不満を多くの建築家がいだいて終わった。洋風建築の構成を基調として、そこに和風の細部を繰り込む試みはことごとく破綻していた。高邁な理想を掲げても、「日本」を除去しなければデザインが完結しないことを建築家たちは思い知らされつつあった。

こののち、社会も建築界も「日本」に関心を失っていったように見える。それは一つには大正期のコスモポリタニズムが「日本」の表出の社会的需要を薄めていったためであろう。そうした趨勢の象徴が国会議事堂コンペであった。「日本」は意外にもまったく顔を出さない。下田菊太郎が帝冠併用式を提案したのは、この状況に激怒してのことで

写真1　明治神宮宝物殿

ある。社会の関心は第一次世界大戦のもたらした好況とそれによる都市化に向けられていた。

伝統の抽象化

折衷主義を成り立たせている基底的構造は、先にも触れたように、手法としては歴史様式の細部を統合し、変形する操作である。また評価の基準としては機会主義、すなわち個々の与条件に適合するかどうかの判断にあった。であるとするならば、その乗り越えもまた、手法と価値意識の両面で図られる必要があった。

ゼツェッション以降の新造形は、表現主義以外は何らかのかたちで日本的なるものに結びつけられている。その最たるものとしてフランク・ロイド・ライト風の意匠が挙げられる。大正一二（一九二三）年に帝国ホテルが竣工して以降、ライト調は全国を席巻した。F・L・ライト自身は日本建築からの影響を否定したものの、多くの日本人はそのデザインに日本への応答を読みとり、天才による斬新な日本解釈であると思いなした。ライト調をそうした文脈で用いた好例に、大正一五（一九二六）年にコンペが実施された神奈川県庁舎［写真2］がある。この建築は仏塔を連想させる高塔を立てるが、その細部はことごとくライトの手法に基づいている。ここでの和風は、流行りのモチーフによってかろうじて洋風庁舎のデザインに組み込みえているのだ。

さらに抽象度を高めた国際様式に触れた人びとはどうであったか。表現主義・構成主義を通過した彼らの世代は、「日本的特質」を、具体的な形態の類似性にではなくて、抽象化された空間構成の同質性に求めていく。日本インターナショナル建築会のメンバー、伊藤正文は、昭和五年に日本建築の軸組構造や意匠の無装飾性がモダ

写真2　神奈川県庁舎

ニズム建築と共通することを指摘し、モダニズムを推進することは日本の伝統を受け継ぐことだと主張した。のちにブルーノ・タウトが主張する伝統即モダニズム論と同趣旨であって、そこから井上章一氏がいうようなタウトの桂離宮評価は日本インターナショナル建築会にいわされていたという推測も出てくる。ここではとりあえずアール・ヌーヴォー以来の、新造形と和風との親和性の系譜がその尖端まで到達したことをみておきたい。

民族性の認識と表出

こうして大正末年あたりから「日本的なもの」の新たな把握が進行する。だが、昭和五年ごろを境にして、社会は改めて形態のレベルで「日本趣味」あるいは「東洋式」を求めるようになる。「帝冠様式の流行」と従来呼ばれた現象である。その理由はしばしば軍国主義化の進展に求められてきた。だが、個別の建設経緯においてはそうした要因をうかがうことはできない。

東京帝室博物館本館の設計競技（昭和五年一二月募集開始）における「東洋式」の要請は、施設の性格を連想させる様式を求める折衷主義的建築観に立てば、ごく自然な発想である。京都市美術館［写真3］の設計競技の要項で「四囲ノ環境ニ応ジ日本趣味ヲ基調トスルコト」を求めた（昭和五年四月募集開始）のは東山山麓という場所の特殊性が大きい。京都市美術館の場合、その講評に「吾人が最も翹望《ぎょうぼう》して居るものは日本の意匠を基調とし、しかも先きに米国ライト氏の試みた帝国ホテルに表現せる以上に日本様式の精神を木材以外の材料を以て表現〔中略〕する如き様式」と述べられていて（『建築雑誌四四輯五三七号、昭和五年九月）、審査員が帝国ホテルの「日本趣味」に触発され、それへの対抗意識として「日本趣味」の建築を模索するという経緯がはっきり示されている。

一方、佐野利器《としかた》が顧問を務めた満州国の新首都新京に建てられた関東軍司令部庁舎は日本風城郭を屋根の中央と翼部に戴く造形が採用された（昭和九年竣工、設計は関東軍経理課）。同昭和九年に軍人会館（昭和五年設計競技、現・九段会館）［写真4］がやはり城郭風の塔屋を備えて竣工している。これらはいわゆる帝冠様式の典型とされ、またファシズム建築の典型とされるが、それもまた短見ではないかと思われる。佐野は新京建設にあたっての指針として、公共建築は「満州の気分を基調とする」ことを要請していて、ほかの公共建築は確かにそのことを意識している。いいかえれば日本趣味の関東軍司令部庁舎だけ異質なのである。一方の軍人会館は、コンペの「設計心得」に「容姿ハ国粋ノ気品ヲ備ヘ壮厳雄大ノ特色ヲ表現スルコト」とあり、いかにも国粋主義の産物のように思われるが、コンペの締め切りは満州事変以前の昭和五年一二月、軍部が政治に容喙《ようかい》する時期ではない。要するに両建築は「軍」の象徴として城郭を用いるという様式選択上の判断によってこの形態に至っていると考えるべきである。

ただ、日本的特色を演出したい社会的要請がこの時期に高まったことは否定できない。一つは都市計画法に基づく風致地区の指定が大正一五年以降進められたことである。また建築意匠上の流行ということでは、先にも触れた「ライト式」を無視できない　神奈川県庁舎のみならず、先斗町歌舞練場（昭和二年、木村得三郎設計）、東京宝生《ほうしょう》会館（昭和三年、大江新太郎設計）などライトの影響の色濃い「日本趣味の建築」は多い。建築界としては大正期に棚上げしていた宿題をライトによって突きつけられたという状況であったといってよい。

写真3　京都市美術館

写真4　軍人会館（現・九段会館）

「日本趣味の建築」の政治的文脈

では、「日本趣味の建築」、特に公共施設としてのそれらに政治的背景が存在しなかったのか、というとそれもまた実情と異なっているといえる。同時代の証言についてみよう。

八洋生なる匿名の筆者は昭和六年七月の時点で、次のようにいう。

建築の重要なる設計競技が、意匠の条件として、日本趣味を加味することを条件として居る。巷間伝ふる処によれば、日本趣味を加味することは現代社会の滔々《とうとう》たる険悪なる思想を矯正する指導精神によるものであると云ふことであるが、果して然りとせば其本末を転倒せることの甚だしきを思はざるをえない「このアナクロニズム」。(『建築と社会』一四輯七号、昭和六年七月)

この「滔々たる険悪なる思想」とはいうまでもなく社会主義思想である。学生が「左傾」する風潮は、昭和五年が最も著しかった。こうした、当時の言葉でいえば「思想善導」に触れた発言を――少し時代が下がるが――もう一つ紹介しよう。

曩に懸賞募集に於ける「日本的」が問題となり、今日又外国博覧会の日本館建築の「日本的」が問題となってゐる〔パリ万博日本館の前川國男案が却下されたことを指す――筆者註〕。第一型は外国の文明にかぶれるな、日本は日本古来の日本精神を以て進めといふ国家の方針の反映である。故にその採用された建築は博物館とか官公署と云った様な半紀念的建築に限られてゐる。だが斯る建築物に「日本的」を導き入れて日本精神鼓吹に効果ありや否やは甚だ疑問であり、又今日迄建築された「日本的」建築が果して「日本的」か否かは更に更に深い疑問である。(中村綱「『日本的』建築の再吟味」『建築と社会』二〇輯一号、昭和一二年一月)

前掲の発言者は警視庁技師であるにもかかわらず「日本趣味」に対して否定的なニュアンスを隠さないが、昭和一二年七月の日中戦争勃発以降は状況が一変する。その変化は極めてドラスティックであって、その分析には別稿が必要である。ここでは、それ以前の――昭和戦前期までの「日本趣味の建築」について、その動因を総括しておこう。ここまでみたように、その意匠は、なによりも歴史様式から脱却しようとする表現意欲から養分を得ていた。黒田鵬《はう》心《しん》が明治末に噴出する日本趣味・東洋趣味を「個人主義思想の発現」とみたのはこの心性にいち早く気づいたものといえる（「明治建築小史」『建築雑話』趣味叢書発行所、大正三年所収。初出は大正元年）。しかし、これと同時に、民族意識に支えられていたことも明らかである。社会全体において民族意識が弱まる大正後期には「日本趣味の建築」も退潮し、「日本精神の鼓吹」が国是となる時には、建築においても自文化中心主義が強まり、建築家がこれに応え、その成果が受け入れられるという構造は否めない。

両庁舎の位置づけ

では、ここまで述べてきた見取図の中に名古屋市庁舎と愛知県庁舎はどう位置づけられるだろうか。

大正一四年に名古屋城三の丸に位置を占めていた陸軍騎兵第三連隊が郊外へ移転する。昭和三年以降、名古屋市と愛知県は、この跡地をそれぞれの本庁舎の建設用地とし、二つの庁舎が並立することを前提に計画を進める。

名古屋市庁舎については、昭和四年に設計競技をおこなった。そこでは意匠については特段の条件は付けられていない。選ばれた平林金吾の案は中央部の高塔に特徴があり、名古屋城天守閣との調和を図って、銅板葺の宝形屋根を冠して、頂部に「四方睨みの鯱」を載せ、千鳥破風を配

写真5　名古屋市庁舎

写真6　愛知県庁舎

する。その趣旨を平林金吾は「市民の誇りとする金鯱城の剛健さを表現した」と説明している。実施設計は名古屋市営繕課が担当し、昭和八年に竣工をみる。

庁舎全体の立面構成は、スクラッチタイルの使用や直線的な凹凸の装飾パターンにはF・L・ライトの手法の影響がみられ、軒廻りやスパンドレルにみられるジグザグ模様の装飾パターンは一九二〇年代後半に流行したアール・デコの影響が強い。また玄関上部に四本の柱型を立ち上げ、柱頭飾りを付ける手法などには歴史様式の構成手法が色濃い。大正末・昭和初期に特有の建築意匠を歴史様式の骨格の中に極めて巧みに配した造形であり、この時期の折衷主義の巧緻さをよく示す優品というべきである。

室内意匠においてはその規模を活かした中央階段の造形に特筆すべきものがある。一方、特産のタイルを駆使した壁面の手法はF・L・ライトを巧みに咀嚼した独創的な意匠である。正庁・貴賓室・市長公室・議場などの主要室は伝統的なモチーフを活かして密度高く装飾される。外観意匠と同じく、西洋の歴史様式に日本的な要素、さらには同時代の流行を巧みに織り交ぜている。

一方、新築計画が滞った愛知県庁舎は、昭和九年に設計に着手した。基本設計は渡辺仁と西村好時に委嘱され、また佐野利器と土屋純一を顧問とした。佐野が「和洋折衷様式」とすることを推奨したといわれる(『愛知県議会史』第七巻)。佐野は昭和一一年四月の建築学会での講演「建築技術の進歩」で「外国の形其儘を持って来たのでは古来我々の持って居る趣味性が満足しない。どうしても此材料、此構造、此用途と、昔から我々が持って居る趣味性とをこき混ぜて満足する様なものが出来なければ芸術上の成果を得られないのであります」(『建築雑誌』五〇輯六一七号、昭和一一年一〇月)と述べるなど、この時期、日本的な要素を導入することに積極的であった。

愛知県庁舎に関しては、名古屋城が一般に公開されるようになったことにも目を向けるべきであろう。名古屋離宮となっていた名古屋城は昭和五年一二月に敷地、建物ともに名古屋市に下賜され、同時に建物二四棟が国宝に指定された。翌昭和六年二月からは市民に公開され、七年には一帯が国史跡に指定される。名古屋城に由来する「日本趣味」はこうした一連の動きからも醸成されたと考えるべきであろう。

その外観意匠は、骨格としては凹凸を抑えた単純な箱形を呈しつつ、屋根、軒廻り、車寄せなどに名古屋城天守閣をモチーフとする造形が配置される。室内意匠においても、貴賓室・正庁などの主要室に日本的モチーフの装飾をモダニズム的に抽象化したすぐれた造形が展開している。名古屋市庁舎はアール・デコの影響が強く、一九二〇年代の意匠傾向をよく示すのにくらべ、設計時期の違いによって、微妙だがはっきりとした時代の変化を伝える。

平面計画上も明治後期に成立した定型的な平面を根本から疑って、大規模で多層階からなる庁舎に適合した合理的な平面計画を作り出そうとする壮図《そうと》がみてとれる。端的には玄関正面に大階段を設ける手法を避け、右側に寄せて、奥の壁面に窓を開き、ホールが暗い庁舎の通弊を解消している。また議場専用の玄関を縮小し、さらに正庁も貴賓室も一般事務室と並置するなど、記念性よりも機能性を優先する姿勢が明瞭である。

愛知県庁舎での佐野利器の関与に示されるように、両建築が「日本趣味」を基調とするに至った経緯には民族意識の揺曳《ようえい》をうかがうことができる。それは同時代の建築家が警戒した自文化中心主義に展開する胚珠を宿していた――と今日の眼からはいえる。だが、ここまでみたように、両建築の「日本趣味」の最大の要因は名古屋城天守に集約される郷土意識であった。そして、設計の方法論としては折衷主義に支えられていた。折衷の一方の極に天守閣がそびえ、他方の極には名古屋市庁舎においてはライト的な細密な装飾が、愛知県庁舎においてはモダニズム的明朗さが置かれたのである。

モダニズムのフィルターを通した伝統理解

『新建築』七〇周年記念の臨時増刊「現代建築の軌跡」に寄稿した。七〇年間を一年ごとに区切ってその年の重要な作品と言説を紹介し、そこに論考を配するという紙面構成であった。本稿は坂倉準三「巴里万博日本館」が建った一九三七年の項に置かれている。筆者は『建築雑誌』一九九三年五月号に「日本的空間というプロブレマティーク」という文章を載せていて、筆者の中では、本稿はその深掘りという気持ちだった。

＊

日本の建築的伝統とモダニズムは、いくつかの親近性（少なくとも類似点）をもっている。そのことはほとんど自明のことといってよい。モダニズム的美意識――つまり、幾何学的形態、無装飾性、空間のヴォリュームの現出、そういったものを美しいと感じる眼――が、日本の近世以前の建築に同質の美を見出す。それは至極当然のことである。

とはいえ、モダニズムは一般に過去と地域性を無視する。一九三〇年代のモダニストを突き動かしていた動機付けは「合理性」であった。機能面・経済面で合目的的であり、方法論において整合的であり、そして気分においてコスモポリタンであること、それがすべての出発点であったし、しばしばゴールそのものともなった。そうであるかぎり、モダニズムが歴史的な建築物とはおよそ無縁なはずであった。

そんなモダニズムが「伝統」に目を向けようとしたのは、折衷主義《エクレクティシズム》に対抗するためであった。折衷主義は、原理的にはどの時代のいかなる造形でも併置混淆することができる。実際、一九二〇年代のオフィスビルでは、断片化した装飾が箱形の骨格の表面に漂着物のように散在していた。一九二〇年代後半から三〇年代にかけて、「日本趣味の建築」が求められるようになり、「建築における日本的なもの」が問われたとき、折衷主義は、その〈無限抱擁〉性によって、だれもが理解できる解答を提示できた。

モダニズムは歴史様式を、そして折衷主義を否定しつづけてきた。もちろん、折衷主義による「日本趣味の建築」をも否定しようとする。その際、モダニストたちは折衷主義者が「日本趣味」と唱えるものは実は日本的なものではないという主張を前面に出す。ここにおいて、モダニズムの立場からの伝統論が時代の中心に登場する。「日本的なもの」を一斉に問題にしはじめる契機となったのは、周知のように一九三一年の東京帝室博物館本館コンペである。コンペの結果発表があった六月以降、それまで「日本」など眼中になかったような建築家まで「日本的とは何か」について発言しはじめる。ブルーノ・タウトの「桂離宮の発見」（来日は一九三三年、『日本美の再発見』として公刊されたのは一九三九年）がこの傾向をいっそう強めた。

さて、この時期の建築界の「日本的なもの」とはいかなるものであったか、という問題については、藤岡洋保氏の行き届いた考究が存在する［＊1］。藤岡論文によれば、「合理主義を奉ずる建築家」たちが抽出した「日本的なもの」は、「概括的には『簡素』『単純』『純粋』であり、より具体的にはa 平面・構造の簡素・明快さ、b 素材の美の尊重、c 無装飾、d 左右非対称、e 自然（周囲の環境）との調和、f 規格統一」といった特性である。これらは――藤岡氏も指摘しているように――モダニズムの基本的な原則とほとんど同じであるといえよう。

実のところ、帝室博物館以前から、岸田日出刀の写真集『過去の構成』（一九二九年）、伊藤正文の『社寺美の新構成』（一九三〇年）などが、モダニズム的伝統論を展開している。その主張するところは「モダーンの極致を却て……

過去の日本建築に見出」せるという、いわば〈モダニズムすなわち日本的〉論であった。つまり、昭和戦前期全体を通して眺めてみても、岸田日出刀以来の〈すなわち〉論から本質的にはそう発展していない。

写真1『過去の構成』1938年版表紙

人はやはり見たいものしか見られないのである。

もっとも、こうした〈すなわち〉論はかなりの真実を含んでいるのであって、それゆえ、多くの建築家が、議論から得られた見通しに導かれて自分なりの成果を挙げている。吉田鉄郎は、軸組構造そして構造体の明示という二つの共通性を出発点として、RCの構造体に木造架構を思わせる表現を与えるという新機軸に至った。また、堀口捨己は、モダニズムの即物主義および開放性とを、日本建築の持つ「簡素さ」および外部空間との結びつきとそれぞれ重ね合わせた。それによって外国雑誌の模倣ではない「白い家」を生む。また、方向性は逆だが、藤井厚二は、日本建築の床の間の意匠や室連結の手法のなかに、モダニズムの〈空間のヴォリューム〉を発見する。

このような、歴史様式との対立関係のなかで形成された「伝統理解」は、一九三〇年代後半から微妙に変質していく。それ以前のモダニズムは基本的に、ザッハリッヒな合理主義が中心にあった。この建築観は、合理性がそのまま美を約束するという予定調和を信じていた。それゆえ、いかに合理性を究めていくかという、理論至上の姿勢になりがちである。これに対して、もっと形態自体を問題にする姿勢が現れてくる。典型的には吉田五十八の「新興数寄屋」である。それは在来の数寄屋をモダニズム的な語法（アール・デコの匂いを残すが）によって再編成しようとするものであった。そこにおけるモダニズム性は、形態の抽象性、あるいは空間構成の秩序感として発揮されているのであって、構造と意匠の一致といった理念はむしろ否定されている。

一九三七年、坂倉準三の画期的なデビュー作、パリ万博日本館が建てられる。ル・コルビュジエのいくつかの手法を巧みに組み合わせたこの作品は、しかし、単なるコル学

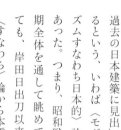

校の模範答案ではなかった。まず、日本のモダニズムがそれまで表出しきれなかった〈空間のヴォリューム〉が、いかにもコルゆずりの生命感に満ちた姿で立ち現れていた。二つ目のポイントは大ガラス面に組み込まれた斜めの格子である。この仕掛けは菱格子を、あるいはナマコ壁を暗示し、実にたやすく〈日本らしさ〉を演出した。それは、実

写真2　扇葉荘／藤井厚二

写真3　加藤邸／吉田五十八

は従来のモダニズムが忌避してきた、合理性のない形態操作による〈日本らしさ〉にほかならなかった。だが、実にうまく違和感を消し去っていたこと、それになんといっても抵抗しがたい魅力をたたえていたことで、この重大な〈違犯〉は黙認されたのである。

合理主義から脱却した新しい〈眼〉は、日本建築に「素直な木組みや、そこを流れる力の動きや、さらに環境をつくり出すうまさ」を見出す[＊2]。こうした形態の論理から日本建築を見る観点は、坂倉準三の飯箸邸、さらには前川國男の自邸や笠間邸にさえもうかがうことができる。戦時下の二つのコンペで丹下・前川が過去の建築の形態に著しく接近した理由も、ウルトラ・ナショナリズムの影響だけでなく、このような日本的空間の〈第二の発見〉に求められるのである。

＊1　藤岡洋保「昭和初期の日本の建築界における『日本的なもの』――合理主義の建築家による新しい伝統理解」『日本建築学会計画系論文報告集』No. 412、1990年6月

＊2　座談会「国際性 風土性 国民性」（『国際建築』1953年3月号）における丹下健三の発言

第二章

建築家を語る

〈建築家〉を研究するということ——村野藤吾の場合

『造形工学二〇〇五』に掲載した。京都工繊大に赴任してからは、ほぼ毎年、大学が収蔵する村野藤吾の設計図書の整理と展覧会開催を手伝ってきた。それだけでなく、本書にも一端を収載している武田五一、ヴォーリズ、藤井厚二について考える機会を与えられ、また、のちに『一六人の建築家』にまとめられる竹中工務店設計部の調査にも参加した。そうした状況から、そもそも建築家を研究するとはどういうことがというテーマについて語りたいと思ったように記憶している。どう考えても新入生向きではないことはわかっていたが、先々卒論に取り組むときまで、心の隅にとどめておいてもらえたらという期待はあった。

＊

なぜ〈建築家〉か

建築を考える方法は、無限といっていいほど多様である。その多様性は、一つは視点——何を問題にするか——の多様さがもたらしており、もう一つには論点——どこを調べるか——の多様さから生じている。建築について思考するとき、〈建築家〉を問題にするというスタンスは、一見、王道のように見える。しかし実のところ、建築への多様なアプローチの一つでしかない。たしかに建築家がいてはじめて、建築は生まれる。でも、たとえばそれを評価する受容者がいなければ「作品」にならない。無人島で岩山が崩れた。そのとき発した轟音は、だれも聞いていなかったなら、ただの空気の振動にすぎない。それと同じである。建築の「価値」あるいは「意味」といったものに関して、建築家が決められる部分は決して大きくない。裏を返せば、建築家を問題にしなくても「作品」は論じられる。

にもかかわらず建築家は重要な「問題」である。特にある作品の美や意匠を論じようとするときには、その作品がほかと違う／際だって美しい／特異である……ことが前提となっている。そうなると、その個別性をもたらす源泉としての作者を考えないわけにいかない。たとえ、民家やまちなみのようなアノニマスな存在についてでも、その美しさを説明するときには、工匠や共同体が有していた美意識を持ちださざるをえない。ある効果をもたらすものは直接的には即物的な手法や操作であるとしても、その形態、その寸法を決定した、切れば血の出る人間がいたはずだからである。

建築家研究の方法

それでは、わたしたちは歴史上の「建築家」に対してどう向き合っているだろうか。

まず、「伝記」というスタイルがある。人に興味を持つと私生活まで知りたくなるのは当然の好奇心の発露であるし、「いいや、オレにはそんな趣味はない」と言い張る人でも、ミースとリリー・ライヒ、ル・コルビュジエとアイリーン・グレイの微妙な男女関係がその活動とまったく無縁だとは言わない。まして、学歴や交友関係の情報は示唆に富む。日記なんていうのは時としてきわめて重要な資料になる。たとえば伊東忠太（近代の建築史家・建築家）の日記は明治の建築界について実にいろいろなことを教えてくれる。もちろん「人物」に興味が湧くかどうかは建築家にもよるだろう。大正時代にたった三作を残しただけで二七歳で夭折した岩元禄は、その人生の短さにもかかわらず、長大な伝記が書かれて今も読み継がれている（向井覚著『建築家・岩元禄』）。一方、そうですね、妹島和世さん（知ってるよね）だと、生い立ちなんかまあどうでもいい、という感じ。建築の背後に建築家の手の跡だの息づかいだのをうかがわせないところに妹島作品の魅力はある。

　人か作品かということにもつながるのだが、建築作品における具体的な形態、空間構成の手法だけに目を向けて、その歴史的連関や建築家の伝記的事実は全く問題にしていない論考も存在する。それはある建築家が生んだということが大前提になっているにせよ、建築家研究とは言いえない。たしかに建築はそれだけで自立した存在として扱われることを求めている。作者の分身でもなければ、時代の産物でもない、そこにあるそれだけを見てほしいと。

　その声は聞こえるのだが、しかし、われわれは、知られざる作品の発掘が、その建築家のイメージを大きく変えることもまた知っている。また、ある作品の意味づけは、その前後の活動の様相——一貫した追究の成果なのか、突然変異的な飛躍なのか、によって変わることも知っている。われわれが、作品の変化の理由を建築家に求めようとするときには、論じられるのが作品であったとしても、その考究は建築家の研究であるといいうるのである。

　また、建築家の「言説」を問題にする視点がある。要するに書いたり話したりした言葉のことである。建築家が引く一本の線の奥には幾重もの建築的思考が重ねられている。高邁な建築論から世俗的な打算まで。さらに意識化されている思考の周囲の暗闇には意識に上ることのない先入観やら予見やらが渦巻いている。作品自体よりも作品を駆動し、作品に広い世界を与える思考をこそ解き明かそうとするのである。建築家は概して多弁だが、どれほどの言葉を尽くしても語り残した部分、そして言葉以前に終わった部分がある。それゆえに言論活動は作品に匹敵する（少なくとも別の意義を持つ）研究対象となってくる。

　そうなると、作品研究と言説の分析とを重ね合わせ、さらに伝記的研究とを一体化するアプローチへと到りつく。「評伝」と総称されるスタイルである。洋書には“Life and Work”という題がついた本がいくらでもあることからわかるように、西洋では建築家研究の基本的方法である。日本でも、藤森照信さんの電話帳のごとき大冊『丹下健三』をはじめ、少しずつ増えてきている。

村野藤吾への眼差し

本学の美術工芸資料館には、建築家・村野藤吾（一八九一―一九八四）の設計図と蔵書が寄託されている。村野藤吾は文化勲章受章者にして芸術院会員であって、名実ともに二〇世紀日本を代表する建築家の一人である。たしかに独創的な着想と鍛えぬかれた感覚の冴えとを併せ持った「名人」なのだが、大半の議論は、そのうまさ、その才能を撫でまわしただけで終わっているように見えた。

村野論を書く上で、その種の感想文に陥らないために、わたしがおこなったことは二つである。まずその言説（特に戦前期のもの）を読み込んで、村野が建築をどうあらしめたかったのかを解き明かすことであった。村野のわかりにくさは、彼にとっての望ましい建築像の提示を、「望ましくないもの」を指摘するという間接的な方法でしかおこなわなかったことによる。つまり、「描き残された空白」を推定する作業となる。その中でたとえば「民衆が支持するモダニズム」を村野が指針とした――といった仮定が出てくる。その上で、作品に立ち返って、手法がどう他の建築家と異なっているか、その違いによって何がもたらされているかを示そうとした。たとえば「浅い窓」を単なる彼の好みに還元せずに、面への還元という構成主義的空間の提示ととらえた。

第一段階では飛躍があり、第二段階では感覚的判断に依拠するところがある。しかし、わたしとしては、彼の作品と言説とが整合性をもつならば、導入した仮定が説得力を持つと考えた。

そこに描き出されている村野藤吾像は知的で迷いの多い青年の姿である。村野作品の大きな特徴である秘儀的な形態操作が、知的な認識とどう結びついているかを棚上げしていることはわれながら否めない。表現と言説の新たな読解をつづけることになるだろう。「人間を丸ごと理解することなどできない」という諦めに抗しながら。

写真1　甲南女子大学／村野藤吾

装飾の挽歌　あるいは國枝博の作品をめぐって

『デザイン・建築学二〇一五』に掲載した。前年の二〇一四年一〇月に滋賀県庁の本館が国の登録文化財となった。それにあわせて刊行された『滋賀県庁舎本館』を執筆した（池野保氏との共著）。その際、この建築の設計を佐藤功一とともに担当した國枝博という建築家についてあらためて調べた。本稿はいわばそのスピン・アウトである。

＊

國枝博という建築家がいました。一八七九（明治一二）年に現在の堺市に生まれ、一九一九（大正八）年に大阪で設計事務所を開いて、コンスタントに作品を残していきますが、一九四三（昭和一八）年に亡くなりました。國枝博は、日本近代建築史の研究者でも「名前は聞いたことがあるな」という返事が戻ってくるくらいの知名度です。そんな國枝をことさら取り上げたのは、ある確かな、しかし今日では評価されることのない能力というものを考えさせられるからです。

私が國枝博の名前を知ったのは、東京にあった常磐生命の社屋の設計者としてです。この建築は『新建築』誌の臨時増刊「日本の様式建築」にロマネスク様式の微細な装飾をまとった異風の建築として紹介されていました。上京した折に一枚だけ撮った写真を見ると、やはりこの装飾群は

ワン・アンド・オンリーだったなと思わされ、せめてファサード保存が構想できなかったのだろうかと悔やまれます。［写真1］

常盤生命と相前後して、本拠の大阪で、大阪農工銀行の改築を担当します。これは大正期に別の建築家によって建設された建物が道路拡幅で外壁を削られるため、躯体はそのままで新しいファサードだけを國枝が設計したというものです。今風にいえばリファイン建築です。これもテラコッタによる細かな文様を駆使して、船場に異彩を放っていました。最近、建物自体は高層建築に建て替えられましたが、このファサードは保存されて新築部分の低層部に組み込まれました。［写真2］

一九三〇年代後半、日中戦争が始まると、鉄材を軍事用に集中するために、大規模な建築の建設は極度に制限されます。この制限をかろうじてかいくぐったのが滋賀県庁舎でした。いわば戦前期最後の大建築ですが、これは國枝博にとっても最後の大建築でした。國枝は早稲田大学教授の佐藤功一と共同でその設計に当たりました。外観は佐藤が担当しましたが、内部は國枝によるところが大きいようです。特に國枝らしさがうかがえるのが階段の手すりの腰壁です。ここは金属製の手すり子を入れる予定だったのが、先述の金属統制にしたがって、陶板に改められました。ご当地産の信楽焼でアーカンサスの葉をかたどりました。その伸びやかな形態は細部装飾に常に心を砕いてきた國枝ならではの手練の技といえます。［写真3］

写真1

写真2

写真3

うつろいやすさの流沙に漕ぎだす

『造形工学二〇〇六』に掲載。この冊子は読み手の側は毎年変わるから、内容を変更する必要は特にない。実はこの原稿は『二〇〇九』まで四年間、載りつづけた。ただ、多少の推敲をおこなっており、どの年の分を収録するか、少し迷った。行文は後のものがなめらかになっているが、結局、最も文字数の多い最初の版を選んだ。

＊

　ここのところ、設楽《しだら》貞雄という建築家が世界一周をしたときの旅行日記を読みほぐしている（「設楽貞雄外遊日記」『建築と社会』二〇〇五年七月号―二〇〇六年八月号）。先代の通天閣を設計した人、といえば一番わかってもらいやすいだろうか。現存する作品だと、大阪・四つ橋筋の長瀬産業本社ビルとか、神戸市須磨区の西尾邸（二〇〇一年に市指定文化財になった）あたりが挙げられる。

　この設楽が大正元年、西暦でいえば一九一二年から翌年にかけて、アメリカと西ヨーロッパを巡遊した。四八歳、事務所を開いて五年目のことである。その五カ月半のあいだ、設楽貞雄は一日も休まず、日記をつけつづけた。その手帳の存在は遺族も知らなかったのだが、阪神・淡路大震災のとき、設楽家の土蔵が壊れ、思いがけなくも発見された。その後、走り書きの判読しがたい文面を、建築家の山本純孝氏が苦心の末、活字に起こした。それを読ませてもらう機会に恵まれたのである。

聞くところによると、文学部の史学科では、演習で日記の輪読をしばしばおこなうという。日記では、書いている当人にとって既知の事柄は説明されない。この外遊日記についていえば、そもそも何の目的で自分が欧米を旅行するのか、設楽貞雄は一言も書いてくれていない。また、その時代においては当たり前のことも解説されない。設楽はアメリカではしょっちゅう自動車に乗せてもらうが、そのたびに「その寒きこと、鼻も耳も落ちんばかり、人間のアイスクリームたらんとして自動車をごめんこうむり……」という目に遭う。これは不思議で仕方がなかったのだが、要するに一九一〇年代前半の乗用車は幌だけで側面の窓がなかったのだ。この旅行の二、三年あとになってようやく屋根付き・窓付きの形式が一般化する。オープンカー状態で真冬のニューヨークを疾走すれば、それは「人間のアイスクリーム」にもなるだろう。

日記を読むということは書き手が見ていた視野を、無理を承知で想像しぬくことである。九〇年前の日記を読むということは、九〇年前の常識が現在ではまったく失われていることを思い知らされながら、知識の空白を一つずつ埋めることである。歴史的想像力と細部への眼差しの涵養に

写真1　1912年12月22日ニューヨーク西郊プレインフィールドを訪れたときのスナップ。左端が設楽貞雄

写真2　John Matthews house、1891年竣工、設計はLamb & Rich。様々な様式を折衷するQueen Ann Styleの典型

は、たしかに効果的だと身にしみて思う。

設楽貞雄は外遊時の写真を貼ったアルバムも残している。ただ、ほとんどデータがない。「大西洋上にて」といった書き込みが数枚にあるだけだ。写真2を見て、「アア、あの住宅だ」とわかる人は日本に何人もいはしないだろう。これは一八九一年に建てられたジョン・マシュウズ邸である。ワタシだって最初から知っていたわけではない。本学の図書館に架蔵されている“New York 1900”(Rizzoli, 1983)という書物を別件でパラパラ見ていたら、たまたま開いたページに掲載されていた。ほとんどトランプの神経衰弱、あるいは単なるタナボタである。

日記にはこの住宅の記事はない。でも二枚もその前で写真を撮っているところを見ると、散歩の途中見つけて気に入ったというようなものではなくて、わざわざ見に行ったと考えるべきだろう。一九一二年だと築二〇年になるが、まだまだ有名だったのにちがいない——というようなことが浮かび上がってくる。

もっとも、調子に乗ると落とし穴が待っているのは人生の常である。日記にこのマシュウズ邸の記載はない、と書いたが、この住宅の所在地が「Corner of Riverside Drive and Ninetieth Street」であるのを前書で目にしたときには、一九一二年一二月一三日の項の「リバーサイドに着す。……付近の住宅を見物す。所謂アメリカの家庭の模様を見たき希望なりしなり」を思い出して、「これだ!」と手を拍って喜んだのである。ところが、日記をよく読んでみると、設楽はこの「リバーサイド」に行くのにグランド・セントラル・ステーションから鉄道に乗って一時間二五分もかかっている。しかも復路のことを「ニューヨークに帰り」と書いている。これはマンハッタン島の「リバーサイド」ではない! あわててニューヨーク近郊の「リバーサイド」なる地名を探すと、コネチカット州にその名の町がある。マンハッタンから直線距離で五〇キロほど。コイツにちがいない。こうして対応記事は見つけそこねたわけだが、この勘違いのおかげで、この時代のニューヨークでは、もはやそんなところまで郊外住宅地が広がっていたという事実を知ることもできたのである。

——それを知ってどうする、という人とは友達になりたくない。

村野作品の空間構成——ディテールからの分析

川島織物の企業誌『KAWASHIMA』の村野藤吾特集号に寄稿した文章。編集者の意向で「微かなる装置」のタイトルで掲載されている。たしかにこちらがつけていた題はあまりにも工夫がなかったが、「微か」を「ひそか」と読ませるのは無理があると思いつづけてきたので、今回は原題で収録した。ここでは、いわゆる形態分析を初めて試みた。我流の読解で、おっかなびっくり公にした。それだけに同じ号に原稿を寄せていた近江榮先生が褒めていたと聞いてうれしかった。なお、執筆した一九八一年時点では村野藤吾は在世しており、文中では敬称をつけるよう指示された。生きてる人を扱うのは、なるほどむずかしいものだなと感じた。

＊

閉ざすディテール

村野藤吾氏は、意外なほど詳しく自作での設計手法について語っている。そして、その言葉は、それを聞かなければわれわれにはまず悟れないような創作の機微を教えてくれる。しかし、それはほとんど常に個々の作品のある部分についてだけであって、個別性を超えた一般的な方法を尋ねる問いかけには、「行きあたりばったり」とか「無我夢中」というふうな言葉使いをしがちである。村野氏がそういって口ごもるとき、われわれは、言語化しきれないほどに溢出する氏の発想を見、そして作品中の漠然たる共通項に「村野流」などと名付けて納得した気になる。

それでもたまさかに、村野氏も自作に一貫する方法を語ることがある。たとえば「窓の見込みの浅さ」である。「窓の深さというのはエレベーションを壊してきます……窓を深くすることは非常に危険なんです」とまで言い切って、「見込みの浅い窓」の良さを主張する。事実、浅い窓というのは、最初期の森五商店ビル、宇部市民館から早大文学部校舎、輸出繊維会館と一貫して採用され、最近作の新高輪プリンスホテルの客室においても壁面とほとんど同一面《ゾロ》に窓がついている。

見込みの浅い窓は近代主義建築の基本的なヴォキャブラリーの一つでもある。しかし、村野氏の浅い窓がそれらと出発点において一線を画していることは明瞭である。さきに引用した「深い窓はエレベーションを壊す」という強い表現を想起されたい。氏にとって浅い窓は、ファサードが凹凸のない一枚の面のようになるのをめざす方法と見るべきだろう。氏がガラスブロックを大々的に使用する先駆者であったこともこのことを証明しうる。

写真1　輸出繊維会館

この「面としてのファサード」の持つ意味に注目したのは、おそらく福田晴虔氏が初めてである。福田氏は、森五ビルの浅い窓と丸みをとったファサード端部、緻密な肌理のタイルというディテールから、「被膜性」という特質を抽出する。そして、この「被膜性」によって、村野作品は「現実の都市空間の喧噪の中に置かれながら、尚且つそこから切り離された独自のスペース」をつくり上げうる「イマージュ装置」と呼ぶべきものとなっているという。この指摘はまさに卓見というほかない。あらゆる建築物は内部空間を有するがゆえにどこかで被膜たらざるを得ないのだが、しかし、村野作品においては、被膜がさまざまな手続きによって独自の輝きを帯び、自立した「面」となっている。そして、この「面」が結ぼれあい、つながりあうなかで、内部空間もまた新たな相貌を見せる。そのことに、この福田氏の指摘によってわれわれは思い到る。

何よりもテクスチュア。その豊かさはここに列挙して確かめるまでもないだろう。素材と施工法を的確に選択して生み出されたテクスチュアは、視線をいわば表面の愉悦にひたらせる。

次には外壁端部の納め方の工夫が挙げられる。一つには、福田氏の指摘にもあった隅角に丸みを帯びさせる手法である。これとは逆に壁断面の露出も注目される。千代田生命ビルはアルキャスト・ルーバーの汎用で知られるが、ルーバーの背後の本当の壁に注意すると、その端部は直交する壁との交点をゆきすぎて袖壁のように断面を見せている。あるいは日本興業銀行では、鋭利な三角形の頂点を切り落とすことによって、二面の壁の存在を否応なしに知らせている。こうした、いうなれば衝立《ついたて》を立てたような表現はルーテル神学大学ではほとんど建築全体を統制するものとなっていた。隅角を丸められた壁が内部空間を〈包み込む〉ディテールだとすれば、断面を露出した壁は、面が内部を〈囲い込む〉ディテールだといえる。

〈面〉と化すのは壁だけではない。村野氏の和風住宅では、しばしば、スティールの構造材を用いて屋根を極端に薄くしてある。その薄い屋根が深い軒の出を持ち、複雑に重ねあわされるとき、屋根は本来の機能的役割を消去され、多数の面の戯れあいに変じる。そこでは瓦も銅板もテクスチュアの一種にすぎない。こうした〈面〉と化した屋根のさらに大胆な表現として松寿荘の発見的な屋根の造型がある。

ここまで外部空間の〈面〉性について述べてきた。これらの多くが内部空間についても当てはまることには誰しも気付いているだろう。壁が自立した存在として輝きながら空間を閉ざしていく。そうした空間体験は、あの日生劇場の天井がわれわれに教えてくれたものである。そして今、新高輪プリンスホテル。だが、そのような劇的な手法をとっていなくても、村野作品の壁あるいは天井は、その機

写真2　日本興業銀行

能的属性を捨てて一枚の面として現出する。その操作で最も目につくのが、建築の構成要素の相互を視覚的に切断する、いわゆる見切るというディテールである。浦辺鎮太郎氏は村野作品の設計作法の一つとして「物と物とが激突しないよう、視覚的なクッションを置く」ということを挙げている。この指摘はいろいろの意味を持つが、そのなかには上に述べたような構成要素の独立が含まれるはずである。作品に即《つ》こう。松寿荘の貴賓室で、村野氏は壁の内側にさらに柱を並べて、額縁を廻らし、天井をそこで止めている。こうして生み出した天井と壁の隙きに照明を隠し、水紋をかたどった透明アクリルを配して、あたかもせせらぎが天井をめぐっているように感じさせている。また、この室では障子紙の大半を室内側から貼り、〈面〉性を強めている。そうした操作によって独立しえた面は贅を凝らした裂地貼の肌理、さらには大きな扇面の装飾によって、それぞれに一幅のタブローとなっていく。

　これまで〈面の自立〉と呼んできたことは最終的には〈面のタブロー化〉をめざしてきたのであり、誰しもが口にする村野作品の装飾性もまた、翻って考えれば、その役割の多くが面をタブロー化することにあったことに気付くのである。

　面がタブロー化し、機能的属性が稀薄になればなるほど、面は個別性を帯びてくる。たとえ同じ壁の表と裏であっても全く違うものに見えてくるからである。そのような面で閉ざされた内部空間もまた個別性が強くなるだろう。いわば相互に完結した小世界として成立するのだ。村野作品の内部空間はまさしくそうしたものとして存在する。完結性はまた、村野作品の場合、室全体にいきわたる均質で柔らかい光によっても高められている。氏が愛するガラスモザイク、アコヤ貝、アルミ箔といった反射性の材料は、おそらくこの点に存立の根拠を持つものである。

つなぐディテール

　村野作品の内部空間は完結した世界である。

　その世界は互いに独立している。いや、独立するように仕組まれている。個々の室空間は〈部分〉にとどまっていて、そのことと完結性とは表裏一体である。そのように指摘できるとすれば、部分を全体に統括していく連結の空間は特権的な地位を占めるだろう。階段、廊下といった連結の手法、それがここでいうつなぐディテールである。

村野氏は早くから「階段の名人」と呼ばれてきた。その繊麗な造型は、上に述べたような階段室の特権性を背景にしていると見なせる。村野作品の階段は比類のない浮遊感を持っている。村野氏はかつて、建築の究極は「重いものが空気のように軽く感じられる」ことではないかと漏らしたが、そうした氏の願望を映して、階段は風のように立ち起こり、舞い上がる。この浮遊感を生み出す手法を少し見てみよう。

写真3　千代田生命本社ビル

村野作品においては、階段が塊のように据えられていることはまずない。たいていは支持体を視線から隠すか、支持体でないかのように見せる（千代田生命の照明器具と化した支柱！）。段板はできるだけ薄く見せ、ささら桁も見つけを細くし、しばしば最初から無い。このような手続きによって、階段は上昇し下降する一枚の面となる。この「面」性をさらに強調して、第一段目の蹴込み板を消して宙に浮いたように見せるか、反対に床面のカーペットをそのまま立ち上げて、床がめくれ上がったように見せる。それらはまた、三次元的な運動感の増幅でもある。

こうして積み重ねられたディテールが浮遊感の「浮」の源泉である。では「遊」はどのようにして獲得されるのか。それはこと細かく説明するまでもないだろう。不可解に歪んだ曲線と曲面の多用。どこまでも途切れ目なく階段とともに走る手すり。その手すりは細く、丸く、金属光沢を放ち、階段のゆらめきを万華鏡のように幾重にも映し出す。そこに装飾的な手すり子が配されるとき、階段はその機能を抜き取られた一種の大きな遊具と変じるのである。

階段は上下をつなぐ手段である。一方、水平方向を結ぶものとして廊下がある。村野作品における廊下で気付かされるのは視線の操作である。あるときは接近すべき対象へ視線を通し、あるときは逆に視線を逸らせる。そうした操作に周到な配慮が払われている。

村野氏がこの点についてみずから注意を喚起している作品からはじめよう。松寿荘では、玄関からロビーを経て、四段のステップを上がってホールに入る。このとき、正面に大ガラス面を通して、庭の向こう側の日本間が垣間見える。「あれが私のねらいなんです」と氏は語る。では実際に日本間までたどりつこうとすると、まず見た場所から二折れして、狭い中廊下を進まねばならない。この中廊下は微妙に雁行しているので見通しがきかない。十数メートル行ったところに、廊下に半分はみ出して寄り付きがあり、そこへ入る。とたんに視野が開け、目前に日本間が出現する。これは絶妙に筋立てられた眼のドラマであって、その演劇性を象徴するように、日本間への渡廊下は、能舞台の橋掛りそのままに斜めにつけられているのである。ここにも、機能の撹乱に根差す遊戯性がある。いいかえるなら、村野作品のつなぐディテールとは、実はつなぐという機能を意識させせないディテールなのである。

誘うディテール

前半で、村野作品の特質として〈面の自立〉があると述べた。しかし、あまりにも〈面〉性が際立てば、建築は閉鎖的な表情を帯び、言葉を強めれば書き割りのようになるだろう。村野作品には、こうしたことを回避し、内部空間へ誘引するため、建築に奥行方向の動きを与えるさまざまな手法がこらされている。ここではそれらのいくつかを見てみよう。

初期の作品で目につくのは、一種の独立柱の設置である。宇部市民館、大阪パンシオン、ドイツ文化研究所、これらの前庭には薄い長方形断面（宇部では八角形）の柱が、短辺を建築に向けて立っている。これらはそれぞれにいわれがあるにせよ、一様に奥行方向への運動感を与えていることは確かであり、ことに宇部の場合、あの六本の柱がなかったときを想像すると、その効果が絶大なことを知るだろう。この手法の究極として、そごう百貨店のあの縦ルーバーがある。あれは、表面性と求心性とを同時に獲得しようとする一つの力業ではなかったか。

もう少し建築的なレベルで採られているのが〈面の重

層〉である。その端的な例として宇部市民館を挙げることができる。ここではまず、前庭両サイドの塀の親柱がひどく偏平で、ロビー部分の外壁と平行している。これをいわば前奏として、車寄庇、玄関部分外壁、ロビー部分外壁、同上部外壁と四枚の曲面が同心円的に並ぶ。しかも、ホールで逆スラブ構造を採用したため、外周を柱と梁の帯が五本取り巻き、面の重層は形態上、連続していく。この徹底した操作の成果として、宇部市民館は、一方で極めて正面性の強いモニュメンタルな表情を保持しつつ、面が一本の軸線上をどこまでも後退していく運動感を有し、これによって深い緊迫に包まれた空間となりえている。

写真4　宇部市民館

　面の重層の別種の手法として、実質的なファサードの前・後にもう一枚の面を想像させることを挙げたい。その最も判りやすいものに千代田生命のアルキャスト・ルーバーがあり、また神戸新聞会館、近鉄百貨店などに見られた裳階《もこし》のようなキャンティレバーがある。それは「二重のファサード」とでも名付けうる。大阪新歌舞伎座や名古屋都ホテルの壁面装飾が辛うじて建築と一体化しているのは、おそらく、それらもまたこうした意味を担っているからにほかならないだろう。より複雑な仮想面の設定では名神レストハウスがある。ここでは白い鋼柱の列が、二重の屋根という着想によって透明なスクリーンに変じている。スティールのフレームを用いた仮想的な面の設定は近作の東銀綜合ビルでもおこなわれている。だが、最近の作品のなかで、この〈仮想のスクリーン〉を最も良く感じさせるのは宝塚市庁舎であろう。いや、もっと丁寧にいえば、円柱の外面《そとづら》のラインに梁も手すりもそろえられていることによって生じるスクリーンを、細部の曲面がさざなみのように乱し、バルコニーの深さが奥行方向へ引きちぎろうとしていて、しかし、議会棟の円筒が貫入することによって、全体のボックス性が強化されるといった空間操作が見てと

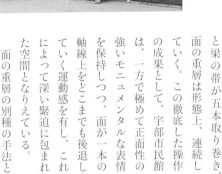

写真5　宝塚市庁舎

写真6　横浜市庁舎

れるのである。従って、この作品の眼目は、仮想のスクリーンを含めた多様な空間の累層にあるといえよう。

三番目の方法として〈立体格子と面の併存〉がある。横浜市庁舎、早大文学部校舎、関西大学キャンパスなどでよく知られた手法である。これらはいずれもラーメン構造の柱・梁を打放しコンクリートで露出し、そのあいだの壁面にタイルを貼るというものである。柱・梁の露出は、いやおうなく壁面の背後に強く立体格子の存在を想像させ、それはそのまま、われわれに奥行性、いやむしろ建築の容器性を感じさせる。

〈面の重層〉は、いわば表面性の増幅によって求心性を生ぜしめる手法であったが、この立体格子の顕示は、それがもたらす容器性と面が有する力との対立のなかから動的な空間を創出することが主眼だったと思われる。横浜市庁舎を例にとろう。柱は二階ごとに断面積を減少させるというやや構造表現主義的な設計である。そして深いバルコニーが不規則に開き、容器性を強調する。しかし一方で、梁と同一面で濃淡二色のタイルが貼り込まれ、窓は例によって非常に浅い。その窓が引き違いではなく突き出しになっていることも平滑さの度合を高める。しかも、低層棟ではパラペットをタイル貼りにして、格子の支配を崩している。いや、格子自体、高層棟の最上梁は柱の上に載ったような納まりをとり、みずから完結性を壊している。このように、何重にも仕組まれた曖昧化によって、この作品は、絵画性と彫塑性がないまぜになった不思議なファサードとなっているのである。

最後に触れたいのは、宝塚カトリック教会にはじまり、箱根樹木園、箱根プリンスホテルにいたる曲面で構成された形態の採用である。それらでは建築が幾何学形態の束縛から解き放たれるという一事によって、自立した面が殊更な操作を経ずに運動感を獲得し、内部空間の存在を強く暗示することが可能となっている。こうした観点に立つとき、八ヶ岳美術館のきわめて素気ない外壁面は無操作性を積極的に示しているのであって、そのことで逆に、われわれに対して曲面が有する潜力を感じさせようとしているといいうる。

写真7・8 八ヶ岳美術館

しかし、それにしても、これまで終始、面の魅力を追求してきた村野氏が、この作品では明らかにみずからの歴史を否定する領野へ踏み込んでいる。その意味で、八ヶ岳美術館は、そのさりげなさとは裏腹に、従来の村野像を根底から覆しうる位置に立っているのだといえる。氏が今後この系列をどう展開していくか、刮目して見守りたい。

〈演出的空間〉としての村野作品

ここまで村野作品の特質のいくつかを、それを支えるディテールを通して述べてきた。それらを含めた多くの空間操作が「村野流」と呼ばれる。だが、真に「村野流」なのは、それらのすべてにわたって、空間を「操作」する村野氏の手付きが刻印されていることではないか。「設計の第一原則は？」と問われて、村野氏は「一見してこれは村野がやったとしらせる……そういうものしか作れないし、また作らない」と語っている。これはひとつの宣言であり、この宣言が建築全体に嚠喨《りゆうりよう》と鳴り響いていることこそが「村野流」なのだといわねばならない。つまり、ここまで村野作品のディテールについてしばしば「空間」操作という言葉で論じてきたが、それらは最終的には人間を操作するためのものだったのであり、操作されることによって人は村野氏の存在に気付かされるのだといえる。換言すれば、村野作品は、人間がそこにおり、そこを動き、村野氏によって計算された何らかの情動を持つことで成立するのであって、その意味で〈演出的〉空間と名付けうる。

だがしかし、このことは村野氏が個人的な空間イメージの実現を軽視しているというわけでは決してない。氏ほど空間の原イメージの渉猟に貪婪《どんらん》な作家はいないだろう。古今の建築物はもとより、有名なハイヒールに代表される日用品、あるいは氏が偏愛するらしい貝殻などの動植物と、森羅万象が氏のイメージの源泉として存在しているのである。

したがって、より正確にいえば、原イメージを現実の建築に結実させることと、建築が〈演出性〉を獲得することとを同時に達成するのが「村野流」なのであり、ここまでわれわれが見てきたのは、その過程で空間が見せるさまざまな様相の一端であったといえるだろう。

二　武田五一

住宅作家としての武田五一――ゼツェッションの認識を軸として

ふくやま美術館において二〇〇四年一月から三月まで開かれた展覧会「武田五一・田辺淳吉・藤井厚二　日本を意匠した近代建築家たち」の図録に寄稿した。広島県福山市出身の三人の建築家をテーマとしたこの展覧会は、学芸員の谷藤史彦さんの熱意と地元での研究の蓄積とによってきわめて充実した内容となった。文中でも触れているように、筆者は、京都工織大美術工芸資料館で二〇〇三年に開催した展覧会「一九〇二年の好奇心」図録にも「武田五一の初期作品をめぐって」を寄稿した（本書には収録せず）。その際に五一の若いころの言説を調べ直して、その熱っぽさに驚いた。それらと、後年の大家めいた物わかりのいい発言とのあいだに補助線を引くことを試みたのが本稿である。

＊

二人の共通性

武田五一は一九二五年に『住宅建築要義』（文献書院）を著わした。そこで彼はこう述べる。

いわゆる日本式住宅の改良論なるものはこのごろの一流行であって、しかも相当慎重な考慮のもとに行なわれておるものであるが、とかくいわゆる改良でいかにして日本式住宅の欠点を西洋式住宅手法をもって補わんかに存するようである。……しかしながらこのことたるや、まことに行なうべくして容易の業でないことは、日本住宅なるものがもつ欠点といわれる諸点は、取りもなおさずそれが他方日本建築の妙味としてまことに巧みに利用され、離れがたい住宅機能の支持物であることなのである。夏の夕水を打たせた庭近く座敷の端近縁によって浴後の団扇をつかいながら打ちくつろいだ心地が、その浴衣がけのごとく日本住宅の特徴であって見れば、いわゆる住宅改良論者もその心地、その風味を解せざるにあらざる日本住宅の特徴もまた捨てがたいものであることを認める。

　いかに利便に建てられたものであっても、千余年日本式住宅の妙味に慣れきった日本人の立場から見ればそこには種々の不都合な随分賛成なりがたい諸点があるのは当然のことであろう。しかしながら従来はいざ知らず最近各種と〔ママ〕試みられるようになってきた洋風住宅様式は、様式そのものの選択ももとよりなおかつ日本人の手によって設計せられる結果は、そんなに日本人の性格を無視したものではなくなってきており、洋風住宅手法を基礎としてその間日本住宅の細部手法あるいはそのモティーフを巧みに行使して相当興味ある住宅を完成しておる設計家も決してないではない。［＊1］

図1　藤井第4期住宅透視図

　こう論じている頁には二種類の図版が並んで載せられている。一つは「西洋式住宅の例」として武田自身の小川邸（一九一三年）の立面図であり、もう一つは「洋式改良住宅の図」というキャプションをもつ藤井厚二の第四期自邸（一九二六）［図1］の外観と内観のパースである。つまり武田は、上記の「日本住宅の細部手法あるいはそのモティーフを巧みに行使して相当興味ある住宅を完成してゐる設計家」として、武田自身と藤井厚二を念頭においていたことが見て取れるのである。

そう思って考えてみると、武田五一と藤井厚二には、その建築上の志向において、共通するところが非常に多い。まず、建築のジャンルのなかでも、住宅設計を重視していたこと。この点は、藤井厚二についてはいうまでもないことだが、武田五一に関しては少し補足が必要かもしれない。彼の住宅設計への思い入れは、たとえば「住宅建築偶感」なる小論の一節――「住宅建築は総ての建築の中でも最も人生に関係の深いもので、趣味的方面から云えば一番其の設計には興味の分子の多いものである。建築家の道楽気を応用するに住宅建築ほど面白いものはない。……住宅建築はあらゆる建築の根本的のものである」［＊2］に示されている。これが言葉だけでないことは、『武田博士作品集』での作品配列の筆頭が「住宅」で、「公館」や「学校」に先んじていることにうかがえる。いや、それ以上に、彼の百数十件の作品の約四分の一を住宅建築が占めることがなにより雄弁に武田五一の姿勢を物語っているだろう。

二つ目の共通性は、歴史様式に対する否定的態度である。後述するように、武田五一においては「否定的」という言葉は強く響きすぎるかもしれない。また藤井厚二は、おそらく言葉に出しては歴史様式への反抗を表明したことはないはずである。しかし、少なくとも武田はある時期までは歴史様式の命脈はもはや尽きたと考えていた。また、藤井が卒業設計以降は西洋建築の歴史様式を採用した作品をまったく設計しなかったことはまちがいない。竹中時代の橋本汽船ビル、明海ビル、さらに大阪朝日新聞社は、ゼツェッションの影響が濃く、それ以降は西洋的なもの自体を排除しようとしている。

三つ目の共通点は、日本の建築的伝統の尊重である。武田五一は、卒業論文で茶室の沿革をテーマとし、さらに建築家としてのキャリアの出発点で、妻木頼黄の指示のもと、和洋折衷の日本勧業銀行本店を設計した（一八九九年）。その種の試みがほとんどない時代だっただけに、武田がその折りに自分の目と手で和風意匠を勉強した（あるいはせざるをえなかった）ことはまちがいない。さらには京都府技師として平等院鳳凰堂、鹿苑寺金閣の修理にたずさわり、その壁面装飾に関して学術的な調査をおこなっている。伊東忠太や関野貞といった建築史家を除くと、武田ほど深く日本建築およびその歴史と関わった建築家は明治期にはいなかった。一方、藤井厚二の「伝統」への思いの強さは、彼の『日本の住宅』を一読すれば痛感されるところである。今、この場では詳説しないが、武田のような「職業的な」関心とはいささか次元を異にする、いわば情念に根ざした思い入れがこの書を染めあげている。

ただ、その作風の違い、あるいは建築に対する姿勢の違いは、また歴然として存在する。以下では、武田五一の住宅作家としての位置を評定していくが、その考察が藤井厚二の考えるときにも役立てばさらにうれしい。

武田五一の初志

武田五一は一八七二（明治五）年に生まれた。近い年齢の建築家を捜すと、一八七〇年生まれのヨゼフ・ホフマンとアドルフ・ロース、一八七三年のエリエル・サーリネン、一八七四年のオーギュスト・ペレ——といったところが目につく。いずれも、一九世紀末の新造形の衝撃を受け、それに賛意を表するか、反旗を翻すか、という決断の中で建築家としての自己を形成していった人々である。ホフマンとロースという二人のウィーン人の軌跡の違いがこの世代の典型といってよいだろう。ワグナーやクリムトによって創始されたウィーン・ゼツェッションを継承したホフマンと、それを乗り越える前衛たらんとしたロースは、正反対の作風であっても「世紀末から生まれた子」であることには違いないのだ。

武田五一も世紀末造形という跳躍台によってその個性をみずから見出した建築家である。だが、あらかじめ言っておかねばならないのは、その道筋はふつう考えられているよりもよほど曲折していたということである。武田はたしかに一九〇一年から〇二年にかけての英国留学中にマッキントッシュを代表とするグラスゴー派の造形をよく学んだ。そのことは、「英国国民図案懸賞競技」出品作からも明らかである。だが、彼が世紀末造形にのみ傾倒し、その価値を確信していたとはいえない。彼は一九〇八年の第二回渡欧以前には、あえていえば日和見的な態度を見せていた。

そのことは、小論「武田五一の初期作品をめぐって」(『京都高等工芸学校』美術研究会編『一九〇二年の好奇心』光村推古書院、二〇〇三年)で述べたので詳説を避けるが、手短かにいうと、この時期の作風は、名和昆虫館のような単純化志向、福島邸のようなグラスゴー派志向、京都府立図書館のような歴史様式志向が並立している。それは彼自身のキャリア不足という問題とともに、アール・ヌーヴォー、ゼツエッションと、歴史様式のどれが勝利を収めるか、その帰趨を見とどけようと模索していたからではないかと考えられるのである。

一九〇八(明治四一)年六月から翌〇九年三月まで、約九カ月間、武田五一は欧米各国を歴訪する。渡航の目的は国会議事堂ほか官庁建築の調査であり、各国の首都・主要都市を訪ねた。この旅から帰国した武田は、はっきりとゼツエッションを支持する。外遊先での見聞と収集した資料に基づく判断であったと考えてまちがいない。以下、この時期の彼の言説を細かく見ることとする。

まず、彼が欧州の動向に言及した最初である「世界に於ける建築界の新機運」(一九一二年)[*3]では、まず、歴史様式の行き詰まりについて「三百年来唯一の建築様式として襲用されたる復興式は次第に其の権威を失いたるも其れに代わるべき様式なく、世間より建築家に向けての要求刺戟は次第に激烈になり来るも亦如何ともすべき様なし」と述べる。ついで、その状況下、一九〇〇年のパリ万博を機にアール・ヌーヴォーが出現し、各地に影響を及ぼしているさまを詳述する――「この創意的の試みは大いに欧米建築家の注意を喚起し、陳套なる伝習的意匠に更に新意ある装飾及び建築物の外観等を以てせんとし、新進気鋭の建築家は競うて新方面に向って其の意匠の範囲を拡むることに努力せり。……各国特有なる様式を作るの気運は勃々として欧米の天地に漲れり」。

この「新機運」を「意匠の種類の豊富なる色彩の変化に富める実に百花爛漫の状態」とまとめたのちに、文章の最後に特にウィーンの建築家に言及して、「セセッショニスト分離派」の潮流を紹介する。そして「維納に於いては官海に於ても民間に於ても建築の新案踵を次いで出で来たり仏国アールヌーボー以外に一の新領土を開拓しつつあり、其意匠軽快明瞭構造、材料と美的趣味の調和を計るに努力せる所あり、アールヌーボーと相対して欧州建築様式最近の競争場裡に於て覇権を争うの観あり」と、その位置を見定める。

上の文章の二カ月後には「アール・ヌーボーとセセッション」を著わす[＊4]。これは雑誌の「セセッション」特集号のために求められた短文ということもあって、個人的な意思表明となっている。ここで武田はまず、日本にもたらされたアール・ヌーヴォーは「模倣に模倣を生んで遂には飛んでもない和製アール・ヌーボーと」なり、短命に終わったことを指摘する。そのうえで、「我が国に伝えられた最新式」としてゼツェッションを紹介する。ここで、武田はこの造形の実践者として、実感に裏付けられた分析を繰り広げる。

自分も此のセセッションで数多の家屋を計画して見、或いは工芸品を立案してみたが、我が国の職工の手腕は其の考案の精神を発揮させるに充分であった。一番自分がセセッション式を好む所以と云うのは使用材料の性質を犠牲とせず、どこまでも其の材料のよき点を発揮する様に努むることが此のセセッションの標榜する根本主義だからである。……第二の理由はどこまでも従来の因習に由らず自由自在に新意を試み得るの自由を許す点である。……第三の理由は如何なる新材料と雖も、此のセセッションの形式を以てすれば自在に使用しうることである。

このようにゼツェッションの意義を評価して、「我が国に於ては、此のセセッションの形式は慥に一の確固たる基礎を造り得べき形式であると自分は信じて居る。……日本的セセッション式の出来上がるのは決して遠き将来ではあるまいと思う」と結論付け、最後に「自分も努めて其の方面に向こうて奮闘して見たいと思って居る」と宣言する。

約一年後の一九一三(大正二)年の「建築美術界の三大潮流に就て」では、より大きな展望のもとにゼツェッションを評価している[＊5]。彼は、建築の形式を「由って起こる内的動機を考うるに総ての形式を大別して自然主義より起こるもの、構造主義より起こるもの、伝統的主義より起こるものとの三大流派となす事を得べし」とする。そして、現在の状況では「自然派」が「アールヌーボー」に対応し、「構造派」は「セセッション式」が継承し、「伝統派」は「レネイサンス式」にあたるという。そのうえで、「アールヌーボー」は「構造的美術たる建築美術に応用する上に、自ずから自然の拘束より脱すること能わず、建築材料使用の上に種々の無理を生ずるを免れず」、この点で非難されると述べる。また「伝統的主義」は「極めて独創的工夫を凝らすの余地少なく、之等の主義の建築界を風靡するの時代は、最も建築美術界の衰微せる時代に属するを常とす」とする。翻って「構造主義」は「範を歴史的作物の上に取らず、自然物の形態も亦標準とせず、以上二派の如く外形的表面的形態の研究を基礎とせず、其の主意を科学的知識の上に置き、人間本来の性質即本能の発する儘に形態を創造するを以て、最も活動の自由を有す。現代に於ける建築的形態の考案の上に於いて、レネイサンス式の次第に其の勢力を失い、構造主義の上に築かれつつある諸形式が、よく現代の要求に応じて、千変万化の妙を尽くしつつあるは争うべからざる状態なり」と評価する。なお、「構造主義」の建築家としてマッキントッシュ、ベーレンス、ホフマン、そして「プレーグにおけるコテラ」（おそらくゴチャール）を挙げる。こうした議論の結論として「三者各其向かう所を異にせりとは雖も、現代の風潮は明らかに構造派のものに同情しその作物と喜びつつあるもののごとし」と、はっきりゼツェッションの優位性を主張する。

これらの文章で目立つのはまず、「新意」「新意匠」「新工夫」「新案」「新領土」「奇抜斬新」「破天荒」といった〈新しさ〉を捉えた単語の多さである。そこには〈革新性〉をプラスの価値として重視する評価軸があらわである。こうした価値観の底にある武田の思いは、「死したる様な過去の形式に由らねばならぬと云うことは、創意を以て生命とする図案家の最も苦痛とする所である」［＊6］といった言葉に率直に表れている。

もう一点は「構造、材料と美的趣味の調和」「建築的力学的」「構造及び材料の科学的研究の結果」といった、いわば〈構築的合理性〉というべき特性への絶賛である。これはもちろん、ラスキン、モリスに発するモダニズム的建築論の基盤であるが、注意したいのは、こうした〈合理性〉が「現代人の内的生命に接触」するものであり、「人間本来の性質即ち本能の発するままに形態を創造する」ことにつながると武田が考えていたことである。いいかえれば、構造と意匠の一致は「直覚の感能」すなわち視覚心理にとっての「美観」を生む、という判断がそこにはあるのである［＊7］。

もう一つ指摘したいのは、ゼツエッション（あるいはアール・ヌーヴォーも含めた世紀末造形）が国際的なうねりであるという指摘が、表現こそ違え、共通して現れることである。上に引用しなかった箇所を挙げれば、「此の［構造］主義に由って生じたる作物は、何れの国民にもよく了解せらるるの利あり、セセッション式の世界的形式たらんとするの傾向あるは、主として此の原因より来たれるものならんと信ず」といった指摘である。そのうえで、「風土の異同と国民性の差異は同一なる主義の下に努力する幾多の建築家をして自ら異なりたる意匠を試ましむるに至」ると見る。そこから「セセッションの根本主義は主義として、其の表現の方法には我が国独特の形を考案する必要がある」という提言にたどりつくのである［＊8］。

写真1　福島行信邸

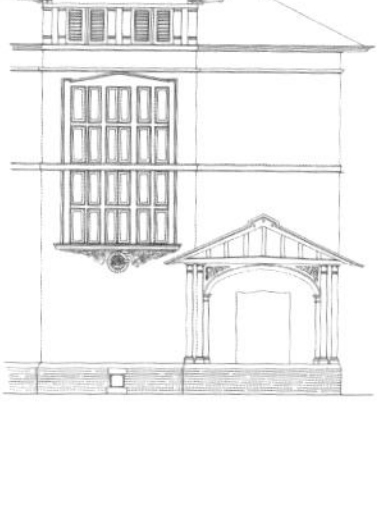
図2　清野勇邸　立面図

「日本的セセッション式」の実践

最初の外遊と二回目の外遊にはさまれた約五年間に設計された住宅作品で、様態が知りうるものは、ともに一九〇七（明治四〇）年の竣工にかかる福島行信邸［写真1］と清野勇邸［図2］である。両作ともにグラスゴー派を中心とする世紀末造形の装飾要素を多用する。福島邸は、外観では軒廻りに明瞭なように細部を幾何学的に処理し、また、小豆色の壁体・コバルト色の柱・赤い屋根という大胆な色遣いを見せた。室内意匠では世紀末性はより明瞭で、建具、壁紙から家具・照明器具に至るまで、ゼツェッションの新鮮な造形を駆使し、歴史様式の影を消し去っている。施主の熱意はもとよりだが、建坪が三〇坪ほどにすぎなかったこと、施工の担当が同郷の田辺淳吉だったこともこの密度と関連するはずである。清野邸は米国風クイーン・アン様式、つまり木造によるピクチュアレスク住宅の手法をベースにする。塔、張り出し窓、ベランダといったモチーフがその特徴である。しかし、不自然なほど薄い塔屋の庇と、その扁平な櫛形アーチ、その下の付け柱が見せる反りはきわめてグラスゴー派的である。もっとも室内意匠はバロック風にまとめられており、そこにこの時期の武田の自信のなさを見ることも可能だろう。

武田自身はこの作品を評価していなかったらしい。しかし庇の裏に並ぶ丸い垂木に日本趣味がうかがえることは注目すべきである。それというのも、第二回外遊後、日本的な要素の導入が意識的に進められるからである。先に見たように、武田は「日本的セセッション式」の創出を期待し、自身が「其の方面に向かいて奮闘」すると宣言している。清野邸はそうした努力の出発点と位置づけることができそうである。その五年後、芝川又右衛門邸（一九一二）［写真2］で武田はアメリカン・コテージの骨格の中に「茶室の精神」を注ぎ入れようとする［＊9］。網代や葦簀が多用され、面皮の柱梁が配されることで、ベランダは土庇と重ね合わされ、リビングルームは数寄屋座敷の残像をもつにいたる。そこではたしかにグラスゴー派の軽みが数寄屋の遊戯性と共鳴しており、彼の揚言にふさわしい「日本的セセッション」の誕生を告げる。以後、松風嘉定邸（一九一四）、稲畑勝太郎邸（一九一六）、下村忠兵衛邸（一九一九）［写真3］といった「日本的セセッション式」の試みは続けられる。ただ、この三作は

写真2　芝川邸

写真3　下村邸 門

写真4　六鹿邸

洋館と和館が並立する形式であり、それだけに和洋がゆるやかな漸近線を描いていくドラマは芝川邸ほど鮮明ではなかったように思える。むしろ、非住宅作品、同志社女学校の静和館（一九一二）・ゼームス館（一九一三）、求道会館（一九一五）、山口県庁舎・同県会議事堂（一九一六）などのほうが、武田の壮図をよく表す。

住宅の慰安

一九〇九（明治四二）年に武田五一は「日本住宅建築に改良の余地ありや」という文章を書いている［＊10］。概論的な内容で、取り上げるべき事柄は少ないが、住宅に必要な要素として「装飾は刺激的なるよりは寧ろ慰安的なるべきこと」を挙げ、「清洒閑雅」を求める。この感覚は、やがて武田の住宅論の中核を占めていくといってよい。一九二〇（大正九）年に松本儀八との共著で刊行された『最新和洋住宅別荘建築法』には「元来西洋流住宅として建てられたるものに就いて取り調べて見るに大抵お役所的風味を有し所謂家庭的情趣に乏しく、国民的趣味を感ずることが出来ない。……特に日本趣味の神髄を解せない西洋人の手によって設計された住宅など来ては尚更物足りない感じがあるのは当然である」［＊11］とあり、冒頭に引用した一九二五（大正一四）年の「夏の夕水を打たせた庭近く座敷の端近縁によって浴後の団扇をつかいながら打ちくつろいだ心地が、その浴衣がけのごとく日本住宅の特徴」という見解へ一直線につながっていく。

この文脈に置かれるとき、ゼツェッションの意味はそれまでの革新性、合理性から大きく変わっていく。「西洋風住宅の中でも米のバンガロー式や各国に普及せるセセッション式などはその特徴とするところが余程東洋的で、殊にセセッション式の如きは我が国民の思想感情とよく適合し……」［＊12］、あるいは「西洋式住宅様式の中にはあるいはセセッションのものといい、またはバンガロー、ミッション等のそれは多分に東洋にその源流をもつものであって、これに今一応の日本的洗練をかければ案外に日本人の性情に適当すべきものができるであろうと期待される」［＊13］といったように、「慰安的」な和風住宅に親和性をもつ様式と位置づけられるのである。しかも、上の引用に明らかなように、「バンガロー式」「ミッション式」と同列に置かれている。

武田は、すでに一九一四年の時点で「世界各国で行われてる最善最美のものを採りて、これを日本人の頭で統一したものを一日も早く実現したい」［＊14］と述べているが、一九二〇年前後にいたって、武田の住宅作品からはっきりした様式的特徴を有する細部が消えていく。細部がないというわけではない。武田らしい魅力的な装飾が、統合されることなくまき散らされる印象である。典型が第三期自邸（一九二九）で、民家風、ライト風、シノワズリ、アール・デコとちりばめられる。例外は「ミッション」、いわゆるスパニッシュ様式を用いる場合であるが、それも、洋風建築に期待するところの、〈威圧感と表裏一体の壮大さ〉〈違和感と表裏一体の華麗さ〉はみごとにぬぐい去られる。すべてにわたって「瀟洒閑雅」をめざして、武田が脱色を施している。筆者はかつて武田の方法論について、〈造形の固有性という主角にローラーをかけて表現の幅をおだやかに広げ、「新しさ」を深める〉［＊15］と述べた。この表現は、後期の住宅作品については妥当なものと今でも考えている。

結びにかえて

武田五一は和風住宅の「妙味」を愛した。また多くの和洋並立住宅を設計したが、その和館部分は保存されている村井吉兵衛邸や藤山雷太邸に見るように、きわめて質が高い。しかし、彼の願いは、冒頭に紹介した文章にあるように「洋風住宅手法を基礎としてその間日本住宅の細部手法あるいはそのモティーフを巧みに行使」することにあったと思われる。

藤井厚二も、彼のいう「日本趣味の住宅」について「高雅なもの」「その妙味は津々として尽きません」と称揚するあたりは武田と変わらない。しかし、藤井が「日本趣味」の特徴として挙げる三点、すなわち①木材・紙・土などの自然材料を、その材質感を生かして用いる。②室内において多くの小なる凹凸の空間を設け、「種々の面白き変化と多くの余裕を与える」。③散光性の高い和紙を透すことによって、光線を柔らかく室内に取り入れる——のうちの②と③は、細部手法というにとどまらず、空間の骨格に及ばざるをえない。はじめに武田の年齢について触れたが、藤井厚二は一八八八（明治二一）年生まれ、ル・コルビュジエ、メンデルゾーンの一つ下、リートフェルトと同い年である。世紀末造形が革新性を失っていく時点から建築を学びはじめたこの世代は、かつてゼツエッションが担っていた〈革新性〉〈合理性〉〈普遍性〉を別の所へ求めなければならなかった。藤井は床の間のようなボックス状の空間とそこに射し込む透過光という「和」を契機として、モダニズムの抽象性と「ヴォリュームとしての空間」にいたりつく。

一九一三（大正二）年に「現代の要求に応じ得る」建築をめざした武田五一、一九二九（昭和四）年に「吾々の生活に適合すべき住宅」を求めた藤井厚二。自分たち二人は同じ道々を前後して経めぐっていると思っていたかもしれない。しかし、やがて尾根筋は分かれて、二人を異なる山嶺へ導くのである。

＊1　武田五一『住宅建築要義』文献書院、1926年、引用は1935年の再版から、11－14頁
＊2　武田五一「住宅建築偶感」『住宅建築』光岡義一編、建築世界社、1916年、2－7頁
＊3　武田五一「世界に於ける建築界の新機運」『建築世界』第6巻第9号、1912年、5－8頁
＊4　武田五一「アールヌーボーとセセッション」『建築ト装飾』第2巻第6号、1912年、19－22頁
＊5　武田五一「建築美術界の三大潮流に就て」『建築工芸叢誌』第17冊、1913年、7－9頁
＊6　前掲「アールヌーボーとセセッション」21頁
＊7　前掲「建築美術界の三大潮流に就て」7頁
＊8　前掲「アールヌーボーとセセッション」22頁
＊9　武田博士還暦記念事業会編『武田博士作品集』1933年、16頁
＊10　武田五一「日本住宅建築に改良の余地ありや（上）」『建築世界』第3巻第8号、1909年、3－7頁。「（其二）」『建築世界』第3巻第9号、1909年、3－6頁
＊11　武田五一・松本儀八『最新和洋住宅別荘建築法』積善館、1920年、引用は1924年の第5版、8頁
＊12　同右
＊13　前掲『住宅建築要義』13頁
＊14　武田五一「夏の家」『美術新報』第13巻第9号、1914年、336頁
＊15　石田潤一郎『関西の近代建築』中央公論美術出版、1996年、45頁

武田五一が伝えたもの

「図案学研究」の留学

武田五一は明治五（一八七二）年一一月、現在の広島県福山市に生まれ、同二四（一八九一）年、京都の第三高等中学校に入学する。当初、生物学者を志したが、上級生の塚本靖の感化で、建築へ進路を転換し、二七年七月、塚本が四年前に進んだ帝国大学工科大学造家学科に入学する。帝国大学に「東京」が冠されるのは京都帝大が創設される明治三〇年からであるが、その年の七月、三年間の修学期間を終え、五一は首席で卒業する。そのまま大学院に進学し、在学中に妻木頼黄が日本勧業銀行を設計するのを助け、ま

*

二〇一七年にLIXILギャラリーで展覧会「武田五一の建築標本——近代を語る材料とデザイン」が開催された。これにあわせて出版された同名のLIXILブックレットに寄稿した論考である。元来、武田五一が勤務校の教材として収集した建材を素材とした展覧会であり、本稿も、教育者としての武田五一を解説してほしいという編集サイドの要望を受けて、まとめてみた。筆者はこれまでにも京都高等工芸学校・京都帝国大学教授としての武田五一の事績については書く機会があった。ここではそれらも踏まえつつ、できるだけ新しい知見を盛り込もうと努めたつもりである。

た伊東忠太とともに台湾神宮を設計した。一方で卒業論文「茶室の沿革」の内容を建築学会の機関誌『建築雑誌』に連載している。明治三二（一八九九）年七月、武田五一は大学院を退学して、東京帝国大学建築学科の助教授となる。

この時五一は満二六歳、この後四〇年近い教育活動の始まりであった――と書くと、俊英の順風満帆たる門出のように見えるが、事情はやや複雑だった。五一の与えられた助教授ポストは、塚本靖が三二年六月に欧米留学に赴いたために空席になったところである。つまり、塚本が二、三年後に帰国するまでの臨時的な枠だったと考えられる。そうはいっても武田五一の教育は大変熱心だったという。設計製図の初歩を教える担当だったこともあって、懇切に指導した。出来の悪い学生の図面を消しゴムで全部消して自分で描き直してしまうというのは、五一の設計教育の徹底ぶりを語る時、必ず話されるエピソードだが、このやり方は東大助教授時代からである。それだけに学生を厳しく叱る怖い教師だったという。

五一が教職に就く直前の三二年三月、京都に官立の高等工芸学校を設置することが内定した。そこには「機織科」「色染科」と並んで「図案科」が設けられ、インテリアデザインをはじめとする建築装飾の技術教育が期待された。翌年六月、五一はその担い手になるべく、「図案学研究」のためヨーロッパへの留学を命じられる。

明治三四（一九〇一）年三月に出発、一年余を英国で過ごす。そこではカムデンスクール・オブ・アート・アンド・サイエンスに籍を置き、学生として課題をこなす。五一が提出した「室内意匠習作」は、この時期に英国でおこなわれていた学生向けのコンペ、英国国民図案懸賞競技に出品されて「皇后賞」silver medal を得ている。このほかにも演習課題として描かれたと思われるインテリアデザインや家具の図面が残るが、い

図1　室内意匠習作

ずれもマッキントッシュらグラスゴー派の影響が色濃い。その後パリに転じ、さらに明治三六(一九〇三)年二月以降ヨーロッパ各地を歴遊する。四月に立ち寄ったウィーンではゼツェッション展のポスター七点を購入している。ちなみに五一はマッキントッシュの四歳下、ゼツェッションの旗手であるホフマンは二歳下で、まさに同時代人である。

京都高等工芸学校での教育

京都高等工芸学校は五一が滞欧中の明治三五(一九〇二)年九月に開校し、当初の図案科の教育はもう一人の教授として東京美術学校から招聘した浅井忠が中心になって運営する。五一については帰国を待たず、三六年五月に同校教授に任命される。

同年七月に帰国した五一は、すぐに単身で赴任し、東大時代と同様に熱心に教育にあたった。講義の後、必ず学生のノートを提出させ、正しく筆記できているか調べて、検印を捺した上で返却したという。つまらない質問をする学生は叱りとばし、ここでも実に怖かったと伝えられる。

設計の演習においては五一自身が欧州で学んだ世紀末造形を彼らに伝授しようとした。五一が英国で学んだ"School of Art and Science"はそれまでの美術学校での建築教育が製図専門工を養成するだけに終わっていたのに対し、技術面まで含めて建築を総合的に教育しようとする制度として期待されていた。前衛的な造形を積極的に習得させようとする教育を、五一は身をもって知った。彼が、京都高等工芸の演習において、ためらうことなく新造形をほとんど臨画のように描かせたのは、ここでの体験によるものといってよいだろう。

京都に赴いた五一は忙しかった。同僚・浅井忠とともに京都の伝統工芸の改革に乗りだし、古社寺の修理事業に従事し、議院建築(国会議事堂)建設事業にも関わった。そして福島行信邸や京都府記念図書館(現京都府立図書館)などの設計に取り組んだ。この時期の五一の設計作品は実のところ、世紀末造形に徹しているわけではない。福島邸はウィーン・ゼツェッションのエッセンスを初めて日本に移植して大いに注目を集め、名和昆虫研究所記念昆虫館と関西美術院も装飾的付加物を排除し、形態の単純化を貫いている点でゼツェッシヨン的である。しかし、京都商品陳列所、京都府記念図書館と富山県会議事堂、清野勇邸は歴史様式の枠の中で新しさを見せるにとどまっている。京都商品陳列所は鉄筋コンクリート構造を採用した最初の例の一つであるにもかかわらず（五一はパリでこの構造の教会堂の使用が許可されず、物議を醸したのに遭遇して関心をいだいた）、その

写真1　福島邸外観

写真2　京都商品陳列所外観

斬新さを形態に表現することは自制している。塚本靖は同時期に欧州に学んだものの世紀末の新造形に対しては単なる「刺戟材」にすぎないと評価が低かった。五一もその帰趨にはまだ自信が持てなかったのかもしれない。

明治四一（一九〇八）年六月から翌年三月までの約九カ月間、五一は二度目の欧州巡歴に赴く。渡航の目的は国会議事堂ほか官庁建築の調査である。各国の首都・主要都市を訪ねるこの旅行から帰国した五一は、はっきりとゼツェッションを支持する。

「一番自分がセセッション式を好む所以と云うのは使用材料の性質を犠牲とせず、どこまでも其の材料のよき点を発揮する様に努むることが此のセセッションの標榜する根本主義だからである。……第二の理由はどこまでも従来の因習に由らず自由自在に新意を試み得るの自由を許す点である。……第三の理由は如何なる新材料と雖も、此のセセッションの形式を以てすれば自在に使用しうることである」。このようにゼツェッションの意義を評価して、「我が国に於ては、此のセセッションの形式は慥に一の確固たる基礎を造り得べき形式であると自分は信じて居る。……日

写真3　芝川邸外観

本的セセッション式の出来上がるのは決して遠き将来ではあるまいと思う」と断言する（「アール・ヌーボーとセセッション」、大正元年）。

その約一年後の大正二（一九一三）年に書かれた「建築美術界の三大潮流について」では、マッキントッシュ、ベーレンス、ホフマンらの「構造派」が、アール・ヌーヴォーを指す「自然派」およびルネサンス様式をはじめとする歴史様式を守る「伝統派」に対して優位を示している状況を紹介する。五一は「構造派」の手法を「外形的表面的形態の研究を基礎とせず、其の主意を科学的知識の上に置き、人間本来の性質即本能の発する儘に形態を創造する」ものと捉えて、高く評価するのである。

五一は自らの言葉を裏切ることなく、こののち「日本的セセッション」の具現化に努める。明治村に現存する芝川又右衛門邸（大正元年）ではアメリカン・コテージの骨格の中に「茶室の精神」を注ぎ入れようとした。網代や葦簀が多用され、面皮の柱梁が配されることで、ヴェランダは土庇と重ね合わされ、リビングルームは数寄屋座敷の残像を持つにいたる。そこでは確かにグラスゴー派の軽みが数寄屋の遊戯性と共鳴している。大熊喜邦と共同設計の山口県庁舎（大正五年）では古典主義的構成のなかでゼツェッションの幾何学的な装飾を展開し、また柱頭飾りに和風の舟肘木を採用するといった大胆な意匠を破綻なくまとめている。大正四（一九一五）年に工学博士号を得た時、雑誌『建築世界』に「当代の花形役者」と紹介されたが、まさしくトレンドの先端に位置を占めていたのである。同年には来日したフランク・ロイド・ライトと会い、その作品集の出版を進めるとともに（大正五年刊行）、実作にも影響を示すようになる。

京都帝国大学での教育

そうした折、五一の身辺に大きな変化が起きる。大正六年に名古屋高等工業学校の校長となることとなったのである。五一は本来京都高等工芸学校で校長となるはずが、初代校長が自分と同じ分野の教授を二代目校長に据えたいと考えたことから、五一を名古屋に回そうとしたものといわれている。名古屋高等工業学校には、五一にとって東大で一級上になる鈴木禎次が教授で献身的に教育に打ち込んでいた。その上席に就くことを五一はいやがり、ついには職を辞して設計事務所を自営することを決断した。しかし、その折、京都帝国大学に建築学科の設置が内定する。周囲は、その教授のポストが約束されているから、ここは自重せよと説得して翻意させたという。こうして大正七(一九一八)年四月に名古屋高等工業学校校長に転任し、八年五月には京大建築学科創設委員を兼務、九年九月、京大建築学科の開設とともに教授となる。

開学時点では、武田五一と構造の日比忠彦教授、建築史の天沼俊一助教授の三人だけが専任教官だった。大正九年一二月に藤井厚二が講師(一五年五月に教授)、一〇年五月に構造の荒木源次が助教授に任命されたが、依然少人数であるところに、天沼が一〇年春から二年間海外留学に出、日比が同年六月に死去したため、開学当初の数年間は武田五一が学科運営と教育とを一人で担うこととなる。

五一は創設を控えた時期、早稲田大学を視察に訪れ、佐藤功一が充実した設計教育を進めている早稲田を目標にすると語っている。五一は、京都高等工芸時代には、卒業生との共同はおこなっても、現役の学生を自分の下に置くことはしていない。京大に移ったのちは、設計の道に進みたい学生には自分の仕事を手伝わせるようになる。それは佐藤功一が、佐藤武夫をはじめとして学生に自分の設計業務に参加させていたことに学んだのかもしれない。いやむしろ、時間が自由になる身分の大学院生が多くいたため、佐藤以上に学生に関わらせやすかったといえる。

そのこともあってか、大正九(一九二〇)年前後から、斬新さは彼の設計の主題から外れていく。ゼツェッションは、歴史様式と重ね合わされることが多くなる。また米国西海岸で触れたスパニッシュ様式が日本家屋に近いものという印象を持ち、積極的に移植を図る。大正末にはイスラム風の装飾パターンを取り入れることも試みている。どの作品も一定の新しさを有していたが、既成の建築を否定するような激しさは持っていない。歴史様式の堅苦しさ、重々しさをそっと和らげていくにとどまる。格式ではなくくつろぎを、規範性ではなく闊達さをもたらすことを目指すようになっていった。

さて、五一は京大でも講義をきちんとおこなっている。三学年に対して五科目を担当する。『京都帝国大学工学部講義要目』の記述に沿って、学生が入学後に聴く順番に紹介すると、一年生第一・二学期において「住宅論」を講ずる。「概論」と「細論」の二部に分かれ、前者では「住宅平面配置法」「住宅史」、さらには「家相方位及地相論」など六項目が挙げられる。後者では「住宅ノ各種」に始まり、「住宅ノ装飾及設備」「共同住宅及蜂窩住宅」など五項目がある。「蜂窩住宅」とは高層のアパートのことである。五一の著書として『住宅建築要義』があるが、この書は「住宅論」の講義の内容を第三期（大正一四年）卒業生の服部勝吉が整理してまとめたものである。五五六頁の本文に一二九頁の付録（仕様書の実例と関連法規）が付く大著で、この講義が広範な話題を扱い、かつ具体的・実際的であったことがよく分かる。

一年の三学期になると「計画法第一部」を講じる。そこでは「社交建築」として「旅館」や「料理店」、「倶楽部」などが挙げられ、次いで「商業建築」として「商館及店舗」「取引所」「貸事務所」など五種を挙げる。第二学年では通年で「計画法第二部」を講じる。そこではまず「教化建築」として「図書館」「学校」「博物館」「研究所」を取り上げ、続いて「娯楽施設」として「劇場」「公会堂」など四種を論じ、最後の「宗教建築」では「寺院」「教会及説教所」「納骨堂、火葬場」を扱う。これら「計画法」はビルディング・タイプごとに実例を挙げ、計画の留意点を指摘する方針で貫かれていた。西山夘三はこの講義を回想して、クラブ建築の講義では、英国のブルジョワのクラブでは「便所に行くのにもチップを出すということを教えられ」、「我々がさまざまの生活と生活空間をもっている」ことに開眼したと述べている。

最終の第三学年では一学期に「計画法特論」、二・三学期に「建築施工法」を講義する。前者では「博愛建築」「公共建築」「官衙及公署建築」「工業用建築」の四種を扱い、それぞれ「病院」「停車場」「裁判所」「工場」など一二種類の建築類型について説明する。後者は工事契約から施工上の術語の説明、さらに仕様書・積算書作成の練習までをおこなう。

この講義からうかがえるように、武田五一は「八宗兼学」の博識であった。T定規をしなわせてエンタシスを一気に描いてみせるといった製図の巧みさとあいまって、学生は「絶対」というあだ名を奉るほどであった。

その人柄

ただ、武田五一が教え子たちの記憶に最も深く残したものはその人格であったろう。第一三期生（昭和一〇年卒業）の福留繁は新入生歓迎会の席の自己紹介で「京大の建築に憧れて来たのは、武田五一という有名な先生がおられるということを知って来たのだが先生の住宅論の講義は案外期待外れであった」と発言した。もちろん五一のいる前で、である（福留は薩摩っぽの野人であった）。しかし、福留の言では「武田先生は、知っておられる方々は御存知のような御人柄であったので、一笑に付されておられるようであった」。この「御存知のような御人柄」を、人は「包容力」「雅量」と呼び、「格式張らない」「ジャジャばらない」と形容した。

そのような教師であったから、武田五一は実に多くの弟子を育てた。京都高等工芸学校時代の教え子では、大蔵省議院建築局技師として国会議事堂設計の中核を担った吉武東里（明治四〇年卒、以下卒業年次）。大林組住宅部を率いた松本儀八（明治四一）。彼は五一の信頼が特に厚く、武田自邸の実施設計を任されている。高等工芸に残り、後を継ぐ向井寛三郎（明治四四）。五一の腹心で、京大での助手を務めた宇都宮誠太郎（大正五）。島津製作所・日本電池の営繕部長を務め、島津本社を設計した荒川義夫（大正六）、五一が寺院建築を手掛ける際に助手を務めた木下助三郎（大正六）。

京都大学では、まず指を屈すべきは、京都市庁舎、円山公園音楽堂などを担当した中野進一（大正一三）、大阪市で橋梁デザインを行った元良勲（大正一三）、大学院生時代に東方文化学院を担当した東畑謙三（昭和元）、京都日出新聞社屋などを担当する一方、雑誌『新建築』の編集に携わった岡田孝男（昭和四）らであろう。このほかにも岡本弘（大正一四）、服部勝吉（大正一四）、藤原義一（昭和三）、棚橋諒（昭和四）、安田清（昭和四）、吉田信武（昭和五）、鷲尾健三（昭和五）といった人々が彼の設計や著述活動を助けた。彼らの中には、武田邸の離れに寄食して、書生役を務める者、経済的な援助を受ける者もあって、終生親交が続いた。

五一の「包容力」は、晩年にいたってその作風にも変化を及ぼした。昭和六（一九三一）年、六度目の外遊に出て、ヨーロッパを巡歴する。そこで急速に地歩を固めつつあるモダニズム建築を目の当たりにする。その成果が京都電燈社屋（昭和一二、現関西電力京都支店）である。構造体を意識的に強調するその立面は、それまでの武田五一作品に見られなかった力感に富んでいる。外遊前後の変化について、新名種夫（昭和四、京大卒）は追悼文の中で活写している。外遊の前、五一は伊藤和夫（昭和元、京大卒）による大阪市営地下鉄の停留所の設計図を見て、壁に幅木を付けていないことを改めるよう注意した。帰国した五一に、伊藤が修正した図面を見せると「今時こんな所に幅木なんか意味ないよ」と言ったというのである。

武田五一の下で助教授を務めた森田慶一は、五一が「建築の教師建築を知らずという現在制度の欠陥を充分承知しておられた」と述べる。研究者ばかりが教師となる時代にあって、武田五一は「建築を知る教師」として存分に教え、存分に生ききったのである。

写真4　武田邸外観

写真5　京都電燈社屋外観

二　武田五一

武田五一という問題構制《プロブレマティーク》

『造形工学二〇〇四』に掲載。この『造形工学』誌は、「造形工学概論」のテキストであるとともに（しばしば、それ以上に）教員の自己紹介の舞台という側面を持っている。この年は柄にもなくウケを狙っている。実際の講義では、こんなおちゃらけた口調でしゃべれるわけもなく、学生にとってのありがたみを薄くするにすぎなかったようである。

＊

さぁ、よい子のみんな。京都工芸繊維大学造形工学科の歴史の出発点は京都高等工芸学校図案科だっていうことは知ってるかなぁ。（……はい）——返事が小さいぞぉ。（はーい）——よぉし。

図案科創設時の教授二名のうち、一人は画家の浅井忠、もう一人が建築家の武田五一だ。大学ホールの南側にある植え込みの中に、五一の銅像が建てられている。残念ながら、妙にオジンくさい。実物はもっとハンサムです。残念ながら、ぼくだって写真でしか知りませんが。

武田五一問題と、ひそかに名付けているいくつかの疑問がある。

ひとつは、どうしてあんなになんでも引き受けたのか、という素朴な疑問だ。設計活動についていうと、ふつうの

写真1

写真2　関西電力京都支店

意味の建築物で彼が関係したものは一九七件もある（顧問や意匠指導も含みます）。それも、国会議事堂にはじまり、オフィスビル、学校、公共施設、個人住宅——と洋風建築の領域を総なめしたあと、伝統様式の寺社まで設計する。これだけでもほかに例がない多彩さ・多産さなのだが、五一の間口はさらに広い。博覧会、石碑、橋梁などの構築物があり、さらに家具、陶磁器、徽章、本の装丁まで手がけていて、デザインしないものはないといえそうなぐらいなのだ。

「五一問題」その二は、設計・デザイン以外の活動領域も非常に広いことだ。日本で最初に茶室の研究をおこない、平等院や法隆寺など古建築の修理を指導する。プロポーション理論を研究していたかと思うと、こたつの改良に熱中し、沖縄に大理石の産地を見つけ、都市計画にも参画する。要するに造形工学科四講座を一人で兼ねていたわけですね。

「五一問題」のその三は、代表作がない、ということだ。ふつう代表作といえば、一人の建築家の関心や美意識が集約されている作品、それを見ればその人のすべてがわかるといえる作品ということだが、そういうものが五一には見あたらない。印象批評的にいうと、どれを見ても完成の前か後、つまり、まだ模索の段階か、さもなければ旧作の自己模倣という感じがつきまとう。たとえば、関西電力京都支店（京都駅の斜め前にある八階建てのビル）は亡くなる一年前の作品というのに、まだ発展途上という感じを与える。それはそれで大したものといわなければならないのだが。

「武田五一問題」を突きつめると、次の一行に集約される。——「建築家としては何となく物足りない人物が、なんでめちゃくちゃに売れっ子だったか」。

要するに日本の建築界は武田五一を求めていたわけですが、そうなると、「五一問題」はむしろ「建築界問題」に拡大して考えないといけなくなる。

武田五一は同時代人から見たとき、「抜きん出た存在であった」という評価と「ほかに人がいなかった」という評価が入り交じるようです。今ふうにいうと、ナンバーワンかオンリーワンか、ということですが、ぼくの見るところ、そのどちらでもある。一九世紀末にヨーロッパで生まれた新造形を、彼はいち早く、しかも巧みに日本に紹介した。本学を開設したころは、まぎれもなく新機運の担い手として抜群の存在だった。やがて、もっと若い世代が現れると、五一の新しさは色褪せる。ただ、彼は終生、新しい動向に敏感かつ好意的だった。さっき例に引いた関西電力はまさに五一の「若さ」の産物です。こういう人はあまりいない。

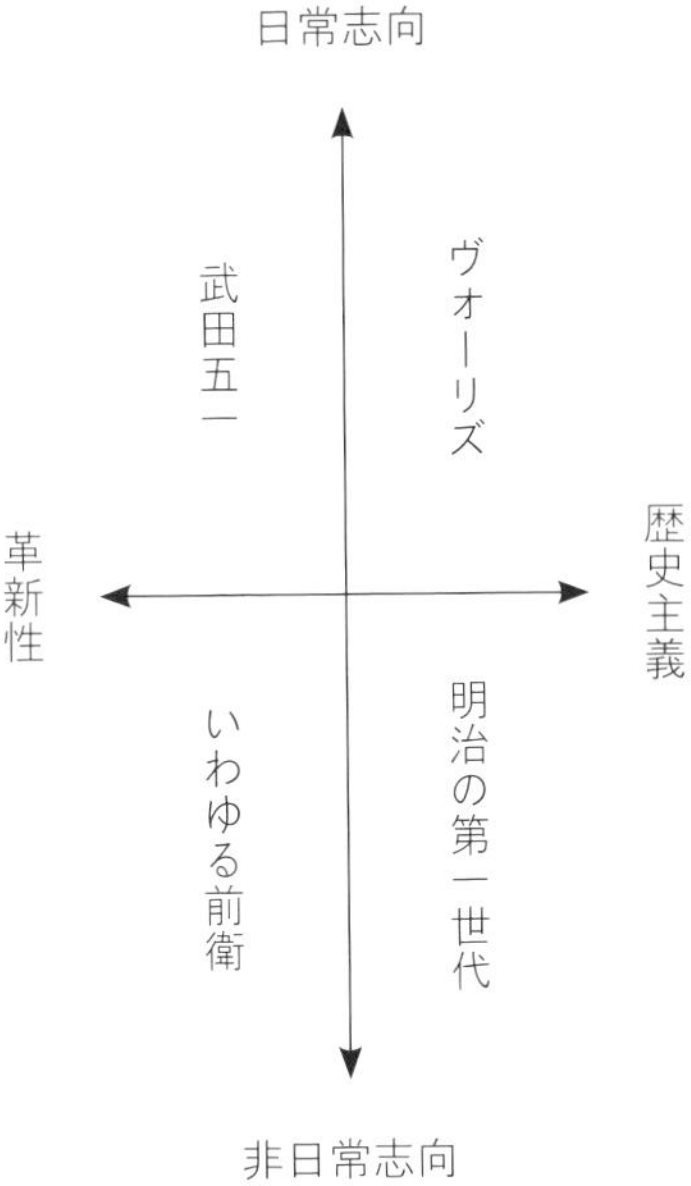

五一は、建築、特に住宅に関しては「打ちくつろいだ心地」を重視する。「刺激的なるよりはむしろ慰安的なるべき」といい、「瀟洒閑雅」を求める。こうした「西洋建築の日常化」志向は二〇世紀の感受性といってよいものだ。日本に導入されはじめた段階での西洋館は、生活空間である以上に公的な接客空間でありモニュメントだった。そこでは〈壮大さ〉〈華麗さ〉が要求された。でも壮大は威圧感と紙一重であり、華麗は違和感と紙一重だ。五一は、そん

写真3　六鹿邸サンルーム

なものはウザッタイよ、と言ってのけたのです。

五一のオンリーワンなところは、前の図に示したように、「日常化」志向と「革新」志向とが共存していた点だ。本来、新しさは、それ自体が非日常的な要素となるはずで、五一の立場はその意味でアクロバティックなものだ。しかし、思えば、近代日本の建築界は、劇的に変化する西洋の動向に的確に対応することを一方の目標とし、異物である西洋建築を生活実感になじませ、「国民文化」とすることをもう一方の目標としてきた。五一は、この困難な二方向作戦を遂行していたと見ることができる。それも、いささかの悲壮感もなく。人気があったのも、なすべきことが多かったのも、けだし当然なのかもしれません。

三　藤井厚二

聴竹居——伝統の向こう側の近代へ（先人の足跡——京都府下の近代建築）

京都府建築士会のホームページのコラムとして、二〇〇九年から一〇年にかけて「先人の足跡——京都府下の近代建築」を連載した。連載といっても、本稿の他には、松室重光「京都ハリストス正教会」と一井九平「丹後震災記念館」を紹介しただけで止まってしまったのだが。それというのも催促ナシ、稿料ナシという条件だったからで、アメとムチがないと、人間、働かないのだった。

＊

建築家藤井厚二とその自邸・聴竹居の名は、近年、とみに高まっている。エコハウスの先駆として、またモダンデザインの出発点として、広く知られるようになってきた。そのわりには実物を見た人は少なかった。長く藤井家の縁者の方がお住まいで見学依頼を謝絶しておられたし、住居でなくなってからも簡単には見せてもらえなかった。さいわい、二〇〇八年からは見学のシステムが整備されて、ホームページの指示に従って手順さえ踏めば、だれでもその空間を体験できるようになった。

聴竹居は、天王山の麓、JR大山崎駅から一〇分ほど坂道を登ったところに建つ。大山崎山荘美術館へ向かう経路と谷川をはさんで併走する道筋である。周囲は住宅が建ち並んでいるとはいえ、カエデやクヌギが深く枝を交差させて道の上の空を覆う。

道が大きく右に曲がるところ、そのまま直進する枝道がある、と見えたのが聴竹居へのアプローチである。玉石を敷いた緩い上り階段が右に折れて、上がり切ると、目の前に聴竹居の玄関がある。

建築に関わるものなら、まずプリズムガラスを巧みに使ったドアの前で立ち止まってしまうだろう。ドアノブはイエール社製である。藤井厚二は錠に関しては同社の製品でなければと言っていたという。扉は内側に開く。これも藤井が設計作法として重視していた点であるが、その理由が防犯上のことだというのはおもしろい。外開きだと、中の人間が外をうかがおうと少し開けたとたんに扉を引っ張られて引きずり出されるというのである。

中に入ると、靴脱ぎと板敷きの玄関ホールの段差が小さい（一五二ミリ）ことに驚くだろう。もちろんそれだけでなく、靴脱ぎのタイルの渋みや板欄間のスギの良質さなどにも目がとまるだろう。そう、こんな調子で、この住宅のあちこちを述べ立てていったら、このホームページを埋め尽くしても終わらなくなる。要するに、建築のプロであれば、いやでも気付かされる試みが隅々にまで施されているのである。

その「たくらみ」のほどは結局は目で見ることでしか感得されえない性質のものである。したがって、ここでわたくしが聴竹居について言葉を連ねるとすれば、そのポイントは、隈ぐまの見所を挙げるというようなことではなくて、そのような新しさをなぜ藤井は追求しなければならなかったのか、という問題に置かれるべきであろう。

とりあえず藤井厚二の経歴を略述しておこう。彼は一八八八（明治二一）年広島県福山市に生まれ、一九一三（大正二）年に東京帝国大学建築学科を卒業して竹中工務店に入社する。同社では初代の設計部長としての役割を実質的に果たす。一九一九年、京都帝国大学に建築学科が新設される運びとなる。第四講座（設備）の担当教官への採用が内定した藤井は、竹中工務店を辞すと、欧米を約九カ月にわたって歴訪し、一九二〇年一二月に講師として任官する（翌年助教授）。二六年四月に論文「我が国住宅建築の改善に関する研究」によって工学博士の学位を取得し、同年、教授に昇任、一九二八（昭和三）年に主著『日本の住宅』

を刊行する。一九三八（昭和一三）年七月、四九歳の若さで病没。自らデザインした墓石のもとに眠る。

藤井厚二はよく知られているように室内環境工学研究の先駆者であった。学位論文のタイトルにも現れているように、その研究は「住宅」の改善を目的としていた。なぜ住宅の室内環境だったのか？　藤井が『日本の住宅』で論証しようとしたのは「日本の高温多湿の気候には在来の住宅の形態と構法がもっとも適合している」ということである。彼は、日射を制御する深い庇、通風換気を確保する開放性、断熱性に富む漆喰壁など、和風建築のいわゆる環境制御的意義を再発見し、継承すべきだと説いた。返す刀で、彼は、洋風建築は日本の風土には合わないと主張した。藤井の研究は、一九二〇年代を通じて建築界の主潮となっていた住宅改良運動を自然科学によって否定するものであった。

彼の研究は、あいまいな通念をくつがえす画期的な内容であった。だが、考えてみれば、和風住宅を基調として、そこに現代生活に適合するように変形を加えるのは、現代に至るまで日本人がくり返してきた営為である。藤井が建築家として——工学者としてではなく——おこなおうとしたことは、「和風」を称揚しつつ、実は「和風」でない建築をつくることだった、といえないだろうか。それは、彼がイス座の起居様式を採用したというようなことではない。藤井作品に開示されてい

写真1　食事室

写真2　サンルーム

写真3　客間

るモダニズム的な特質に注目しているのである。

H・R・ヒッチコックは「インターナショナル・スタイル」の特徴として、「ヴォリュームとしての建築」「規則性」「装飾付加の忌避」の三点を挙げたが、藤井厚二はその一つ、「ヴォリュームとしての建築」というありようを全く独自に見出していった人物であった。聴竹居でいえば、食堂と居間の出隅を噛み合わせて、四半円のスクリーンとする処理に、もっともあらわに「空間のヴォリューム性」の追求が現れている。あるいは南側サンルームの出隅の桟を最小限の細さにして、ガラスが角を回り込んでいくように見せる手法——。

『日本の建築』をはじめとする彼の言説では「伝統の美」を素直に評価しているようにうかがえる。実際、彼は典雅な茶室をいくつもつくり上げている。だが、眼差しは終始和風の向こう側に立ち現れてくる近代的空間を捉えようとしていたといわねばならない。それは、和風を梃子として構築されているが、和風の地平からははっきりと離脱した世界に出現する建築であった。彼のミリ単位で考え抜かれた細部は、いわば未知の近代へにじり寄るための蜘蛛の糸だったといいうるのである。

かつてあるフランス人を聴竹居に案内したとき、応接室のベンチシートと、イス座に合わせて高く構えた床の間を見て、「これは変。なんでこんなおかしなことをするのか」と非難し、見るのも不愉快という態度を示した。そのときは、日本びいきの欧米人にありがちな理想化されたニッポンのイメージにこだわる狭量としか思わなかった。だが、あらためて考えると、日本人は和風なるものの広がりを自明のこととして感じ取っているから、藤井作品の飛躍を一つの変奏として許容できる。それに対して、日本建築を確固たる形式手法として認識している者からすると、そこにあるのは野蛮な歪曲でしかないと見えてしまうのではないだろうか。

ここで、近代建築史に詳しい読者は、ブルーノ・タウトが聴竹居に案内された一九三三（昭和八）年五月九日の日記に「藤井邸には少々はっきりしない点があるようだ、例えば床の間の落掛、クッション、敷物……。藤井氏は明らかに繊細な感覚を備えた人ではあるが、しかし建築家としてはひどく感覚が欠けているように思う」と書き付けたことを思い出すだろう。解釈に困る一文なのだが、タウトがこのくだりの前に「極めて優雅な日本建築である」と書き付けたことに目をとめれば、ここでタウトが「はっきりしない」という言葉で指摘しようとしているのは、応接室に現れている伝統と近代の重合が彼の耳に送った不協和音であろうと推測される。

数寄屋の語法の奥に「ヴォリュームとしての空間」が暗示的に示される、その二重写し的状態を藤井は願った。そして藤井の理解者たちはそこに、数寄屋的伝統から導き出されてはいるが、明らかに新しい性格の空間を見出してきた。だが、組積造の量塊性と戦いつづけて「ヴォリュームとしての建築」を獲得してきたタウトは、単なるヴォリュームの未熟児としか受け止めなかったのではないだろうか。タウトは藤井を「小工匠」と呼んでいるのだが、それは日本的伝統をずらそうとする藤井の手つきだけが目について、その先に生まれてきたものは目を向ける意味を見出さなかったがゆえの評価と思える。

タウトの日記が公刊されたのは一九五〇年のことだから、藤井厚二は、彼の評価を知らずにすんだ。だが、よしんば藤井が長生きをしていて、それを目にしたとしても、動揺することはなかったのではないかと想像する。藤井厚二は一九二八年の段階では、このような——伝統からにじみ出していくような方法でしか、近代空間を出現させられなかったのだし、それによって生まれたあえかな瑞々しさは、自分の旅は終わったと言わせるほど、彼にとっては会心の達成であったのだから。

聴竹居で成し遂げられたこと

一、「結論」としての聴竹居

昭和二年（一九二七）夏、藤井厚二はその主著『日本の住宅』を出版するにあたり、自ら序を付した。そのなかで、目下、五回目の自邸を建設中であることを述べて「聴竹居」の名前を出し、その住宅が竣工を見たときには『聴竹居図案集』なる一書を編む予定であると記す。そして、そこに示される設計が「すなわち本書の結論とも称すべきもの」と告げる。

しかし、『日本の住宅』においては、その「聴竹居」なるものの具体的な様態はいささかも示されない。本文の中程で「序文に述べたる如く第五回住宅が最近の鄙見を表すもの」とその存在を喚起しながらも、「ここには不完全ながらかつて試作なせる第一、第二、第三、第四回住宅及び他の二案を掲げます」と旧作だけを紹介するにとどめる。こうした言及の仕方は、「不完全な」旧作とは面目を改めているであろう「聴竹居」の幻像をいやがうえにも膨らませる。

聴竹居は昭和三年の春に完成を見、一方、なにかの事情で刊行が延びた『日本の住宅』は同三年八月に出版される。翌四年五月、予告されていた『聴竹居図案集』が上梓の運びとなった。その自序は誇らかにいう——「聴竹居とは住に就いての私の主張を具体化したもので、現在私が住まって居る建物です。……日本の住宅に対する私見は之に拠って大体遺憾なく表現されて居ると謂（い）っても差支ありません」。この一文につづけて「一般的の問題に関しては先に公表した拙著『日本の住宅』を併せて繙（ひもと）けば、更に明瞭になります」と述べる。

このように、『日本の住宅』と聴竹居の関係は、単一の住宅観が言論によって表出されたものと建築作品によって表出されたものという兄弟のような間柄にあるといってよい。いや、藤井厚二はそう考えていたというべきであろうか。この留保については後述するとして、今、聴竹居なる建築に触れるとき、まずは『日本の住宅』に――この名のみ高くて読まれることの少ない書物に――目を向けておくべきだろう。

二、『日本の住宅』の主張

では、『日本の住宅』の内容について略述しよう。その章立ては、緒言、和風住宅と洋風住宅、気候、設備、夏の設備、趣味となっている。

「緒論」では、今日、住宅建築がその国の建築を代表するといえるほど重大な地位を占めるにいたったとしたうえで、「吾々の生活に適合すべき住宅」について「実験的に或いは理論的に考察して」解説したいと述べる。そして『日本の住宅』という標題の意図するところを説明する。まず「住宅」は多種にわたるが、ここでは独立住宅を扱うとする。ついで「日本の」という言葉を冠した理由を述べる。――現在、わが国では欧米先進国の生活を模範として、自分たちの生活様式を一変させて「欧米化する住宅を以て文化住宅と信じ、忠実に彼を模写せんと試みるもの」もある。しかし「彼我の歴史人情及び気候風土を対比せば、総て非常に相違のあることが知られます。故に、吾々は我が国固有の環境に調和し、其の生活に適応すべき真の日本文化住宅を創成せねばなりません」。そこに「日本の住宅」について考究する理由があるのだ、というのである。

続く「和風住宅と洋風住宅」という章は、「緒言」の問題意識をより丁寧に説明して明確なものとし、後半の論考でのテーマ設定に読者を導こうとする。

この章は五節に分かれる。第一、二節では現行の住宅様式は、伝統的建築様式に従っていて坐式生活に適応する「和風住宅」と、欧米の住宅を模し洋服と腰掛け式生活

写真1　『日本の住宅』表紙

写真2　聴竹居竣工時外観

に適応した「洋風住宅」とに大別されることを述べ、その相違のはなはだしさを指摘する。第三節では、同じ地域に大きく相違する住宅様式が生じるはずはないのに、日本は「諸外国の住宅の見本を展示したるごとき状態」であり、さらには一家族が洋館と和館を並置して利用する事態が起きていることを批判する。第四節では、生活慣習の変わりにくさを坐式生活と尺貫法を例にとって述べたのち、気候風土の影響に議論を進め、京都と大阪で風速のわずかの差によって屋根勾配に歴然たる差が生じている事実を挙げて、「気候風土の如何によって建物に相違の生ずることはきわめて著しい」ことを指摘する。最後の第五節においては、欧米の住宅を模写することは人情風俗習慣より見ても気候風土より考えても「甚だしい謬見」であり、一方「我が国旧来の住宅」は、気候風土との適応の点では評価できても「新生活様式を営むには適合しない点が多々あり」、その模写をなすのも「頗る不快なるもの」と評する。

三番目の章にあたる「気候」は四三ページと、全体（一五三ページ）の四分の一を超える分量を有する。ここで藤井厚二は、「家屋気候」の対象である外界気候の変化が日本と欧米とではなはだしい相違があることを示そうとする。その目的は「近時、世を挙げて欧米の先進諸国に心酔して、其の住宅をも模倣せんとするの愚を明らかに」することにあると明言する。ここでは気候のうち、温度と湿度の季節変化を追い、日本の外気環境は夏季と冬季において、求める快適環境からはなはだしい隔差が生じることを明らかにし、特に夏において著しく不適当であることを示す。そのことから日本の住宅の設備は夏季の高温多湿の影響を防ぐこと、すなわち外壁の高熱を室内に伝達させないことと、各室の通風を盛んにすることを主眼とすべきと述べる。一方、欧米では冬の寒さに備えることが主眼であり、各室間の気流を起こさないことをめざすと、その違いを示す。

四番目の「設備」の章は六節に分かれる。

第一節では、気候風土に適応せしむることが「住宅の最大必要要件」であるとして、その観点から現行の和風住宅と洋風住宅の長短を明らかにしようとする旨を述べる。

第二節は平面計画の要諦が一挙に提示される。まず日本の日照条件に照らせば、室配置は南北二列になしたものを東西に長く配置することが可である旨が示され、伝統的住宅ではこの原則が守られていると述べられる。また通風の確保のためには、各室間の区画は壁ではなく、襖・障子とすることが望ましいとし、それは伝統的な「一屋一室方針」に近いとされる。ひるがえって「夏季に高温でもなく多湿でもない外国の住宅を模倣して、各室を個々に厳重に仕切って全く一つ宛の室となすのは大なる錯誤」と断ずる。

ついで伝統的住宅の欠点として、一室を異なる用途に転用する点を挙げ、これについては居間と寝室を区別することを一般原則としたいとし、また書斎は寝室の一部、応接室は居間の一部を兼用するか、これらに接して独立した室を設けるかすることを提案する。

現代に適応するには腰掛け式と坐式とを併用する必要があるが、同一用途の室で両式が必要な場合は、「坐式の部分はその床面を腰掛け式の部分よりも三〇乃至三六センチ高くして畳敷きとし、椅子に倚る人と座布団の上に座する人とはその目の高さをほぼ同一に」するという方法の提案をおこなう。

また二階建てよりは平屋が優れていること、階段が必要な場合には階段室を設けるべきこと、玄関は必要なこと、面積を省略したい場合には食堂を居間と兼ねるのが良策であること、縁側は西あるいは西南に設けるのが室内環境上有効であり、縁側の外周にガラス障子をはめると便利であることなどが指摘される。この節の提案のほとんどが第一回から第四回までの自邸での作例を添えて提示されている。

第三節では一転して外壁の材料と構法の比較がおこなわれる。そこでは和風住宅の手法から木舞壁と土蔵壁、洋風住宅の手法から木摺壁、煉瓦壁、中空煉瓦壁、鉄筋コンクリート壁を取り上げ、仕上げの違いも含めて九種類の壁の断熱性能がくらべられた。結論的には和風の土壁がすぐれ、特に土蔵壁が良好であること、対して洋風の木摺壁は断熱性において劣るだけでなく、耐久性、耐火性等においても問題があることが指摘される。

第四節では屋根を取り上げ、葺き材としては鉄網入りコンクリートモルタル仕上げを勧める（この特異な工法は第四回住宅で用いられている）。

ついで、緯度の低い日本の特性として夏季の太陽高度が高く、そのために軒の出、ひさしによって直射日光を容易にさえぎることができると指摘する。深い軒を葺くには銅板等の金属板が適するとしている。第五節は窓の形式を比較し、開き窓、上げ下げ窓に対して引き違い窓が換気性その他においてすぐれることを述べる。最後の第六節では鉄筋コンクリート構造を取り上げ、多くの欠点を指摘しつつも「深い研究と建築費増大を惜しまねば理想的の完全なる建築物」をつくれると予想している。

「夏の設備」の章では、標準気象との差が特に大きい夏季の室内気象を調整する方法を提案する。一つは北・北東面外壁に床下への導気口を開き、室内床面、あるいは壁最下部などにこれを取り入れる導気口を開けて、これを導気筒でつなぐ。二つ目には室内の高温の空気を排出するためには、天井面に排気口を設けて屋根裏に気流を導く。一方、屋根の妻面には通風口を設けて、屋根裏内の通気を十分に行なえるようにする。また、床下から屋根裏へ垂直の換気筒を立てて、微弱になりがちな床下の気流を促進する、という手法である。これらの諸設備を施した第四回住宅において、それらを用いた場合と停止した場合の違いを実測し、そのデータをグラフ化して、効果を証明している。

最後の章が「趣味」である。ここまで藤井厚二は、洋風住宅に対して、日本の環境との不適合という点から、いわば「科学的に」批判してきた。この章にきて今度は審美的見地から「俗悪」「浅薄」と否定する。そうしておいて「日本趣味」を、「高雅なもの」「その妙味は津々として尽きません」と称揚する。

藤井厚二は「日本趣味」の特徴として三点を挙げる。それは以下のように要約できる。

一　木材・紙・土などの自然材料を、その材質感を生かして用いる。
二　室内において多くの小なる凹凸の空間を設け、「種々の面白き変化と多くの余裕を与え」る。
三　散光性の高い和紙を透すことによって、光線を柔らかく室内に取り入れる。
藤井厚二は、現行の日本趣味は、面皮柱や曲がりくねった木材を用いたり、床の間の意匠が形式化するなどの「邪道」に陥っていると批判する。そのうえで最後に、「何時の代にても日本住宅独特の光輝を発揮せしめたいと思います。……我が国土に同化されざる異国風の直輸を企つるのは洵に憐れむべき無智であり厭うべき失策であると信じます」と念を押して筆を擱く。

三、「結論」を超える聴竹居

上に見たように『日本の住宅』では具体的な提案が数多くなされている。このうち室内環境を調整するための考案については、堀越哲美、堀越英嗣両氏が早くに分類をおこなっており、その数は「南北二列の室配置」から「紙障子の散光性」まで二二種類をかぞえる。これらの提案のほとんどは、実は聴竹居以前に実行されている。聴竹居ではじめて実行された手法は外壁を土蔵壁にすることぐらいだった。

要するに聴竹居では、実験によって効果を確認できた手法だけを用いている。そのことを「結論」と位置付けた、といってよい。見方を変えれば、聴竹居では新しい実験をおこなっていないからこそ、聴竹居を実例として示すことなく『日本の住宅』を著わすことが可能だった。

次に意匠について見てみたい。そのとき最初に強調しておかねばならないことがある。それは、藤井作品におけるゼツェッションの影響の強さである。聴竹居の壁付き時計のデザインがマッキントッシュの引用であることは藤岡洋保氏が指摘するとおりであるが、そこまで直接的でなくても藤井厚二の作品（住宅に限らずオフィスビルなどでも）のそこここに、マッキントッシュを源泉としてヨーゼフ・ホフマンを中心とするウィーン・ゼツェッションの影を見出すことができる。それは大正七年（一九一八）に竹中工務店社員として手がけた村山龍平邸和館にすでに明瞭である。実作に照らせば、藤井厚二はまぎれもなく、「ゼツエッション のものに今一応の日本的精錬をかければ案外に日本人の性情に適当すべきものが出来るであろう」と述べた武田五一の子であり、「分離派〔ゼツェッション〕の建築は淡雅清素を愛する日本人の趣味とは大分似ているではないか」と語った佐野利器の弟であった。

しかし、こうした意匠上の特徴について『日本の住宅』が何ら言及しない。洋風建築を排撃している手前、作戦上みずからの内にある世紀末造形をそれとして語ることはできなかったのかもしれない。ただそのために、藤井作品の作風に惹かれて『日本の住宅』を手に取った読者に対して、この書物は奇妙に肩透かしの感を与える。さらにいえば、藤井作品には「新しさを追求する姿勢」がありありと見てとれるのに、『日本の住宅』にはいささか事大主義的な伝統礼賛と、合理的な、あまりにも合理的な洋風住宅批判しかない。芸術と学術の分裂を見事に統合してみせたはずの藤井厚二の建築観を、私たちはつかみあぐねてしまう。

ゼツエッションへの傾斜は聴竹居よりはるか以前にさかのぼる。また、「日本趣味」の発揮を目指す意匠的な提案、すなわち自然材料の使用と「多くの小なる凸凹の空間」の設置、和紙の使用にしても、大正一〇年前後から試みているものであった。ここにおいても、聴竹居は確認済みの手法の集大成である。しかし、聴竹居ではじめて出現した意匠上の語法が存在する。そのことを指摘してこの小論を終えたい。それは、食事室と居間において見られる、出隅同士を噛み合わせて、木軸のフレームで囲われた空間のヴォリュームを強調する手法である。あるいはサンルームの連続窓、すなわち見えがかり八ミリの細い桟だけでガラスが角を回り込んでいくあのような窓も、それまでの作品では見ることができなかった。透明な立体としてのヴォリュームを強調するこうした手法の出現は、藤井厚二がここで、ゼツエッション的世界から構成主義的世界へ、二次元のグラフィカルな効果から空間的ヴォリュームの鋳造へ、と飛躍したことを告げる。こののちの、彼に与えられたおおよそ一〇年間は、聴竹居で見出した近代的空間をいっそう精緻にみがきあげていく時間であった。

聴竹居は、藤井厚二がいうようにそこまでの考究と実験の結論にほかならない。しかし、同時に、新たな展開への出発点でもあった。あえて想像してみよう。『日本の住宅』執筆の段階では、藤井厚二は自分の発見の意味を客観化していなかったのではないだろうか。ただある達成の予感だけがあったのではないだろうか。そう考えるとき、藤井厚二は自分が求めていた「日本趣味」の空間を見出したという漠たる手応えに導かれて、「結論」の二文字を書いたと思えてくるのである。

四　ヴォーリズ

ヴォーリズさんの建築物語

滋賀県近江八幡市に本店を置く菓子製造販売業のたねやグループが刊行していた広報用冊子『くらしのしるべ』（途中で『HIMURE VILLAGE』と改称）に二〇〇二年から〇四年にかけて連載した。全二三回のうち、七編を収載している。井伊文子さんの書が表紙を飾る、まことに高雅なパンフレットで、そこでどうヴォーリズ建築を語るか戸惑ったが、建築プロパーの媒体とは違う切り口が見せられていたらうれしい。

＊

バンザイなこっちゃ

ウィリアム・メレル・ヴォーリズは戦前期だけで約千六百件の建築を設計しました。個人が主宰する設計事務所の手がけた数としては、たぶん日本一でしょう。そんなヴォーリズさんが実は正規の建築教育を受けていない、というと驚く人もいるかもしれません。彼は少年時代から建築家をめざしていました。でも、大学に入ると伝道師になる道を選び、とうとう建築学科には進まなかったのです。

もちろん、有能なスタッフが彼のまわりには集まっていました。ヴォーリズさんの設計活動は一騎当千の所員の存在を抜きには語れません。しかし、陰でささやかれたような、「口で設計をしている」ということはありませんでした。平面計画、ひらたくいえば間取りを考えることは、ヴォーリズさんの独壇場でした。

どんなに狭い家でも、彼は玄関の扉は内開きにしました。来客を突き飛ばさないようにです。玄関が広くなる分、どこかの面積を削らなければなりません。ヴォーリズさんの苦心のしどころです。

平面の計画は相反する要素の一つ一つを満足させるパズル解きに似ています。うまいアイデアがひらめいて、ぴったりの解き方が導き出せたとき、ヴォーリズさんは「バンザイなこっちゃ」と大きな歓声をあげたそうです。住み手

写真1

写真2

にふさわしい住まい方が発見できたことは、万歳三唱したくなるぐらいうれしいことなのです。

ハウスでなく、ホームを

ヴォーリズさんが活動をはじめた明治の終わり、すでに何人もの外国人建築家が神戸や横浜にいました。日本人建築家も育っていました。そのなかで近江の一隅にいたヴォーリズさんが一頭抜きんでた存在になりえたのはなぜでしょうか。秀でた設計の能力、魅力的な人柄ということがあるのはもちろんですが、それに加えて、ヴォーリズさんの建築思想が、ほかの人にない説得力を持っていたことを挙げたいと思います。

いよいよ設計にかかる。まずどういう所から始めるか。普通の人は、立派な座敷、上等の客間、なによりも正

面を立派にする、と思うかもしらんが、私はそれと反対、私は初めに台所をやる、台所がうまくできたら、その家の価値が上がる。……台所と寝室があれば家です。けれども、家とホームは違います。居間ができて初めてホームの資格になる。

主著『吾家の設計』の一節です。彼が住むことの本質に立ち帰って、そこから住宅を考えていることが伝わってきます。その思考は合理的で、既成観念にとらわれません。もう一例。「寝台で最も大事なところはただそのバネにあって、他の部分はいわば付け足しです。寝る間は電気を消して真っ暗。形のことなどはあまり感じません」。なるほど！　と膝をたたきたくなりますよね。美辞麗句ではなく、論理による説得力、それが多くの人々を惹きつけたといえるでしょう。

若い学僧の残したもの

ヴォーリズさんとその同志の活動を描いた『近江の兄弟』という書物があります（吉田悦蔵著、大正一二年初版）。その終わりのほうに、ひときわ哀切な挿話が出てきます。

大正三年ごろ、比叡山の若い学僧が修行に疑問を感じ、ヴォーリズさんのもとを訪れます。「本当に生命を打ち込んでする仕事はないでしょうか」と尋ねる学僧に、ヴォーリズさんは建築の製図を手伝ってもらうことにしました。

やがて若者はゴシック風の繊細な製図に抜群の技量を見せるようになりました。ところが数カ月ののち、彼は結核にかかってしまったのです。ヴォーリズさんは、近

写真3　旧近江療養院 本館

江八幡市北之庄に設けていた農園の一角に、彼のための小さな病舎を建てました。そして、病舎から農園内の農家へ鉄線を伸ばして鐘を結び、手動のナースコールをつくりました。しかし、遠慮がちな学僧はほとんどそれを使用しませんでした。そして大正四年四月八日の夜、彼は鉄線を引くこともせず、孤独のうちにみまかります。

この学僧、遠藤観隆の死に心を深く痛めたヴォーリズさんは、大正七年五月、結核療養所の近江療養院を開設します。ヴォーリズ記念病院の前身です。その本館（現ツッカーハウス）を見ると、左右に長く延び、端部には手前に窓が張り出しています。腕を広げて病者を迎えているようです。そのデザインには、遠藤のさびしい死を繰り返すまいとするヴォーリズさんの決意が込められているように思われてなりません。

思いの深さを受け継いで──旧佐藤久勝邸（その一）

高校や大学で建築設計を教えるとき、早い段階で「自分の部屋」とか「十年後の自分の家」といった課題をよく出します。学生が自分の実感に即してイメージを広げられるので、初心者にも取りかかりやすいという判断からです。しかし、一人前になったあとの建築家にとって自分の住まいを設計するのは、ふつうの業務とは別次元のたいへんさがあるようです。制約なしに存分に理想を追求できるし、それだけに失敗すると鼎《かなえ》の軽重が問われるので、とことんがんばらざるをえないという面があります。その一方で、自分の作品とは別の世界に身を置いてみたいという気持ちが働く場合もあるでしょう。有名建築家の自邸を考えてみても、他人には住まわせられないような斬新な提案をするタイプと、古民家を移築したり、マンションの改造程度ですませて、あえて手を離すタイプとに分かれるように見受けられます。

ヴォーリズさんは、現存する二度目の自邸（現・ヴォーリ

写真4　正面南側。二階の丸窓が実に印象的

写真5　玄関脇のタイル装飾。帆船を描く

ズ記念館）が、もともと幼稚園の先生の寄宿舎を兼ねるつもりで設計されたことからも分かるように、自邸だからといって、ふだんの設計以上に細部にまでこだわるようなことはありませんでした。しかし、ヴォーリズ事務所の所員の住宅に目を向けると、住み手がそのまま設計を担当する場合が多く、事務所の業務であっても、まさに自邸ならではの凝りようを見せる例に出会います。その典型が、佐藤久勝邸（現・前田邸、一九三二年）です。

佐藤久勝は事務所開設後まもない一九一一（明治四十四）年に二二歳で入所した所員です。八幡商業学校出身でしたが、実務を通して建築設計の才能を育て、やがて「天才」とうたわれるほどになります。彼は四〇歳を過ぎて自分の家を建てることを決断します。場所は近江八幡市の西郊、事務所まで片道一五分の場所です。とはいえ、当時は純然たる農村の中でした。

落成間近の一九三一（昭和六）年一〇月、自邸への思いを「寂光に輝く」という文章につづっています。「我が家こそ、どこまでも親しさと、そして暖かさとのあふれている住宅であらしめよう」と、クリスチャンらしい願いを歌い上げます。具体的な構成については、広く世界を巡歴した経験を踏まえて「南欧の明朗さに北欧の家を偲ばす」ものにしたいと考えます。彼が選んだ様式は、以前、たねや近江文庫（もと忠田邸）を紹介するときに言及したスパニッシュ・ミッションですが、その才腕のおもむくまま、自在に変形を加えます。同じ形の窓がないというそのことだけでも、佐藤久勝がこの設計にかけたエネルギーの量がうかがえます。まさに建築一途に歩んだ建築家のすべてが注ぎ込まれたのです。この建築は一回では語りきれません。次回も取り上げます。

思いの深さを受け継いで――旧佐藤久勝邸（その二）

ヴォーリズ建築事務所の所員、佐藤久勝は、一九三一（昭和六）年の暮れ、自邸をみずからの設計で完成させます。彼は事務所内でも有数のデザイン能力を持ち、「霊想霊腕の天才」とうたわれていました。その力量は、大丸ヴィラや大丸百貨店心斎橋店のそこここにあらわれています。自邸の階段の親柱は多面体の照明が載っていてじつに印象的ですが、立方体の角をおとしたようなこの形状は大丸心斎橋店の階段と共通するところ大です。

居間にはいると、コテの跡がはっきり見える粗い仕上げの土壁におどろきます。居間には暖炉がありますが、決してととのった形ではありません。こんもりとふくらんだ壁の下部に孔があいているといった感じで、むしろかまどのように見えます。こうした手法について、佐藤は「壁の凹凸は土の味わいを失わぬがため」と、そのねらいを説明しています。さらには、「壁の色も自分の好むものを塗ろう。そして、カーテンも、シェードも、クッションも、テーブルカバーもその色に合わせる事にしよう」と構想を煮つめていきます。

佐藤がヴォーリズ事務所でつちかった能力と知識のすべてをそそぎこんだ自邸は近江八幡市土田町に姿を現しました。佐藤も満足感でいっぱいだったことと思います。ところが、幾日も住まないうちに佐藤久勝は肺炎にかかって倒れ、一九三二（昭和七）年一月六日、とうとう世を去ってしまいます。享年四一。「パンも自ら焼こう、新しい料理もやってみよう」と夢みていた新居でのあれこれをほとんど実行できないままでした。

佐藤の母は、わが子の力作を事務所内でももっとも親し

写真6　旧佐藤邸　階段

写真7　同　居間暖炉

かった前田重次にゆずります。「あなたなら大事にしてくれると思うから」と託された前田は、その信頼に応えて家をひたすらに守りつづけます。使命は夫人、子息に受け継がれ、この住まいは、今日でも佐藤の天才と近江ミッションの友情の篤さとを、訪れる者に伝えつづけています。

韓国のヴォーリズ作品——梨花女子大

ヴォーリズさんは日本国内だけでなく、東アジア諸国にもその足跡を刻んでいます。なかでもキリスト教の布教活動が盛んだった朝鮮半島にはたびたび出向き、多くの作品を設計しました。計画だけのものを含めると一六〇件以上も手がけたようです。

そのなかでも代表作と目されているのが梨花《イーフア》女子大学本館です。この美しい名前の大学はメソジスト系のミッションスクール梨花学堂として一八八七年に設立されました。当初の学生数はわずか七人だったそうですが、急速に声価を高め、大きく成長します。一九二〇年代には、ソウル市中心部にあった校舎では手狭になり、一九三二年、西郊に新キャンパスを建設します。このとき、ヴォーリズさんが本館をはじめとする主要な建物群を設計して、キャンパスの骨格をつくり上げることとなります。

欧米では大学とゴシック様式は深く結びついていて、カレッジ・ゴシックという用語があるほどです。ヴォーリズさんは、そのことを踏まえて、新しい梨花女子大をゴシック様式で統一しました。正確には、英国の一六世紀、ゴシック様式にルネサンスの影響が加わったチューダー様式です。

以前にご紹介した大丸ヴィラと同じ様式ですが、全く印象が違います。梨花女子大では壁面全体にあらあらしい花崗岩が張られているからです。ヴォーリズさんが日本の学校では見せたことのない仕上げです。木々がよく茂り、起伏の多い敷地の中に見えがくれする校舎は、少し身構えたような表情で、どこか内省的です。

ひとりの韓国人、姜沇《カン・ユン》が所員としてこの工事にたずさわっていました。戦後、独り立ちした姜さんは、一九五六年にこの大学の講堂を完成させます。チューダー様式を受け継ぎながら、現代的な感覚も取り入れたこの作品は、今や韓国の戦後建築史を代表するものと評価されています。ヴォーリズさんがそれを知ったら、きっとわがことのように喜ぶでしょう。

写真8　梨花女子大学本館（ヴォーリズ設計　1935年竣工）

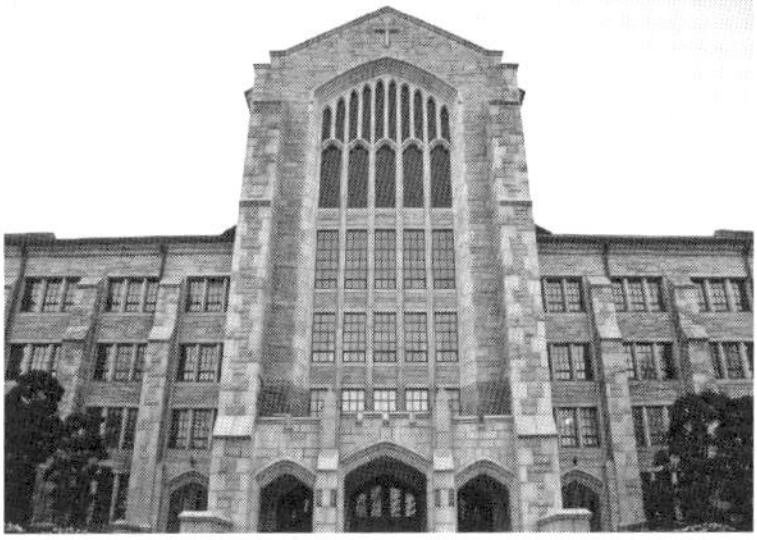
写真9　同講堂（姜沇設計　1956年竣工）

ヴォーリズさん再発見

若い女性向けの情報誌に「ヴォーリズ建築の喫茶店」が大きく紹介されていました。おどろいたのは、その記事にはヴォーリズさんについての解説が何も付いていなかったことです。説明するまでもない常識として扱われているのです。二〇年ぐらい前までは建築史の専門家でも「ボーリス」などと書いてしまう程度の認識だったことを思うと、有名になる度合いは信じられないほどです。

この知名度の急上昇ぶりは、テレビに出たお店に行列ができるのと同じ現象なのでしょうか？　いや、そんな「情報が情報を生んでいる」空疎なものではなくて、まちがいなくヴォーリズ建築を実際に体験した上での評価によるものです。古風ないいかたをすれば、ヴォーリズ建築が「琴線に触れる」からこそ、さらに次の作品を味わいたいと思ってもらえるのでしょう。

でも、どこが「琴線に触れる」のでしょうか。大丸心斎橋店の、別世界に迷い込んだような華麗さ？　大丸ヴィラ

写真10　大丸心斎橋店の1階

写真11　同志社アーモスト館

や同志社アーモスト館が持つ結晶のような完成度？　それとも多くの小住宅が見せる、肩のあたりにぬくもりの伝わるやさしいたたずまい？

答えは、きっとそのいずれでもある、といってよいでしょう。それというのも、ヴォーリズさんは商業建築でも様式上の約束事をこわすような装飾は使いませんでしたし、どんなローコスト建築でも目を楽しませる細部を忘れなかったからです。バランスのとれた美が、合理的な計画に生命を与える。そこにヴォーリズ建築の何よりの特質があります。

考えてみれば、現代の建築は、華麗な装飾や折り目正しい様式性、おだやかな材質とスケール感を、過去の遺物として切り捨ててきました。わたしたちの周りには、華やかだが一過性の建築、機能的だが無表情な建築ばかりです。そして、それをあたりまえのものと思うようになっています。でも、ヴォーリズ建築に身を置くとき、人は失われた要素がどれほどの魅力をたたえていたかに気づきます。そうして、その魅力は時代を超えて生きていること——現代でも忘れてはいけないことに思い当たります。ヴォーリズさんへの注目は、現代のための再発見であるといえるのです。

第三章

建築から都市へ

京都の昭和

『建築と社会』一九九一年五月号の特集「今、京都」に寄稿した。一九八八年の総合設計制度導入が引き金となって、京都ホテルが六〇メートルの高さで建設されることとなり、大変な議論を呼んだ。そこへＪＲ京都駅の新築計画が発表される。当初、ＪＲ西日本は高さ百数十メートルの超高層を想定していたため、「京都の景観」があらためて問題となった。こうした状況を受けての特集で、京都市の風致行政を率いてきた大西國太郎さんの巻頭論文はまさに景観問題の推移を解説したものだった。拙稿も大西論文と同じページ数を頂いたのだが、目前の課題とは直接関係のない話題で終始している。別にはぐらかそうとしたわけではなく、編集サイドから何かしら示唆があったのだろうと思うのだが、そのあたりの記憶はもはやない。

＊

現代京都の原像

梅棹忠夫は、現代の生活で身の回りにある事物は昭和初期にたいていでそろっていたという（『変革と情報』中央公論社、一九七一年）。「街には地下鉄が走り、タクシーが氾濫していた。家庭にはラジオが普及し、電気掃除機や洗濯機が

入りはじめていた。全然なかったのはテレビぐらいであ
る」——と。この見解は、「大都市では」という限定をつけさえすれば、きわめて正しい。

　さて、ここに昭和三（一九二八）年に出版された『京ところどころ』という書物がある。昭和二年に大阪毎日新聞京都付録に連載したものを一書にまとめたものである。京都市内を五四もの地域に小分けし、その一つ一つについて、そこに住んでいる知名士に随想を書いてもらっている。名所だけではなく、ふつうの住宅街から工場地帯やスラムまでも対象とする。この編集者のアイデアが奏功して、京都という都市のある決定的な時期の様相が生々しく描出されている。決定的というのは、まさしく、今現在、京都が直面している都市変容の起点だからである。

　執筆者の大半は、京都の変容を嘆く。「誰もが亡び逝く京の古格を痛ましいこととしている」。慨嘆の対象は三つに大別できる。以下で試みるのは、その歴史的検証である。

一、自動車の氾濫

　自動車は今すでに頻繁なり。轟々、轢轆、プープ、ポーポー（羽田亨「聚楽廻」）［引用はすべて新字・現代かなづかい表記］

　華頂山のただ中を、円山公園から本堂前に通じる自動車道の新設によって、大きな眼玉を持った怪物自動車に、平民共がフンゾリ返って、ブウブウと疾駆するなどは、夢にも連想遊ばしたことはないだろう。（大河内貫静「知恩院」）

　廓通しの粋人が大門前の見返り柳に、とつおいつ思案にくれた思案橋の畔も今は昔の夢。近年花屋町に立ち並んだカフェの窓ごとに、毛断《モダン》嬢の秋波しげく、井筒自動車の往き交うベルの音もかまびすしく思案どころではない。（隅田保「島原」）

　このように自動車が目の敵にされるのは、もとより、こ

の時期、人力車に替わってタクシー（いわゆる円タク）が普及しはじめたからだ。より正確にいえば、人力車のピークは明治三五、三六（一九〇二、〇三）年で、これに最初に打撃を与えたのは自転車だった。そのあと、大正二、三（一九一三、一四）年にさらに人力車の数はガクンと減る。市街電車網の整備のためである。しかし、以後の大正年間は横ばいのまま推移していた。三種の交通機関が鼎立したまま安定状態にあったといえるだろう。ところが、昭和の声を聞いたとたんに三度目の低落をみせ、昭和七（一九三二）年にはついに統計の項目から消え去ってしまう。この人力車絶滅を引き起こしたのが乗用車の普及にほかならないのである。その増加の割合は、京都府下において、大正七（一九一八）年に公用車を含めて七〇台にすぎなかったものが、昭和四（一九二九）年には三六倍強の二五二九台となるすさまじさだったのである。

大正後期から昭和初頭の自動車普及の原因として、第一次世界大戦後の好況と舶来自動車の価格低下が挙げられる。だが、京都の場合には、道路の拡幅と新設という、より基本的なレベルでの環境整備があったことを見逃すことはできない。

よく知られているように、明治末期の「三大事業」で、東山・烏丸・千本・丸太町・四条・七条──の七街路の拡幅が進められていた。それは、近世までの京都市街地、いわゆる洛中の外周を画し、従来からの幹線街路を整備する性質のものであったといえる。

写真1　昭和10年頃の四条通

これに対し、大正八（一九一九）年、都市計画法の施行にともなう第二次街路拡築が企てられる。いわゆる「都市計画道路」の設備である。これによって、河原町・今出川・西大路・北大路などの一五街路──総延長四〇・六キロ──が広げられ、場所によっては新規に開削されることとなった。

その結果が真っ先に現れたのが河原町通である。

従来の河原町通は五メートルそこそこの幅員しかない、さびしい裏町にすぎなかった。地元は拡張と電車敷設に強く反対し、一旦は高瀬川を埋め立てて木屋町通を広げる代案に決まりかけた。これには木屋町の猛反対があり、市民のなかに、木屋町通では東に寄りすぎる、高瀬川は保存すべき、などの意見も生まれ、足掛け三年揉めたあと、原案の河原町線の拡張に決したといういきさつがある。

新街路が立ち現れる情景を、当時の若い建築家はこう描いている。

都市計画の路線が出来て、二十何《ママ》間道路一杯にアスファルトや木煉瓦が敷き詰められ、静かな郊外の苗床から移し植えられて、交差点の音響と砂ぼこりとにたじろいだ田舎娘の様に、葉を出しそびれて居る街路樹の裸の幹の半面を、一本二百数十円の街灯がようやく照らす様になると、あちこちの板囲いが取り除かれて、相互の利益と法律とに依って後退した（主として）商店が、その新しい装いを以て市民にお目見えする。……たとえば京都の河原町を歩いて見給え。三階建の鉄筋混凝土造、或はまた鉄筋混凝土造に見せんとする木骨貼ぼての（主として）商店が、例えば場末の女給の洋服姿の如く、なんとまああけすけに立ち並んで居る事よ
（新名種夫「商店建築印象記」）。

その「女給の洋服姿」がいかなるものかは、写真を見てほしい。ここでは、そのだだっぴろい「都市計画道路」が、都市機能と地域経済に及ぼした影響の大きさについて、簡単に触れたい。

昭和に入るまでは、京都の繁華街といえば、四条通・寺町通・新京極と決まっていた。平安京以来、京の中心軸である四条通についてはいうまでもない。その繁栄の度合は、この通りに大正四（一九一五）年、日本最初の電灯による街路照明――ガス燈やアーク燈ではなく――が設置されていたことからも想像できる。

寺町通は、丸善がこの通りにあったことが示すように、舶来品を扱う店が立ち並ぶ「高感度な」街だった。梶井基次郎は、小説『檸檬』のなかで「寺町通は一体に賑やかな通りで、飾り窓の光が夥しく街路へ流れ出ている」と描写

写真2　森田牛乳店　大正15年頃、設計者不詳、河原町御池、現存

写真4　京都市役所第1期工事完成時　昭和2年、全館竣工6年、中野進一

写真3　京都ホテル　清水組、河原町御池

写真5　サカエヤ楽器店　大正15年頃、設計者不詳、河原町三条

している。今でも洋品店の多さにかつての「ハイカラ」さの名残をみることができる。

新京極が浅草と並ぶ娯楽の街であったことは多言を要しないだろう。今でこそ、修学旅行用相手のみやげ物屋ばかりが目立つが、元来は、芝居小屋・映画館・カフェー・射的屋・温泉などが、まさに櫛比していた。「活動写真の看板画が奇体な趣きで街を彩っている京極」（梶井基次郎）だったのである。

四条通から寺町通を三条あたりまで上がり、平行する新京極へ入って、今度は四条まで南下するというループが、京都のウィンドウショッピングの基本線――銀ブラ・心ブラに相当する――だった。この三幅対に張り合えるものといったら、大正初めに市電開通以降急成長した千本通の商店街、いわゆる「西陣京極」ぐらいであったろう。

河原町通の拡幅と電車敷設は、この安定した構図を転倒させた。広い舗装道路と鉄筋コンクリート構造の「新興建築」は、京都市民のうちに隠れていた「モダン」な都市景観というものへの憧れを一挙に顕在化させたのだ。

それまでなら他に立地したであろう施設が、この新しい

写真6　レストラン東洋亭　大正15年、上野伊三郎、河原町三条

写真8　京都宝塚劇場　昭和10年、竹中工務店、河原町三条

写真7　佐野洋品店　大正15年頃、設計者不詳、四条河原町角

写真9　朝日新聞京都支局　昭和10年、竹中工務店、河原町三条

街路に進出してくる。映画館なら新京極という通り相場を破って、京都宝塚劇場が白々とした姿を現し、また、新聞社は三条通に集まっていたものが、朝日新聞が大胆なデザインで登場する。それはまさに自動車で疾駆するにふさわしい街であった。かくして「この五十年間、京都の街も随分変わったが、その変化の第一は、なんといっても河原町だろうと思う」（田中博＝京都電灯社長）と回顧されるにいたるのである。

二、郊外の住宅地化

『京ところどころ』の執筆者たちは口を揃えて、周辺部の市街化に驚いてみせる。

不都合といえば、この美しい岡の一日一日に破壊されることだ。私有地なら文句もいえないが、結構な常盤木の林を伐り倒して、あとからあとから米松の普請が殖える。……ここ数年の間に料理屋、風呂屋、食堂、カフェー、玉突屋と、建つこと建つこと夥しい勢いだ。

（那智俊宣「神楽ヶ岡」）

上立売に至って烏丸通は尽きていたが、その北方、すなわち今の市立工業学校の辺りは一帯に竹藪であった。こんなところに学校が建てられたり電車が通ったりしようとは神ならぬ身の誰が想像したろう。（神田喜一郎「今出川」）

その頃（大正一二年）はまだ大将軍一帯に家はなく、撮影所は広々とした畑の中に建っていて、その南には大学（府立医科大）の分院と第三中学があっただけ……今から見ればそれも夢、たった四五年間にすっかり家が建て込んで、現在では立派な新開地と化して、その頃の寂しさもなければまた古都の床しい趣きもありません。（酒井米子「大将軍」）

近頃新築の安普請が畑といわず田といわず、見る見る建ち重なって、もう今では白河も新開地気分の最も豊かな処となって了った。（沢村胡夷「白河路」）

この鹿ヶ谷はあまりに変遷が急激すぎる……あたりに家のないさびしい処だった。私が一年半ほどの欧州旅行をおえて帰ってきて、何だこれはと思わず声を発した。……田の中の一つ家が裏長屋みたようになった。（野長瀬晩花「鹿ヶ谷」）

大正十年頃には追剝が出て住民を脅かした程の一条通が、電燈の灯の明るい商店街に化してしまい、喫茶店や玉突場が軒を並べるようになった。（吹田草牧「衣笠」）

今から十二三年前まで豊公の築かれたお土居の外、島原壬生寺から西、西院一帯は桂離宮辺まで一望の水田、くわいで目を妨げるものもなかった。……その当時の茄子やかぼちゃの花畑、くわいの水田にも欧州大戦後畑に押し寄せたモダーン風が吹き廻し御多分に洩れず今日では白いエプロンが右往左往し、円タクが通うということになった。（伊沢為吉「西院」）

京をぐるっと一回りしてみて山河は依然たる旧態を保

ちながら、野といわず山といわず、至る所新しい落ちつきのない普請場になった。なかんづく西南部、汽車の煤煙のかげにゆくと、それはとてもお話にならぬ狭い借家建の棟続き（藤田元春「郊外の民家」）

長々しい引用となったが、京都の周縁部は東といわず、西といわず、農村地帯に住宅が広がり、しかも、その速度は数年間で風景が一変するほどであったことが確認されたと思う。実際、大正末まで京都西郊には豊臣秀吉が築いた御土居が残存していた。それぐらい、市街地と近郊農村の違いは画然としていた。そんな状態が、第一次世界大戦後の好況を背景に崩壊したのだ。

京都の代表的な住宅地である北白川も、その形成は昭和四、五（一九二九、三〇）年以降のことにすぎない。紡績業者・藤井善助が北白川の地を取得したのは実に明治四三（一九一〇）年にさかのぼり、以後、開発の機会をうかがっていたが、結局、大正末期からの市街地拡大の機運を待たねばならなかったのである。

さて、市街地拡大においても、先の「都市計画道路」が大きな役割を果たしていたことに触れておかねばならない。白川通や北大路などの街路は今や京都の幹線道路にほかならないが、この時点では、その大半は市街地の周縁をめぐるにすぎなかった。都市計画の対象範囲は、昭和二七（一九五二）年の人口を一二八万人と推定して定められた。大正一四（一九二五）年では約六八万人であったから、ほとんど倍増する事態にそなえようとしていたのである。このの ち、京都市とその周辺を包括的に捉えて都市行政を進めようとする《大京都》構想が広まっていくことになるが、「都市計画道路」は、そうした広域の都市圏のイメージを実体化し、《大京都》を促進する役割を果たしたといえる。すなわち、御土居に代表される旧来の空間境界を越えた都市像を成立させていったのである。

「都市計画道路」の多くは、市街化が進行していない地域を通ることとなる。農地が多かったことは、路線の公表後、その周辺に乱雑なスプロール化を呼び起こす結果となり——先の引用の多くは、そのあたりを慨嘆していたわけだ——、当局は、一九三〇年代、道路拡築と並行して広範な区画整理事業を遂行する必要に迫られる。それによって、

写真10　郊外の土地区画整理　紫野の土地区画整理前

写真11　紫野の土地区画整理後

写真12　千本北大路付近

写真13　北大路堀川付近

写真14　千本七条付近

北郊の下鴨・紫竹といった住居地域では「区画整然たる敷地と新道路に依り明朗なる市街地は京都旧市部の陰鬱《いんうつ》なる建物と画然たる対照をなし」ていると評価されることとなる。

そもそも、都市計画法の適用は、東京の市区改正事業の準用にはじまるのであった。そのことが示すように、都市計画の実施は、ある種普遍的な近代都市という目標を京都も追求しはじめたということにほかならない。それは裏を返せば、「古都」の景観の否定——「旧市部の陰鬱なる建物」といった表現にみられるような——をも孕んでいた。すなわち、周辺地域への市街地拡大は、単に「京の中の田舎」を消していくだけではなく、「京」そのものを「田舎」視する契機ともなったのである。

三、公園都市の古格

ここまで『京ところどころ』から多くの引用を行ってきたが、私がこの書物でもっとも印象に残っているのは、次に掲げる河井寛次郎の言葉である。

「此の橋〔四条大橋〕の改築は先ず古都の心臓を横から切った。続いて京阪電車が、再びよみがえらない様に縦からその動脈を刺した。この十字の傷跡は深い。建築物の乱暴はそれから続く。骨のないこれ等の姿に向かって、何と挨拶したらよかろう」

四条大橋の鉄骨コンクリート橋への架け替えは大正二(一九一三)年のことであり、京阪電車が鴨川沿いに三条まで乗入れてきたのは同四年であった。この時点で京都が死んだとした河井寛次郎の鋭敏さ、潔癖さに私はある種のショックを受けたのである。河井の意見は何も芸術家の独りよがりではなく、実際、京阪の延伸の申請に対して、京都府は美観を問題にして許可を与えず、容認しようとする京都市当局と対立した。結局、桜並木で隠せばよいとする市当局の言い分が通ったわけである。三、四年前に、切る切らないで揉めた、あの桜である。

河井は触れていないが、大正八年には鴨川の改修工事が行われている。広い河川敷に多くの中州をつくって浅く流れていた鴨川は、幅を切り詰められ、堅い護岸のあいだを狭く、深く通る今の姿になった。当時は、「運河のようだな」と形容されたものである。ちなみに、先年、さらに川底を深くして流量を増す計画が提示された。「どぶのようになる」と猛反対されて、一応は棚上げされたことは記憶している読者も多いだろう。

鴨川から急速に自然性を奪っていったとどめが二つのレストランであった。河井寛次郎のいう「建築物の乱暴」もこのことをいうのであろう。大正末年の矢尾政と菊水の建設である。どちらも、単体としてみると魅力に富む作品であった。だが、いかにも高さを競い大衆的訴求力を競っている感じがあからさまで、鴨川に対して僭越な態度であるような印象を多くの市民に与えたことは間違いない。

人工の手は東山にも伸びた。比叡山にケーブルカーが開通、ついで、円山公園にも同様の計画が持ち上がる。施行されたばかりの都市計画法のなかには「風致地区」を設定できるという規定があった。昭和初年、この地域をどこに

写真15　レストラン菊水　大正15年、上田工務店、四条大橋東詰

写真16　レストラン矢尾政　大正15年、ヴォーリズ事務所、四条大橋西詰

どれだけ指定すればよいのか検討が重ねられる。それまでの指定地域といえば、東京での明治神宮周辺だけであったから、参考にはならない。どう風致地区を定めるかは、京都府にとって、京都固有の風致のありようを明確化し、今後の都市経営の方針を決定することと同義であった。

　すでにこれより前、大正一一（一九二二）年八月に都市計画区域を決定した際、計画対象区域の約四割は東山と北山を中心とする山地を包含した。このような地域区分の理由として、「京都の特色ある風光が主としてこれら山地により発揮せられ……施設をなすの緊要なるものあるを認め」たためと、当局者は述べている。そこでは同時に、《大京都》の将来像を、「一面商工業の発展を期すると共に、他面、公園都市たるの特徴を発揮せしむる」――と描いていた。

　これを受けて、昭和五（一九三〇）年二月、風致地区三四〇〇ヘクタールが指定される。その立案方針としてまず考慮されていたのは、

一、風致が最も破壊されやすいと思われる山地部
　イ・平地に近く、かつ中央に近い場所、例えば東山、吉田山、北山など。
　ロ・平地に近く交通機関の便利な場所、例えば天王山、長岡など。
　ハ・交通機関の発達に伴い観光客多く、売店及び別荘の新設盛んならんとする場所、例えば比叡山。
二、風致上最も重要と認める平地部、例えば鴨川及びその沿岸、岡崎公園、植物園など。

三、第一項によって指定せんとする土地に接壌する風致ある寺社、境内及びその参道、但し開放的なものを主とする。例えば岡崎神社、仁和寺の類。

四、第二項によって指定せんとする土地に接壌せる社寺、境内以外の風致ある場所、例えば出町剣先、葵橋下流西側など。

このように、明らかに自然環境の保全を主目的とする姿勢を打ち出していた。翌六年の市域拡張に併せて、さらに四五〇〇ヘクタールが指定されて、市域の二七%が風致地区に繰り込まれるにいたる。『京ところどころ』では、衣笠山、左大文字山の樹木が伐採されかけたことが語られているが、さすがに風致地区指定後、その種の企ては押しとどめられる。

そこでの取締り基準は細かい内規によって運用されていたが、許可を与える際の大きな方針としては、苅谷勇雅氏の研究によれば、

①建築物はなるべく西洋趣味を排し、屋根の形、瓦の色、壁の色及びその材料は在来の日本趣味（京都風）を採用させるように努める。

②山林地の樹木伐採の場合は軽度の間伐を許し、また宅地造成する場合も大きな樹木、風致ある樹林はでき

写真17　東山ダンスホール　昭和9年、清水組、山科区日の岡。風致委員会で審議の末、認められた

写真18　ダンスホール桂会館　昭和8年、大林組、阪急桂駅北側。これも風致規制を辛うじて通過した

るだけ残す。そこに建設する場合は建築面積を制限し、
また二階建てを禁ずる、など周囲から見えないように
すること、

があったという。

　二番目の基準は、風致地区設定の動因からして首尾一貫している。やはり興味を惹くのは、第一項の「屋根」だろう。この適用を受けた例としては、祇園石段下のフルーツ・パーラー八百文、その南西の弥栄中学校が知られる。これらの屋根は、今日問題になっている付け庇そのものである。八百文などは、モダンな業種だけに、インテリアや背面はアール・デコ風なので、かなり奇妙である。

　この背景には、おそらく、昭和の京都で開かれた最大のイベント——昭和の御大礼がある。「燦たる鹵簿」を伏し拝み、「奉祝踊り」に熱狂しながら、京都の重要性を市民は実感したはずである。伝統、それがまさに失われようとするときに、その存在がクローズアップされる。京都に、深い《尚古》の念がただようことになるのである。建築に「京の古格」を与えようとして、いわゆる帝冠様式が次々と現れる。南座、市公会堂、勧業館、市美術館……。それらは、他の地のものとは異なり、ナショナリズムとは直接には関係していない。単に、古典主義にまで成熟しきれなかった古典意識の断片である。そして、その「断片」が八百文にもとりついていたと考えられるのである。

　『京ところどころ』に、大原女がゴム長を履くように

写真19　フルーツ・パーラー八百文　昭和10年、竹中工務店、祇園町南側

写真20　南座　昭和4年、白波瀬工務店、四条大橋東詰

写真21　昭和10年頃の四条通　中央が大丸百貨店、右端が藤井大丸、左端は三菱・安田銀行

なって困るということを複数の執筆者が話題にしている。書き手は苦笑し、今の読者は大笑いするエピソードだが、すでにこの時期、京都らしさの基底が確実に失われてきたことがわかる。そこでは、京都の伝統はイメージとしてしか追求できなくなる。

いや、イメージが一人歩きしているうちはまだよかった。すぐに、イメージの追求さえも不可能になっていった。大不況の到来である。鳴り物入りで改築した南座は、世情を見て竣工式を自粛せざるをえなかったほどである。

数年後、ようやく景気が回復したとき、高揚した伝統意識はもう消えていた。替わって現れたのが高層ビルであった。高層といっても八階建て止まりだが、市民たちは瞠目した。大丸百貨店、丸物百貨店、京都電灯本社、丸紅京都支店など、いずれも竣工式には見物人が押し掛けた。

昭和一五（一九四〇）年、奢侈品の製造販売が禁止的に制限され、京都の和装産業は致命的な打撃を蒙る。それは、伝統と現代とがともどもその存立基盤を失うことにほかならなかった。戦後復興も、さらには高度成長も物の役に立たなかったことは誰もが知るとおりである。「昭和」の冒頭に顕在化してきた事態は、解決もせず、別の問題に隠されもせず、ただ塩漬けにされたまま、深刻化していた。京都の「オンリー・イエスタディ」は、文字どおりに「ついの日のこと」として振りかえらざるをえないのである。

参考文献

・岩井武俊編『京ところどころ』金尾文淵堂、1928年
・『京都の歴史』第8巻、第9巻、学芸書林、1975年
・京都府総合資料館編『京都府百年の年表』第7巻、1970年
・京都府総合資料館編『京都府統計資料集』第3巻、1971年
・都市計画京都地方委員会『都市計画概要』1929年
・京都市総務部庶務課『京都市政史』上巻、1941年
・京都府・京都市『京都土地区画整理事業概要』1935年
・小林美樹雄『京都市に於ける商店街に関する調査』京都商工会議所、1936年
・大槻喬編『田中博翁夜話 京都財界半世記』田中翁夜話刊行会、1952年
・苅谷勇雄『京都 大正〜昭和戦前のまちづくりと景観整備』私家版、1984年
・新名種夫「商店建築印象記」『新建築』第3巻第10号

近代建築観て歩き

『ねっとわーく京都』という地方誌に二〇〇六年から〇七年にかけて一二回連載したシリーズから二回分を収録する。同志社キャンパスなどの有名どころも取り上げたが、ここではあえてあまり陽のあたらない場所の回を選んだ。叡電駅舎については、本稿執筆の直前まで関わっていた京都市近代化遺産調査の成果を使わせてもらった。なお、掲載誌は左翼系の雑誌で、この執筆も労働組合活動に従事していた友人から依頼された。でも内容には一切容喙されなかったのはありがたかった。

*

七条通を歩く

七条通が今の道幅になったのは一九一二（明治四五）年のことである。有名な三大事業の一環として、烏丸通、四条通などとともに拡幅されて、市電が通った。東西両本願寺に近く、古くから門前町的なにぎわいを見せていた。道路拡幅以降は、ビジネスセンター的な要素も強まり、かたや映画館・喫茶店など娯楽施設も立地して、下京のなかでも特別の位置を占めるにいたる。一九六〇年代までは非常な繁栄をつづけた。ここのところ、往時の勢いはないが、しかし、うれしいことに、ここまでの繁栄のなかで生まれて

写真1　旧野村生命京都ビル

きた建築遺産を保存し、再生する試みがなされている。

　烏丸七条の交差点から西に歩いてみよう。まず、南東角にセコム損保がある。元来、野村生命京都ビルで、竣工は一九三七（昭和一二）年。設計者は御堂筋の大阪ガスビルを生んだ安井武雄である。当初の外装は淡い黄緑色のタイル張りと伝えるが、一九七〇年代に現在の黒タイルに改装しており、竣工当時とはかなり印象が違っているはずだ。それでも窓のプロポーションの切れ味は今見てもさすがであり、壁面の曲率が一定でないところも安井武雄らしい大胆さである。北側の中央信用金庫も一九三〇年代と思われるが、こちらの由緒はよくわからない（のちに、関根要太郎設計の不動貯蓄銀行七条支店（一九三〇年）との教示を得た）。

　どんどん西へ行って新町通と交わる南西角に異形の建築がある。昔からファンの多い「富士ラビット」である。一九二二（大正一一）年ごろの竣工で、工事中に関東大震災の余波を受けてひびが入ったという逸話を残す。元々は自動車販売の草分け的存在の日光社の社屋。正面中央の軒の半円部分に「日光」の文字が見える。その周囲のニワトリのトサカのような装飾が強烈だ。もちろんこの突起も旭日をかたどったものであろう。一階の欄間部分にはステンドグラスがはまっていて、草原を走るセダンやタイヤが描かれている。ステンドグラスの絵柄に自動車は珍しい。設計は京都地場の愛仁建築事務所。保存再生するに当たって「なか卯」が入るということで危ぶむ声もあったが、原形を尊重しつつ、いい雰囲気で転用されている。

　そのほぼ向かい側にある二階建てが旧鴻池銀行七条支店。最近、フレンチ・レストラン「グラン・ヴェルジュ　京都七条倶楽部（現ヴォヤージュ ドゥ ルミエール 京都七条迎賓館）」として再生された。もともとは黄土色のタイルだったのだが、淡いベージュに塗り替えられている。一九二七（昭和二）年の建設。設計は大阪で盛名のあった宗《そう》建築事務所で、担当したのは大倉三郎。内外とも細部装飾の密度が高い。

写真2・3　富士ラビットと1階のステンドグラス

写真4　旧鴻池銀行七条支店

写真5　旧村井銀行七条支店

そこから二筋西に行くと、太い列柱を配した建築がある。当初は村井銀行七条支店で、現在、スパゲッティのセカンドハウス（二〇一一年からレストラン「きょうと和み館」）が用いている。竣工は、道路拡幅直後の一九一四（大正三）年。設計は吉武長一である。吉武は米国ペンシルベニア大学で学び、明治末年から村井銀行の店舗をほとんど手がけた。様式の規範を守った折り目正しいデザインが特徴だが、ここでも古代ギリシア以来のドリス式の柱形式を踏襲しており、比較的小規模ではあるが、堂々たる構えを見せる。

その先には、軒廻りの装飾が魅力的な村瀬本店がある。七条通には、かつては他にも多田精商店や喫茶ぱーるといった愛すべき小品があったが、姿を消した。それでも、町家と洋風建築がモザイク状に街並みを形成するというかつての京都の典型的な街路景観をもっともよく残す通りであり、ぜひ総合的な保存活用の手だてが講じられるべきである。

叡山電鉄の駅舎

この連載、取りあげる物件を選ぶときに、「観て歩き」というシリーズ名についこだわって、徒歩で見て回るコースを想定していたのだが、何も物理的に近接していなくていい、交通機関でつながっていたら、一つのまとまりとして味わうことができるはずだ。今さらながらそう考え直して、候補選出の幅を広げてみた。そのとき、真っ先に思い当たったのが鉄道の駅舎である。われながら良いアイデアだ、とほくそ笑んだのだが、実情を思えば、JRは一級品の嵯峨駅を弊履の如く扱って恥じない存在だし、阪急は地下駅が多くて写真にしにくい。嵐電は一見古そうだが、実は大半戦後だ……と、意外にも物足りない。

あきらめかけたところで、「いや、待てよ。そうだ、叡電がある！」と気がついた。やっと思い出したというのも失礼な話だが、しかし、今話題の作家、森見登美彦が「夕闇を駆け抜ける叡山電車を見るたび、手近な無人駅から飛び乗ってどこかへ連れて行ってもらいたくなる」（『太陽の塔』）と書いているように、叡電といえば、家並みに埋もれた無人駅のイメージが強いので、建築という視点からはつい忘れてしまいがちになる。だが、実は叡電の始終点駅舎というのはいずれも建設当初の姿をよくとどめていて、魅力的なのだ。

京都ではじめての郊外電車は一九一〇（明治四三）年開業の嵐山電気軌道である。この嵐電はすぐに経営不振に陥るが、これを一九一七（大正六）年に吸収したのが、それまで市街電車を運行してきた京都電燈である。一九二一（大正一〇）年にいたって、京都電燈は、洛北の観光開発を目的として叡山電気軌道の設置を国に出願する。出町柳から八瀬まで一般的な平坦線を敷設し、八瀬から四明嶽まではケーブルカーを引こうというのである。一九一八年に日本で最初のケーブルカーが生駒山に登場し、以後、高尾山や箱根で計画が進んでいた。京都電燈はこの先端技術を比叡山に導入しようとしたわけだ。

そもそも比叡山登山は古来京都観光の目玉であったが、漱石の『虞美人草』冒頭に描かれているように、若者でも反吐の出そうな思いをして登るものであり、実際の入山者は実に少なかった。そこに総工費五〇〇万円を要する路線を引くのは経営上からは損失が大きいと思われた。にもかかわらず京都電燈としては、京都市勢の発展のために利害を度外視してでもこの事業を完成させたかったといわれる。こうして叡山電気鉄道は一九二五（大正一四）年九月に開業の運びとなる。二九（昭和四）年にはここから分岐して鞍馬山に向かう鞍馬電鉄が開業（一九四二年に京福電鉄として一体化）する。

前振りが長くなった。駅舎として古いものは出町柳、八瀬比叡山口、鞍馬の三駅が挙げられる。出町柳駅は、知る人ぞ知る和風デザイン。当初の正面側ファサードは隠されているが、背面からはよくわかる。内部は鉄骨による構造をそのまま見せていて、これはこれでなかなかの迫力だ。八瀬比叡山口駅は軒廻りにバージ・

写真6・7　八瀬比叡山口駅

写真8・9　出町柳駅

写真10・11　鞍馬駅

ボードという垂れ壁をめぐらした米国ふうのデザインを採用する。内部の構造は出町柳駅と共通の形式で、大きく柱間間隔を飛ばして、鉄骨構造の威力を見せる。両駅とも開業時の一九二五（大正一四）年建設。

鞍馬駅は、牛若丸もビックリの日本調。入母屋屋根に千鳥破風を組み合わせた外観は神社の社務所かなにかのようだ。内部も伝統的な形式で押し通して、しかも違和感を感じさせないのは驚嘆に値する。竣工年は一九二九（昭和四）年。

このほか、山端変電所は鉄筋コンクリート構造の柱・梁を強調した特徴のある立面で、あたりに異彩を放つ。また、路線唯一のトンネルである畚颪（「ふごおろし」と読みます）隧道は坑口の縁まで自然石を貼って、鞍馬の山肌に溶けこんでいる。なお、現在は別会社になっている叡山ケーブル線の八瀬駅と比叡駅も、内部は開業時の面影をよく残す。

写真12・13　山端変電所

写真14　畚颪トンネル

てっぺん物語——JR京都駅ビル大空広場

二〇〇一年七月から〇二年三月まで『産経新聞』の関西版に「てっぺん物語」を連載した。橋爪紳也さんの企画に青井哲人さんと筆者とが加わったものである。本書には産経の担当記者だった生田誠さんから誉めてもらった一編を収載するにとどめたが、他に一〇本を執筆しており、なかでも京都市庁舎の回で設計者・中野進一の後年の経歴がわからないと書いたら、娘さんから連絡をいただいたことは忘れられない。

＊

駅にたたずむ、というと「待ち合わせ」の情景を連想する。あるいはどこにでも座りこむジベタリアンとか、人目もはばからずベタベタするカップルを思い浮かべる。でも、ハッキリした目的がなければ、人は駅で立ち止まったりしないだろうか。

故郷の方言を聞きに上野駅におもむいた啄木の時代は遠くなったが、新宿駅前のストリート・ミュージシャンや渋谷駅頭の街頭演説は、駅が特別の場所——人が立ち止まってくれる場所だということを証明している。

一つの行動から次の行動への「継ぎ目」は、特別な場所になりやすい。たとえば寺社の境内、あるいは劇場のロビーなどがそうだ。駅もまた日常のなかの「継ぎ目」であ

写真1

る。

そこで、人はつかのまの空白を発見する。空白の時間を、そして空白の心を——。スケジュールのすきまから一瞬こぼれ落ちて、わたしたちはふと立ち止まる。そんなとき、駅は橋に似ている。水面のきらめきに心ひかれて、欄干にもたれるようにして立ち止まるときの橋に。

京都駅には、中央改札口の前面のコンコースを谷底として、V字型に大階段が東西方向に伸びている。それは、物理的には百貨店やホテルの屋上なのだが、ことさらに思いをめぐらさないかぎり、そうしたことには気づかない。地上五〇メートルまで広がる、ただただ巨大な「空き地」という印象を受ける。

設計者の原広司氏は、大階段を「地形学的コンコース」と名付けた。二百メートル以上離れて向かい合うというスケールといい、明確な機能を持たないことといい、たしかに自然界に身を置いたときの感覚だ。いいかえれば、古都の天井を突き破ったという爽快感。

階段を西向きに上っていった最上部が「大空広場」である。ここからは京都市街を見下ろすこともできる。しかし、眺めるべきは室町小路広場までなだれ落ちていく階段の連なりと、その先にぽっかりと広がる中央コンコースだろう。

大空の陽光と地上の日常のあいだのこの「谷」で、わたしたちはつかのまの居場所を、どのようにでも見つけることができる。

だれもが思い思いの居方ができる、それを触発してくれる。その意味でも、この場所は「公共空間」と呼ぶにふさわしい。

最後の光芒としての水路閣

京都の小学校での琵琶湖疏水学習を支援しようという「琵琶湖疏水アカデミー」が刊行した冊子『琵琶湖疏水の学習』に寄稿した。同アカデミーは、古い知識が無批判に受け継がれがちなことを憂えた小森千賀子さんが主宰している団体。小森さんが京都工繊大の講義を聴講に来られた縁で依頼を受けた。詳しくない分野だが、彼女の熱意にほだされて急いで勉強してみた。

＊

明治一七（一八八四）年五月、京都府は政府に琵琶湖疏水の起工伺いを提出した。その段階での工事計画では、水路は山科から南禅寺の下をトンネルで抜け、若王子へ出るはずであった。この南禅寺隧道の長さは六五〇間、すなわち一キロメートルを超えるものとなると想定された。これに対して翌六月、内務省土木局は修正意見を出す。その一点は、西へ向かう運送用の本線路と、北へ向かう灌漑用の分線路との二線に分けよ、ということであり、第二点は、分線路は南禅寺の裏山に沿う「開展水路」を主にして、トンネルの長さを約半分の三三〇間とせよというものであった。これを受けて府は一〇月に再伺を提出、明治一八年一月、待望の特許指令を得た。

土木局案は着工後の明治一九年一〇月に田辺朔郎らの設

計によって再度変更され、本線についてはインクラインの設置へと進展する。一方、分線については「寺院及び名勝地を回避すべき必要から」、蹴上から大日山の下を抜ける第四隧道、南禅寺の山号ともなっている瑞竜山をくぐる第五隧道、永観堂の裏山を抜ける第六隧道を経て若王子へ達することとなった。

第四隧道と第五隧道のあいだの山襞に設けられたのが水路閣である。長さ三〇七尺五寸、(約九三メートル)、幅一三尺四寸(約四メートル)、最高高さは四三尺(約一三メートル)という規模である。着工したのは明治二〇年八月二八日、竣工は翌二一年八月三〇日、ちょうど一ヶ年の工期であった。なお、建設時には「南禅寺桟橋」と称されていたが、すぐに「水路閣」の名前が与えられている。たとえば明治二二年から五年間ほどのあいだにまとめられた河田小龍『琵琶湖疏水図誌』では「水路閣」と記される。

築造に要した工費は一万四六二七円であり、一間あたりの単価は約二八五円となる。これをトンネルの工事とくらべてみると、疏水建設における最大の難工事であった第一隧道は三二三・一円/間とさすがに高額だが、第二隧道は二七五円、第三隧道は二七〇円、第四~六隧道は一六三円と、水路閣が勝る。工費の面から見ても、いわばあえて採用された手法であったことがうかがえる。

さて、水路閣を語るとき、しばしば古代ローマの水道橋が引き合いに出される。そのためか、導管を組積造の橋梁の上を走らせる技術というのは、非常に古く、また珍しいもののような印象を受けがちである。しかし、実際にはヨーロッパ世界には広く分布している存在であり、かつ二〇世紀まで生きていた技術であった。鯖田豊之『水道の思想』に屡述されるように、ヨーロッパの水道では、河川水や湖水のような表流水を原水とすることは避けられ、湧水に水源を求めるのが一般的であった。そのため遠く離れた水源地から消費地の都市まで、ときには百キロメートルを超える導水管を敷設する必要に迫られた。高低差を保ちながら地形の起伏を越えていくために多くの水路橋がつくられつづけてきたのである。水路閣が完成した一八八八年には、オーストラリアのシドニーにブースタウン水路橋(現名称はグレーステインズ水路橋)が建設されていて、形姿も似ている。またヨーロッパ随一の名水といわれるのがウィーンの水道だが、その良質な水を供給している第二高地湧水水道は一九一〇年の完成であり、延六・二キロメートルに及ぶ石造の長大な水路橋を築いている。

ただ、石造・煉瓦造の水路橋がわれわれにとってなじみが薄いことはたしかである。よく知られているのは、水路閣の他には通潤橋(熊本県、一八五四年)、明正井路一号幹線一号橋(大分県、一九二四年)くらいであろう。ヨーロッパではあちこちに存在する水路橋がなぜ日本では稀少なのか。明治三八(一九〇五)年に刊行された『攻玉社工学校講義録 治水編』にはこんな記述がある——「往昔鉄管の利用あまねからざりし時に当たりては低地を横切るに水路橋を作りたり。イタリーのローマの水道におけるがごとし。しかれども水路橋は巨額の工費を要するをもって近年は鉄管をもってこれに代うるにいたりたり」(原文のカタカナをひらがなに変え、漢字を適宜開いた)。これを読むと、「近年」、鉄管が組積造の水路橋に取って代わったということがわかる。鉄管内に水を満たせば、導水路の勾配を一定に保たなくても、つまりは地形に沿わせて鉄管を敷設しても水が送れる。サイフォンの原理が応用されることとなったのである。その背景には、大口径の鋳鉄製導水管が大阪砲兵工廠はじめ国内工場でも生産されるようになった事実がある。それは明治二〇年代後半から三〇年代にかけてのことであった。これよりあと、「巨額の工費を要する」水路橋はわれわれの前から消えた。そう考えると、琵琶湖疏水水路閣は組積造の水路橋が消え去る直前に放った光芒だったといえるのである。

写真1

景観資源としての近代京都の評価

日本建築学会は京都市からの委託を受け、二〇〇七年から〇九年にかけて「京都の都市景観の創生特別委員会」を設けて調査研究をおこなった。二年目の活動の締めくくりとして二〇〇九年三月にシンポジウム「歴史都市・京都における景観資源の発見と創造」が開催された。本稿は主題解説五編の一つとして資料集に掲載された。なお、これらの主題解説はそのまま研究成果報告書に掲載されたが、本稿だけはなぜか前年の報告書に掲載された「京都らしさの越えかた」が再び載せられている。題名は正しく、本文だけが入れ替わっているので、私が原稿を使い回したと勘ぐられたかもしれないが、こちらの手を離れたあとでのミスであることを今さらではあるが記しておきたい。

＊

はじめに

産業革命以降、既存の都市を変容させようとする力がにわかに高まる。その力への対処法としては、一方の極に、外力を拒絶し、変化を回避する判断があり、もう一方の極に、まるごと受け入れて、過去を消去する決意を想定できる。そして、その中間の方策が無数に存在する。ボストンが高層建築を二棟だけ許容するように、物理量を制限する道、ウィーンのリンク・シュトラーセのように城壁を撤去した空虚を、中世と古典とゼツェッションの華麗な表層で充填する道――。書き並べるまでもなく、世界の歴史都市は、近現代の侵食といかに対峙するかの試行錯誤が厚塗りされたキャンバスである。

二〇〇一年度の日本建築学会京都の都市景観特別研究委員会報告書「京都の都市景観の再生」で、中川理が指摘するように、景観という概念は近代の所産にほかならない。近代は自ら発見した「景観」概念の下に、過去の都市空間を、あるときは破壊し、あるときは継承し、また、新しい「景観」をつくろうとしてきた。

京都の都市空間もまた、明治維新以後、外からも、また内側からも変化を迫られてきた。その変形のきしみを聞いたとき、人々は「京都の景観」を発見した。人々が京都の将来像を描くとき、おのずから京都の景観はどうあるべきかを問われることとなった。さらには「あるべき景観」を提示することが未来の京都を構想する重要な要素となった。その意味で、現在の京都の景観は、近代／現代が二重三重に規定している。

しかし、多くの「景観政策」は、近代的要素を単なる夾雑物として扱い、それが希薄なことを評価する傾向が強い。近代は、近世都市・京都に対して、一面では紛れもなく蛮族として振る舞ったから、それを排除することは「技術」としては正しい。ただ、「近代化」のきしみを解消する手段を講じたのも近代であった。そして、いわゆる近代的な――近代固有の景観自体が、いまや歴史的景観としてわれわれの前にある。京都の景観を考えるとき、近代において生じた事象の評価はきわめて重要なはずである。

以下で、明治維新以後の社会的変動がもたらした京都の都市景観におけるいくつかの変化と、それに対して人々がどのように思考したかを紹介する。それを通して、近代的景観の意味と価値を秤量する一助としたい。

名勝としての三山

京都市街を取り囲む山々に美しさを感じる心性が古来より培われていたことは、『枕草子』冒頭の一文を挙げるだけで十分であろう。近年研究が進んでいるように、明治維新前後から近世的な森林管理体制の崩壊によって外周の山稜の荒廃が生じる。この事態に対しては、一八九七年の森林法制定を代表とする官林管理と保勝会の活動などによって改善が図られる。山林荒廃の原因の一つでもあったのが近世的宗教政策の廃止と上知令、そしてそれが引き起こした社寺の衰退であった。これについては古社寺保存法（一八九八）による保護とそれに先立つ名勝としての開発禁止政策で歯止めがかけられる。

このように早い時期から対策が講じられて、三山の禿げ山化が押しとどめられ、嵐山や保津峡の絵画的風趣が守られたのは、三山の景観上の価値が広く共有されていたからであろう。京都「近代化」の最大の推進者であった北垣国道でさえ、一八八九年の段階で、しかも後述の鴨東開発論を唱える中で「東山の勝地は京都に大関係あるものと知るべし……他日京都市の遊園又は公園として保存せざるべからず」と言及している。このことは、三山、就中、東山の景勝の維持が京都の都市経営を論じる大前提であったことを知らせる。

一九〇〇年前後には、「公園都市・京都」がいわば市是として唱えられる。その空間イメージの中核をなすのは、三山とそこに所在する「名勝旧蹟」であったことは、いうまでもないことのようだが、あらためて確認しておく必要がある。つまり京都論の基層低音として、さらにいえば感覚的基盤として、「布団着て寝たる」東山の山容は横たわっていたと考えておきたいのである。それゆえに、村井煙草の大文字山山麓の大看板設置（一八九四）や永田兵三郎の「東山開発論」（ロープウェイを敷設し、山頂を市民公園とせよという一九二七年の提案）は強い反発を呼び起こしたのだし、東山の山林に対して極度の禁伐政策がつづけられたのだと考えることができる。

鴨東地区の開発

一方、周知のように明治初期の京都府は、江戸時代までの手工業都市としての京都に西洋の科学技術を接ぎ木することで近代産業都市・京都の樹立を計画する。そのための施設はもっぱら鴨東地区におかれた。幕末に大規模な藩邸が立地したあと田畑化していたからである。舎密局、勧業場にはじまる近代化推進施設の布置は、槇村正直の急進的殖産興業政策が終息した一八八〇年代後半にも、第三高等中学校、京都織物会社、琵琶湖疏水関連施設とつづく。一八八九年には「新市街」を形成するべく、広幅員道路の開削が計画される。こうした「鴨東開発」は第四回内国勧業博覧会場に選定することでピークを迎える。その跡地が一九〇三年に京都市動物園、〇七年に府立図書館、〇八年に商品陳列所へと転ずる流れは、鴨東が近代文明の教化を担っていたことを示す。平安神宮と武徳殿（一八九九）以外は純然たる洋風建築であったことにも留意すべきである。岡崎地区南部は疏水に依拠する倉庫、工場（帝国製糸・野村撚糸・奥村電気）が蝟集し、産業ゾーン化していた。

しかし、先述のように、一九〇〇年ごろから京都は産業都市化から「公園都市」たることに重点を移していく。一九〇三年に岡崎地区約二万五六〇〇坪が京都市の管理する公園地となり、一九一七年には京都市公会堂が和風意匠で建設される。こうして、同地区は先進性よりも伝統性をイメージとしてまとうようになる。一九二六年には奥村電気工場跡地の遊園地が風致を害すると非難されている。一九三〇年に風致地区設定の際にはその範囲内に含まれ、平安神宮の大鳥居（一九三〇）が建設されて、京都市美術館の競技設計（一九三〇）にあたっては「四囲の環境に応じ日本趣味とすること」が求められるに至る。

都心街路の拡幅

より直接的に、行政施策として都市改造をおこなったものとしては、いうまでもなく三大事業が挙げられる。なかでももっとも物理的に都市を変えたものは道路拡幅であった。街路の拡幅・延長の計画は一八七二年の府布達八三号で新築の際は「町並一間を引退き、建て構うるべきこと」と定められたことにさかのぼる。この理由は「町幅、溝筋等……狭隘浅汚にては都の体裁に之無く」と述べられていて、衛生面も含めて審美的な問題であったことがうかがわれるが、市民の権利を蹂躙するとして一八八三年には廃されている。

一八九九年に至って、市会は「臨時土木事業調査」を発表する。そこではすでに「数百年前に築造された」道路では「大小車馬の往復は織るがごとく……電話電灯電信等の線条は市内を網羅し其電柱は多々益々増設を要すべく……到底現形を以て其の必要を充たし得」ないので、烏丸通・御池通など縦横各二本の拡幅をおこなうことが提言されている。これを受けて、翌一九〇〇年には内貴甚三郎市長が烏丸通はじめ計六本の拡幅事業を提案している。ただこの時点での道路拡幅の必要性はそれほど共有されていたわけではなく、喫緊の課題となるのは一九〇五年以降に市電敷設の構想が具体化してからである。

実際に三大事業では、烏丸通の七条—丸太町間は行幸道路として一五間幅、四条通は一二間幅まで広げられた。こうした既存の街区の大々的な改変には商業活動上の不利益を訴える声は大きかった。だが、こうした都市改造が京都にふさわしくないといった類の反発は現れない。先に見たように「公園都市・京都」という自画像ないし努力目標が掲げられていたわけだが、そうした「公園性」は周縁部において演出され、中心部は「産業都市」をめざすという区分が一般化していたのである。一八九二年に福沢諭吉が琵琶湖疏水や円山公園設置に対して述べた「金を新事業に投ずるよりも府下特有の旧物を保存するために利用することそ智者の事なれば也」といった西洋化否定論はいささかも支持されていなかった（この時期の『時事新報』の社説は諭吉が書いたものではないという有力な説があるが、ここではそれは措く）。

三大事業によってもたらされた都市空間の変化をどの程度のものとして京都市民が受け取ったか、いかなる感慨を懐《いだ》いたかは一概にはつかみがたい。もちろん四条烏丸界隈の銀行建築をはじめ、四条通の町家の中にサラセン風の大丸百貨店や古典様式の村井銀行が出現したことは、驚きと喜びをもって迎えられたことはまちがいない。ただ東京・日本橋や大阪の堺筋本町のような、洋風建築が櫛比するという状況にはならなかった。一九一〇年代の京都では、拡幅された街路に沿っては、商家の大半は町家の形式で再建され、あるいは曳き屋ですまされた。道路拡幅で沿道景観が激変する事態が起きるのは、一九二六年の河原町通拡幅を待たねばならない。

ここで注目すべきは、たとえば街灯のデザインの意味づけである。そこでは烏丸通のものについては「主要街路に相応した雄大壮麗なもの」、「祇園石段下通りは祇園会の気分を害わぬよう」、木屋町通は「柳暗花明の巷に適わしい街灯」を、そして河原町通については「新興街路らしく力強い照明を凝ら」している（『京都電灯株式会社五十年史』）。ここにうかがえるのは、近代化された京都と懐かしい京都の区別であり、その使い分けのための演出であろう。烏丸通拡幅の意義は、何にもまして行幸道路の整備であった。街灯の説明でいう「雄大壮麗」もまたそれが前提であった。こうした新しい——いわゆる京都らしさとは異なる——美観がそこでは鋳造されていったのである。

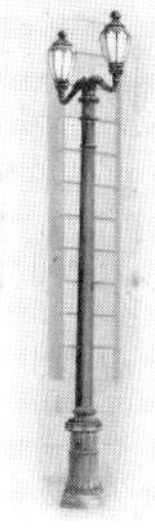
図1

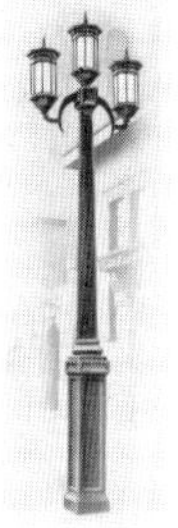
図2

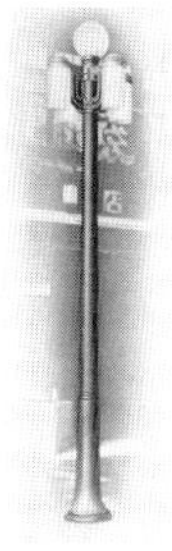
図3

河川景観の近代

鴨川をめぐっての市民運動というと、「フランス橋」問題がまず思い浮かぶが、その前、一九九〇年ごろに、河底の掘り下げ計画に対する反対運動があった。流量を確保するためには中央部を掘り込む必要があるという土木工学上の提案があり、鴨川がドブのようになると猛反発を呼んだものである。さらにその少し前、京阪電車が地下化するときに線路沿いの桜並木を切るかどうかで揉めた。どちらも、景観に対して無頓着な計画に、従来の景観を維持しようとする市民たちが反対を唱えたものである。これらの運動は有意義なものだったと思うが、そこで守るべきとされた景観は実はその前の段階の景観を改変して成立したものであったし、その時点での反対を押し切って遂行された事業の産物だったのである。

現在の鴨川高水敷の形状は一九三五年の改修によるものだが、川幅は一九一九年の改修で定まった。それ以前はもっと広く、水は多くの中洲のあいだを浅く流れていた。堤防を整備することで河川敷を狭めたのである。この工事は両岸に広大な空閑地を生んだので、一般からは好意的に迎えられたが、昔の風情を愛する人々からは「運河のようになった」と陰口をたたかれたものである。

また鴨川東岸の桜並木は、京阪電車の一九一五年の三条乗り入れに際して植えられたものである。そもそも京都府は京阪の延伸（およびそれ以前の市営の鴨川電鉄構想）に対し、景観を阻害するものとして反対してきた。京都府は最終的に許可を出したが、その条件としたのが電車の運行を隠す桜並木だったのである。

一九八〇・九〇年代の市民運動の歴史的無知を誹るべきではないだろうし、また時間がたてば違和感はなくなるという楽観を得るべきでもないだろう。冒頭に述べた近代化のきしみをいかに回避するか、その真率な努力の成果として、鴨川の低水域のたたずまいへの評価も、桜並木への愛着も生まれたと見るべきである。そこで演出された非人工性は、その場しのぎのフィクションであるにしても、人々が鴨川に求める自然らしさに的確に答えるものであった。

郊外の京都

大阪・神戸に比べて郊外住宅地の発達が遅かった京都であるが、一九一八年には周辺町村の第一次合併がおこなわれ、翌一九年に東京市区改正条例を準用した事業として重要幹線道路一五路線が決定し、その多くへの市電敷設も計画される。一九二〇年に都市計画法が制定されると、二二年にこれを受けて、都市計画区域を定める。そこでは東山・洛北地区を住宅専用地域、西南部を工業地帯化という地域分化が進められる。そして、都市計画の対象範囲は、一九五二年の人口を一二八万人と推定して定められた。一九二五年では約六八万人であったから、ほとんど倍増する事態に備えようとしていたのである。

しかし、京都市は街路拡築のための財源を欠いていた。このため、事業は全く進捗しなかった。かえって、街路計画を発表したため、周辺のスプロールを助長する結果となった。それまでにも無秩序な住宅建設は惹起していたが、その傾向がいちじるしくなり、京都市北郊の随所で、「その道路網の乱雑無節制なること……全く言語に絶し、……その当然の帰結として、採光通風交通の上に大なる欠陥を生じ」る状況が起きていた（楠祖一郎『京都市とその田園計画に就て（上）』）。

一九二五年、京都市は、都市計画道路の敷設難航とスプロール現象の双方を解決する手段として、土地区画整理事業の実施を発案する。土地区画整理は耕地整理の手法を援用して考案された日本独自の都市整備手法であり、法定都市計画を遂行する上でもっとも重要な手法と位置付けられた。京都市はこの新しい手法を都市計画と一体化することで難局を打開しようとした。すなわち、外周幹線道路（現在の白川通、北大路、西大路、九条通）の両側約一五〇間から一二〇間幅の土地約三一三万坪を土地区画整理区域と定めて、土地所有者の減歩によって広幅員道路用地と公園用地を生み出そうとしたわけである。

土地区画整理の基本は土地所有者が組合を結成して事業をおこなういわゆる組合施行であったから、法定都市計画と一体化するには多くの困難があり、京都市が構想した都市計画土地区画整理という方法は画餅に等しい理想と見られていた。京都市は、組合施行が困難な地域は行政が代執行する施行方法を採っていわば強行突破する。行政代執行は都市計画法に規定はあるものの、他の法令と抵触する部分があって、実施は難航した。京都市は粘り強く内務省と交渉して、日本で最初の行政代執行による土地区画整理を成し遂げる。これは都市計画史上、画期的な出来事であった。一九三五年までに三〇〇万五〇〇〇坪が整理の対象となり、このうち二二〇万坪が、既成市街地の再開発部分を除いた新規供給面積であった

土地区画整理事業によって造成される宅地は、基本的に低建蔽率の外庭型の住宅立地を想定している。特に「高級住宅地」となることが予想されていた下鴨地区や桃山御陵地区では、建築線の規定を設けて、街路との境界から平屋部分は一間以上、二階建て部分は二間以上後退させ、また生垣を推奨した。こうして「区画整然たる敷地と新道路に依り明朗なる市街地」（『京都土地区画整理事業概要』）が生まれる。そのいくつかは、今日でもそうした形容にふさわしい景観を保っている。二〇〇五年度「京都の都市景観の再生特別調査委員会」報告書で指摘したように、その水準は、良好な郊外住宅地の代表と目される宝塚市の雲雀丘花屋敷や東京都板橋区の常盤台住宅地に勝るとも決して劣ることはない。

その上で以下のことにも留意したい。多くの区画整理施行地では地価が十数倍にも騰貴し、旧市街を超える状況も生じた。こうした「成果」を得た都市計画家たちは、町家

を「旧市部の陰鬱なる建物」(『京都土地区画整理事業概要』)「採光と通風と温熱の加減を極度に無視したる非衛生的住宅」(楠『京都市とその田園計画に就て(下)』)と非難してはばからなかった。ここでは近代の達成が前近代を否定する契機となっているのである。

「モザイク都市」の背後へ

一九四四年、京都市は空襲に備えて市街地内に防火帯を貫通させる「建物疎開」に踏み切る。この事業は戦時下の特別な事態だと考えられるかもしれない。しかし、堀川を暗渠化し、堀川通を拡幅する計画は一九三八年には構想されていた。いや、それ以前に一九二五年時点で、下鴨本通開削にあたっては、猛烈な反対運動を押し切って下鴨神社の社家町を消滅させている。

ここまで、近代京都での都市改造のいくつかの局面を見てきた。そこでの「近代」の取り扱いには定見や首尾一貫性は、実のところ、なさそうである。微妙な修正と操作、そしてときに近視眼的な蛮勇とが継起していたというべきであろう。

京都は多元的なモザイク都市であるという見方は正しい。ただ、景観を形成してきた当事者たちは必ずしもモザイク性を意図していたわけではない。むしろ、「あれか、これか」の二項対立のなかにあった。そのことは取りも直さず、われわれは彼らの価値観から離れて彼らの営為を評価しなければならないということになる。端的にいうならば、町家を否定することで成立した郊外住宅を、町家と同時に評価する根拠を問われることになる。つまり、恣意性を疑われることなく、「あれも、これも」を唱える論拠を考えなければならないのである。

冒頭に述べたように、ほとんどすべての歴史都市において、「近代/現代」とどう向かい合うかの苦闘がつづけられてきたし、今日もなお継続中である。ひるがえって考えれば、京都はこの百数十年間、「近代」――それも非常に複雑多様な「日本の近代」とどう対処するかの実験を、全市を挙げておこなってきたといえる。われわれが、まずなすべきことは、その試行錯誤の何が良かったのか、何が悪かったのかの検証であろう。その際重要なことは、ここまでの記述で示唆したように、現状の印象や既成の価値観にもたれかからない姿勢であろう。なぜモザイクなのか、モザイクでなければならなかったのか、から問うことから、「モザイク都市京都」を生成した「近代」の意義を正当に理解することがはじまるであろう。

一　建築から語る京都

京都での近代建築調査

日本建築学会建築歴史・意匠委員会主催で、二〇一〇年一〇月に開かれたシンポジウム「『近代建築総覧』刊行から三〇年を考える」の資料集に寄稿した。『総覧』とは、全国の近代洋風建築約一万二〇〇〇件のデータを集積したインベントリーである。あの調査の熱気というのは体験した者にしかわからない。なぜあれだけ津々浦々で盛り上がったのか、トヨタ財団の助成といったことでは説明できない。われわれの上の世代における民家調査もそうだったように、学問領域が若いとき、束の間、研究の意義とかテーマの発展性とかどうでもよくなるほどの輝きを見せることがある。一九七〇年代末にそのコロナ現象が起きたのだ。

*

先達たち

京都市が実は近代建築の宝庫であることに、気付く人は気付いていた。一九五二年に刊行された岩波写真文庫『京都——歴史的に見た』のなかに、河原町五条にあった聖ヨゼフ教会堂が「思いがけない町中にキリスト教の教会堂がひっそりと立っている」という文章とともに掲載されている。

京都に蓄積された近代建築に、建築史研究者として最初に注目したのは近藤豊博士であったろう。博士はその明治初期建築研究の一環として京都市の小学校建築や住宅遺構の調査をおこなうとともに、建築と社会誌での近代建築調査にあたって、京都市内の多くの物件を紹介している（なお、本稿での敬称は、わたくしの実感に即してそれぞれ選ばせていただいた。煩わしいと感じる方もいようが、ご寛恕を願いたい）。一九六二年の明治建築二次リストで近畿地区を追補する際に近藤博士が京都を担当されたのは当然といえる。一九六七年、「明治百年」を期に『京都の明治文化財』が刊行された。そこで建築物三五件が紹介されたが、解説を担当したのは近藤博士と山田幸一関西大学教授である。

一九七三年、京都市内の三条通に建つ中京郵便局局舎の保存問題が起きた。同局舎は周知のように、一九〇二年に建設された煉瓦造建築である。郵政省はこれを撤去して新局舎を建てる計画を発表した。これに対して日本建築学会は都市景観上の重要性を指摘して、その保存を要望した。この結果、「ファサード保存」の手法が採用され、以後、広く用いられることとなる。ところで上記『京都の明治文化財』には中京郵便局は掲載されていない。後年、山田幸一先生は、あのときは「中京を入れずに南座なんか入れて」とずいぶん怒られた、とぼやいていたのを思い出す。でも南座の施工技術を評価せずにはおれなかったのだと語っていた。それは一つの見識だと思うし、また一九七〇年代の近代和風への冷眼視（それも無名建築家の作品への冷ややかさ）を物語るエピソードであろう。

『京都市内近代建築目録』の刊行

閑話休題、一九七三年に中京郵便局問題をきっかけとして、川上貢教授の唱道によって、京都大学建築史研究室は、京都市内に現存する近代建築の悉皆調査を実施することとなった。この結果は一九七四年二月に『京都市内近代建築目録―I―』としてまとめられる。市内中心部の中京区・下京区を中心としていて、滅失したもの二七件を含め、総数一六四件、と今から考えれば少ないが、すべて文献で年代や設計者を確認した物件だけを載せており、その作業はたいへんだっただろうと思われる。この『目録』は建築学会の「大正昭和建築調査」の一次リストとして提出されることとなる。

わたくしはこの『目録』が刊行された少し後、一九七四年四月に四回生に進級し、川上ゼミに入ったので、この調査には関わっていない。あとになって根岸一之さんから、自動車で小路をへめぐっているときに伊東忠太の真宗信徒生命保険会社を「発見」したときの驚きを聞いて、うらやましいというよりも一種隔世の感（といっても二、三年のことなのだが）を覚えた。

『目録』の波及効果の一つとして、一九七五年初頭から『朝日新聞』京都版で「京都の名建築」の連載が開始された。研究室として全面的にバックアップしたわけだが、むしろ新聞社の取材力によって、新しい知見を得たところも多かった。今読み返してみると、同志社理化学館に明治村移築の動きがあるなど、びっくりするようなことがいろいろ書いてある。

『目録』の反響が大きかったので、川上研では大々的な補訂をおこない、一九七六年八月に『京都市内近代建築目録―増補版―』として刊行する。今回は京都市全域、さらには府下も対象として、四七六件を挙げている。ただ実物を見てのリストアップに加えて自治体の財産台帳等から拾った分も多く、特に京都市立小学校・中学校の施設を逐一書き出したのが数字をふくらませている。わたくしに関しては、大学院入試の準備や卒論をかかえていたからか、この『増補版』はデータの確認などのデスクワークでしか関わった記憶がない。実質的に統括していた宮本雅明さんが、ベースマップのグリッドをレトラインとインスタント・レタリングを駆使してキレイに仕上げていくのに感動させられた思い出だけが鮮明である。

さて、この『増補版』には、京都大学構内に残る多数の近代建築は掲載されていない。その調査は、ほぼ並行してやはり川上研究室で進めていた。京都大学では一九七四年一二月に歴史的建造物保存調査専門委員会が設けられ、一八八九年の第三高等中学校移転以来の建築遺構の調査と評価を計画した。これを担当したわけである。研究室では七五年・七六年の二カ年をかけて一九七七年六月、『京都大学建築八十年のあゆみ』をまとめた。そこでは現存建物リスト作成はもとより、部局ごとの施設の変遷を徹底的に解明し、さらに保存活用のための指針をも打ち出している。

当時の川上研の総力を挙げての作業で、中心となって担当したのは宮本雅明さん［写真1］と谷直樹さんである。わたくしもはじめて文章を書かせてもらったが、それにもまして、カメラの構え方、地図の継ぎ方、青焼き図面の綴じ方などのイロハを習ったことが、今となっては貴重である。

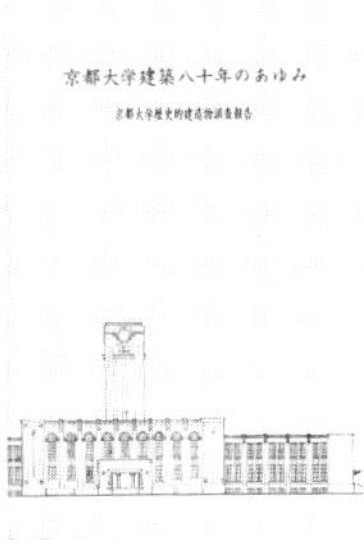

図1 『京都大学建築八十年のあゆみ』表紙
「京大広報」別冊として刊行された。のち誤植を訂正し、ハードカバーとしたものを印刷している

写真1

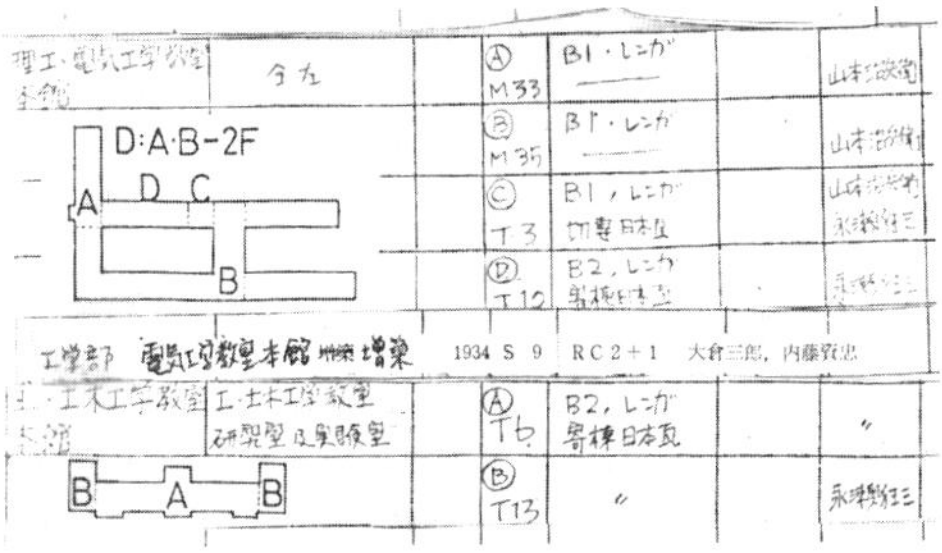

図2 『総覧』原稿として提出されたリスト。手描きを切り貼りして並び替えるという今では考えられない体裁だ

京都府下の調査をとおして

こうした蓄積を形成してきた時点で、建築学会から大正昭和建築三次リスト（そして総覧）作成の依頼があった。三次リストの調査には、それなりに深く関わることができた。京都市内はここまで述べたように主要作品はほぼ押さえられていた。『総覧』の編集会議の席で、藤森照信さんから「京都から図面入りのリストが出てきて困った」と言われたが、これは京大構内の調査データを加工せずに送付したためである。

新規に調査しなければならなかったのは京都市をのぞく府下である。丹波・丹後でよく知られていた近代建築は宮津市のカトリック教会ぐらいで、ほとんど手つかずだった。宮本雅明さんと二人、山陰線・福知山線沿線の町々を歩き回る日々のなかで、わたくしは先輩たちが最初の目録づく

写真2

写真3

りで味わったようなフロンティア開拓の喜びをようやく追体験できた。西舞鶴の国道をとぼとぼ歩いていて、赤レンガ倉庫群［写真2］にいきなり出くわしたときはほんとうに驚いた。渡辺節の日本勧業銀行綾部出張所（調査時は綾部郵便局）［写真3］は、作品集で見たときには取るに足らない印象だったが、実物は威風あたりを払っていて、紙の上だけで判断することの危うさを思い知らされた。海軍機関学校のような大作から、アーチ状の庇がわずかに西洋性をうかがわせるだけの小家屋までを身構えようもなく受けとめつづけていると、近代の多元性を否応なく実感することになる。そのなかで、自分の関心――むしろ嗜好というべきか――のありようを悟っていった。どこか日常になずむことをいさぎよしとしない作家性を感じさせる建築に惹かれた。その作家性なるものが小手先のアヤにすぎなくて、さほど意味のある特性ではないのかもしれないという気はしつつも、「地に足が着いていない」ことが「近代」なのではないかと思うようになっていた。そのことは、一種のマイナー・ポエット好みにもつながった。

　個人的な好みの次元のうちはよいのだが、保存問題が絡むと、たちまち自分の判断基準をどう設定するかに関わってくる。宮本さんはそのころは「良いものだけ残せばいいんだ」と主張していたのだが、この点に関しては、わたくしは師匠に内心、納得がいかなかった。が、自分のいささか偏頗な（と思っていた）評価をそのまま反映させられるとは思えず、結局は希少性や完成度といったごく一般的な基準に従わざるをえなかった。

ともあれ、そうこうするうちに調査は一応終わり、『近代建築総覧』は刊行された。それを待たずに宮本雅明さんは九州芸工大に赴任し、『総覧』完成後の全国巡回報告会や補遺の調査は、京都に居残っていたわたくしが判ったような顔で引き継がざるをえなかった。宮本さんと入れ違いに中川理さんが川上ゼミに入ってきたので、彼に助けられつつ、多少の業務はこなしたが、一九八三年の「補遺」が不徹底なのはわたくしの責任である。マイナー指向を自認するなら、それに淫する覚悟を持つべきだったと、今になって悔やむ。

記憶としての『総覧』

この資料集において、福田晴虔先生が○印付与というランク付けに反対したことを記しておられるが、わたくしからも、評価を示すことに関西の研究者はきわめて消極的であったことを述べておきたい。先に触れた『京都の明治文化財』に中京郵便局が載せられていなかったことで、学会の評価を疑う声が出、あるいは一九七〇年に浅野清先生をリーダーとして建築学会近畿支部が大阪市に提出した「保存を必要とする建築物」のリストで、大阪市庁舎が「B級」とされ、その真意を離れて、語感だけで取り壊しが促進された。この反省から、価値の高低を明記することを多くの者が危惧したことをあらためて書き付けておきたいと思う。

ここまで述べてきたように、一九七〇年代半ばからの京都での近代建築調査の最大の担い手は宮本雅明さんだった。その彼は、実は総決算たる『近代建築総覧』にかなり否定的であった。データが一元的に管理されることを危ぶむ気持ちは、わたくしも耳にした。ただ、それではどのようなインベントリーが望ましいと考えていたのかは、語ってくれなかった。本年九月二三日、宮本さんは、本人には何の責任もない不慮の事故で、無念の死を遂げた。京都における近代建築調査について、そして『総覧』のありようについて、もはや永遠にその考えるところを聞けないという事実が、じつにくやしい。

ここまで、ことさらに追憶をつづるという姿勢で文を進めてきた。宮本雅明さんの急逝に遭い、また、わたくし自身の記憶もしばしば漠としてきた。「この道を泣きつつ我の行きしこと　我がわすれなばたれか知るらむ」という田中克己の絶唱があるが、とにかく、今書いておかねば他には誰も知らないことなのだという思いが強く、あえて私的な経験を書き記させてもらった。

そのまま個人的な感慨で締めくくりたい。わたくし自身にとって、京大キャンパスの調査や三次リストのための丹後の調査がフロンティア開拓の輝かしい時間であったように、今も現場は（史料との格闘も含めて）常にフロンティアである。若い研究者は同じような経験をしているだろうし、またこれからするだろう。ただ『総覧』は全国規模の、そして社会的使命感に裏打ちされたイベントであった。建築史研究は本質的には一個人の頭脳のなかでのみ遂行される。フロンティアも一人きりの荒野として立ちはだかるものである。しかし、そこに祝祭性をもたらすことで、どれほどの成果が挙がるか、『総覧』は如実に示した。『総覧』が個々の研究者にもたらしたものは数十行で書ける記憶にすぎないかもしれない。ただ、祝祭の記憶は新しい祝祭を準備するだろう。それはもはや全国規模ということはありえず、ささやかな局地戦に終始するかもしれない。それでもなお、フロンティアを切り開く鍬の光を取り結ぶ努力をするのは、かつての祝祭を知る者の務めではないか、今、あらためてそのことに思いが至るのである。

思い出せない町

「都市計画」という言葉がポンと出てくる詩がある。

眠っている記憶をゆり覚ますものは何か
新しい都市計画で
ひろびろとつくり直された町並
見なれない道や見なれない建物
見覚えのあるものは何もない

黒田三郎「帰郷」

『建築と社会』二〇一六年一月号に寄稿。同号では田中直人氏が編集を担当して、「都市の記憶をたどって」を特集した。このタイトルでショートエッセイを募り、三九人分が掲載された。その一篇である。最初はもう少し長かったが、字数の制限に従ってかなり切り詰めた。他の執筆者は概して字数を気にせずに書いていたので、損した気分になった。収載に当たって、割愛した部分を復原しようかとも考えたが、詩句の改行の追い込みをやめるだけにとどめた。その後半はこうだ。

＊

それはもう十数年の昔

戦い敗れた故国へ僕は復員船で帰って来た
故郷はただ雑草のおい繁る一面の焼跡であった
焼け落ちた町のなかに
道だけが昔ながらに残っていると
〔中略〕
それから十数年　その道も今はない
妻や子と明るく笑いながら
他人の目で僕は見る
整然と並んだ竜舌蘭やまばらな人影を

記憶のなかの風景が一変してしまうと、自分の記憶が信じられなくなり、さらには自分の存在自体が頼りなくなる。「あの時いた自分」と「今ここにいる自分」とがぶっつりと切断された感覚。それを黒田は端的に「他人の目で見る」と書きつけた。

黒田が帰った町と同じ町――鹿児島市を四〇年ぶりに再訪した向田邦子はこう書いた。

変わらないのは、ただひとつ、桜島だけであった。
形も、色も、大きさも、右肩から吐く煙まで昔のままである。
なつかしいような、かなしいような、おかしいような、奇妙なものがこみあげてきた。

ここでは、町の変貌を帳消しにして君臨する強烈な風土が、記憶を支えている。

鹿児島市は私の故郷でもある。黒田の索然たる思いも、向田の胸苦しい感情も、ともに理解できる。火山、海、空、シラス台地、それを覆う照葉樹林。それらは一八歳の自分が見た風景と変わらない。黒田が慨嘆したただっ広い街路のD／Hも私にとっては原風景だ。しかし、鹿児島でさえ、五年前を思い出せない風景がほとんどだ。より風土性の希薄な場所は、みるみる昨日の手がかりが消えている。駅前で。国道沿いで。「他人の目」でしか振り返られない町ができていく。

疑問符の砦たち

『SD』一九八八年一〇月号に掲載された。鳴海邦碩先生が主宰する「都市大阪研究会」による「先在する都市空間」という連載の六回目であった。研究室の後輩だった橋爪紳也さんが当時鳴海先生の右腕となっていたことから、この研究会に誘われた。鳴海先生が研究会の前提とした「都市の慣性力」という概念にはいたく触発された。ただ本稿は連載の全体のトーンとは著しくずれていて、研究会の皆さんには迷惑をかけたかもしれない。なお、本書収載に当たって『暗い絵』主人公の行動ルートについての註記を修正し、また挿図と註の一部を割愛した。

＊

ひんやりとした三和土の闇にのこっている火の匂い
そしてやわらかな素肌に吹きつけた新鮮な疑問符
〔中略〕
一枚の甘やかなアビイ・リンカーンを恋人とした
目覚めの遅い下宿部屋もたしかこの辺だったが……
清水昶《初音町夜話》

二曲の《学生通り》

現代を代表する歌謡曲の作詞家といえば、松本隆と秋元

写真**1**　木之内みどり《学生通り》ジャケット

康であろう。この二人にそれぞれ《学生通り》という曲がある。

松本隆のほうは一九七六年の木之内みどりのシングルのための詞で［＊1］、出てくる男の子は、授業の帰りに麻雀に行って待ち合わせに遅れ、そのうちにボブ・ディランにかぶれて試験さえサボるようになる。そんな彼を慕う女の子は下宿を訪ねてはカレーライスをつくってやる――と、ほとんど四畳半フォークの世界で、実際、作曲はチューリップの財津和夫であった。

一方、秋元康のほうは一九八四年、伊藤つかさのアルバム《クレッシェンド》中の曲である［＊2］。秋元は、おニャン子クラブやとんねるずの仕掛人としての側面ばかり喧伝されがちだが、デビュー時には長渕剛と組んでいたことからもわかるように本質は感傷的な抒情詩人である。ここでも、淡いブルーのボタンダウンのシャツを着、右手に本を抱えて喫茶店に来る男の子、その彼を忘れられずにボタンダウン・シャツをみると振り返ってしまう少女の姿を鮮明に描いている。

秋元康は本人も認めているように、松本隆の強い影響下にある。それだけに、松本がすでに《学生通り》という曲を世に出していることは十分承知していたはずである。それでも敢えて同名の曲を書こうとするとき、松本隆が描いた学生風俗とは違う、一九八四年の学生像を描出しようと考えたであろうことは容易に想像できる。

松本版の学生通りは空間的イメージが比較的鮮明である。キャンパスは私鉄（？）沿線にあり、駅までの街路が当の〈学生通り〉である。そこに雀荘があり、〈ノートを写した〉喫茶店があり、下宿屋がある。ところが、秋元のほうには地理的明確さはない。喫茶店、そして人ごみ。舞台設定として示されているのはそれだけだ。聞き手が想像できるのはアイヴィをきちんと着こなした真面目そうな青年が夕暮れの雑踏のなかを急ぎ足に歩き、そのあとをボートハウスのトレーナーかなにか着てそうな小柄の女の子が遅れまいと付いていく情景ぐらいのことだ。その差は、もちろん松本隆と秋元康の作詞法の差（秋元のディテール至上主義はこの世界では知らない人はいない）のせいでもあろうが、しかし、何よりも松本隆の描く絵に描いて額に入れたような学生街が今やウソ臭くなってきた、その変化に起因するといっていいはずである。

群れて棲むこと

では、翻って超古典的な学生街を考えてみよう。その例として、東京の神田や高田馬場とともに、京都の吉田・北白川を挙げることに異論はないだろう。この地域は、明治中期の第三高等学校・京都帝大の設立によって近郊農村が変容していった場所である。この二校のほかにも京都高等工芸学校・市立絵画専門学校も立地し、一時的には西日本の学芸の中心といってよかった。

野間宏の処女作《暗い絵》はこの地域の特殊性を背景にした小説である［図1］［＊3］。《暗い絵》は戦後文学の里程標として名高いはずだが、今やあまり読まれなくなっているのかもしれない。この難解な中編を要約する自信はないが、ごく大雑把にいうとこんな物語である――一九三七（昭和一二）年一一月ごろ、京大生である深見進介は経済的困窮と恋愛の破綻に悩みながら、左翼運動に関わっている。日中戦争が激化している情勢のなかでは左翼運動はそのまま獄死を意味し、しかも現実を変える力はまったくない。そのなかで「一歩前進、二歩退却」で満足するか、「ただ旗を揚げ、旗の位置を示すだけ」のために命を捨てるか、学生たちの態度は二つに分かれる。そこにあって主人公・深見は背教者でも殉教者でもない道を探ろうとする――

物語は、日暮れから夜更け（といってもまだ市街電車が動いている時刻）までの数時間に圧縮されている。主人公は吉田山の東麓に下宿している。そして、下宿から遠からぬ行きつけの食堂に夕食をとりに行き（その前に一月分の食費を払わされ）、そこで「合法左翼」の学生と会う。食事のあと、北白川のアパートに住むコミュニストの友人を訪ね、夜更けて下宿に戻る。出来事はそれだけだ。この小説の根幹をなしているのは、学生同士の会話と、友人のアパートへの行き帰りに主人公の脳裏に胚胎する思考である。

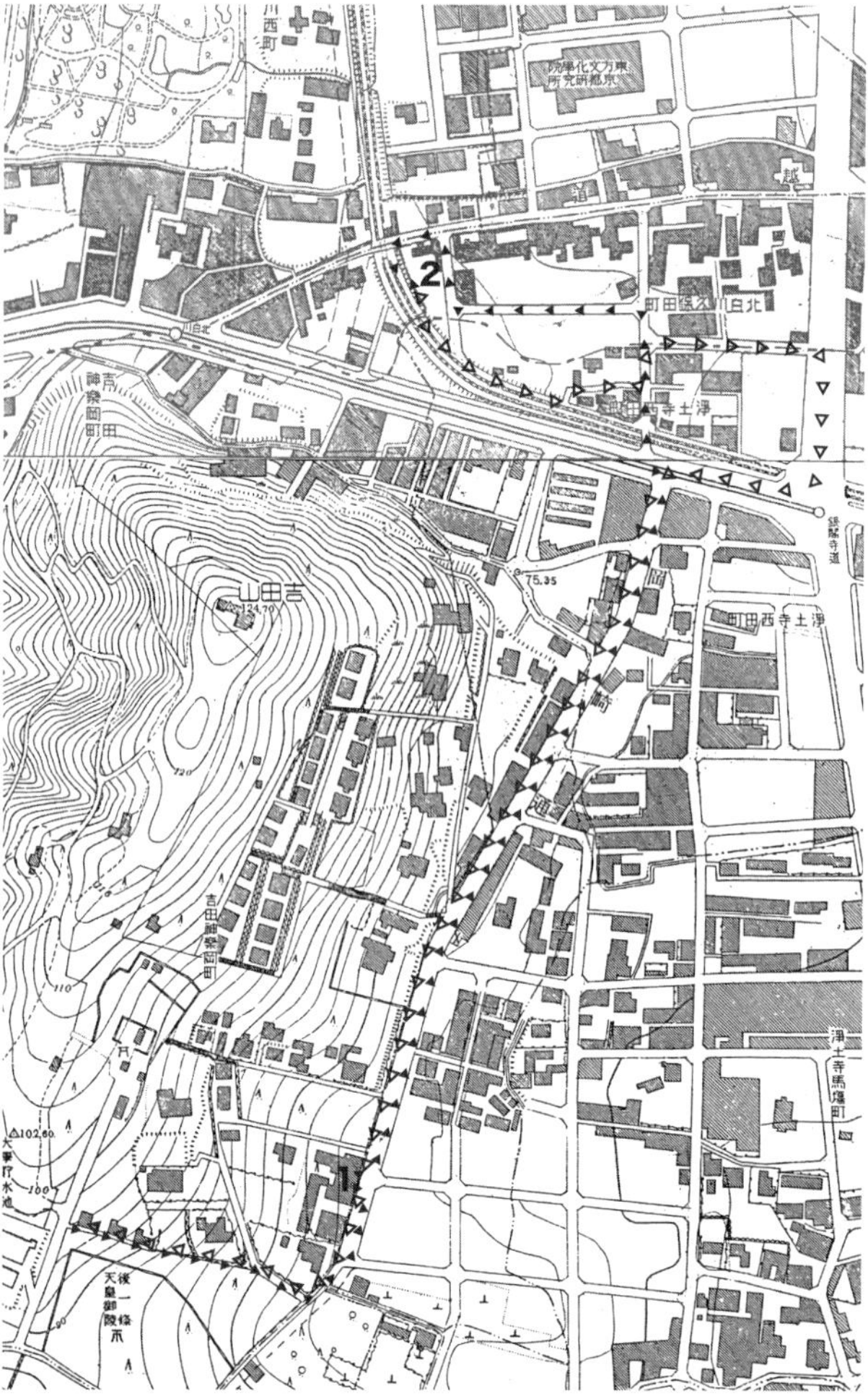

図1　昭和一〇年の地図に《暗い絵》の深見進介の歩行経路を落としてみた。太い点線が往路、細い点線が復路である

ここまでの粗雑な説明からも読み取ってもらえると思うが、この小説には、われわれが普通にイメージする学生街の道具立てが出揃っている。下宿、学生食堂、アパート（文章から判断するかぎりでは木造の六畳一間で、《男おいどん》の〈大下宿館〉と大差ないようだが）、さらに、会話にでてくる「リッチモンド・バア」そして、もちろん大学。

西山卯三氏は、東京に多い賄い付きの下宿に比べて、京都では学生は食堂で食事していたと回想している。そして、「吉田が学生街といわれ、京都の学生生活の方が町との結びつきが濃いように思われるのは、食堂式生活が一般化していることと関係があるように思える」と考察する。この見解は筆者自身の経験に照らしても卓見だと思うが、これに付け加えさせてもらえば、食事には学生どうし誘いあわせて行くし、そうでなくても、《暗い絵》にもあるように、食堂で顔をあわせることによって、学生間の親密度が増すということがあると思われる。また、この小説の主人公がそうするように、食事のついでに友人を訪ねるという行動パターンも多かった。《暗い絵》に描かれている、「共に学び、共に闘い、共に苦しみ、時には共に放蕩し、また、共に意義なく時間を過した」という人間関係は、如上の生活様式が形成したのだといってかまわないはずだ。

話が前後するが、吉田・北白川地区での学生街の拡がりを簡単にみてみよう［＊4］。明治期には大学の東隣、吉田山の西側にある吉田神社の社家町を中心としていた。三高寮歌《紅燃ゆる》の一節「月こそ懸かれ吉田山」は、あきらかに吉田山を西から眺める視点で歌われている。ところが、一九二〇年代以降、京都帝国大学はその規模を急激に拡充する。何しろ一九一九（大正八）年に一九〇一名だった学生数が、一九三〇（昭和五）年には五三五四名に膨れあがるのだ。既存の学生街からあふれた部分は、吉田山を越えて東側斜面の神楽岡通沿いから真如堂周辺、さらには山中越え沿いの北白川へと展開していく［写真2］［＊5］。《暗い絵》の深見進介が住む神楽岡の下宿［写真3］［＊6］、その友人永杉英作が住む山中越えに面した〈洛東アパート〉、ともにこうした機運のなかで建てられたものと考えて相違ない。《暗い絵》は、主人公深見が第二次学生街の南限と北限を往復する物語である。ここで確認しておきたいのは、その距離が片道一キロほどであることだ。地形は

写真2　昭和七年ごろの北白川遠望

写真3　現在に残る戦前の学生街の趣き。深見進介が眼にしただろう神楽岡通沿いの家並み

入り組み、地名は煩雑に変わるが、現実にはきわめて狭い地域である。そこにひしめくように学生が集住していたということである。先に引用したような濃密な交友は物理的距離の近さと無関係ではない。

自閉する領土

《暗い絵》を再読していて、妙に気になったことがあった。それは、登場人物たちが揃って、きわめて危険な政治的発言を声を潜める様子もなく続けることである。実際、警官に付きまとわれているにもかかわらず。そこにはある種の傍若無人さをみることができる。京都は学生を大事にするというが、筆者の経験からすると、それは学生の突飛な振る舞いに無関心であるということ以上に出ない。しかし、そのことによって、学生はいわば彼らだけの王国を手にできる。この見えざる王国の特権を、《暗い絵》の登場人物たちも享受していたといってよい（ただ、実感的にいうと、この種の寛容さは、吉田・北白川地区がまだ近郊農村的性格を残していることに由来するように思える。学生が地域の習俗に冷淡なのと同様に、地域住民も自分たちの生活感覚と無縁な学生の行動に関心をもたないのではないか。逆に、北白川北半のいわゆる学者村の一隅に住む学生は世間的なマナーをきつく要求される）。ともあれ、〈学生街〉が、一個の特化した都市空間であるためには、学生のための閉じた領域が成立していなければならない。その意味では、吉田・北白川地区は、集積の密度と地域住民との遊離の度合いにおいてその閉鎖性は際立ったものがあったといえよう。

学生街の崩壊

以前、大学生協のミニコミ誌を眺めていたら、《京大生度チェック》なるコラムが載っていて、その項目のひとつに「この一カ月、左京区から出たことがない」というのがあって苦笑させられた。また、かつて《中島みゆきのオールナイト・ニッポン》にきたハガキで、「わたしの友人はいまだにBIGIをビッグ・ワンだと思い込んでいます」というのがあり、読み上げたみゆきサンは「こういうハガキはどこから来るかといえば、やっぱり京都市左京区なんですねー」とフォローした。地域の閉塞性に安住しているとこういう非行動的人間が出来上がってしまう。

だが、筆者の周囲の学生をみていると、この種の笑い話がだんだん通用しなくなるような気がする［写真4・5］［＊6］。というのは左京区内はともかく、吉田・北白川地区に居住する人間が急速に減ってきているからだ。みんな大学からかなり離れた場所にばらばらに住むようになっている。いうまでもない、バイクかクルマを持っているのだ［写真6］［＊7］。冒頭に話を戻せば、松本隆の《学生通り》が時代遅れなのは、麻雀でも、ボブ・ディランでもなく、そこに学生が〈下宿〉しているからだ、ということになるのだろう。

写真4　百万遍界隈

写真5　定食屋が立ちならぶ風景

写真6　自動車のあふれる京都大キャンパス

しかし、筆者は、学生街の根幹は狭い範囲に学生が居住していることにあると考える。それは京都に限ったことではない。尾崎一雄の《懶い春》では、主人公の早大生が授業のあと、タクシーで兜町まで行って株の売買をやり、帰りに神田へ出て古本を買う件りがある。実に一九二四（大正一三）年の話である。この首都を股にかけた移動をおこなう主人公も下宿自体は早稲田のすぐそばであり、そのことによって、他の文学青年たちとの交友が成立する。

秋元康の描く〈学生通り〉は、どう聴いても単に大学のそばの街路にすぎない。竹内まりやなら〈ユニヴァシティ・ストリート〉というところだ。そこに学生は〈住んで〉いない。それが今日の〈学生街〉の典型像なのだろう。でも、大学の郊外移転が今の勢いで進行すると、こうした〈学生街〉さえ珍しくなるかもしれない。すでに大学は講義が終われば一目散に立ち去るところ、という認識を学生は持ちはじめている。郊外というより山のなかの大学・どこか私鉄沿線のワンルームマンション・都心の遊び場・そのトライアングルを結ぶクルマ——という学生生活が完全に一般化したら、学生街という概念自体が消滅しかねない。

松本隆は、一九八六（昭和六一）年、松本伊代に《Last Kiss は頬にして》という曲を書いている［＊8］。アソンでる女子大生が卒業するにあたって、つきあってた男の子と別れる歌だ。「Bye Bye School Days」という言葉があるだけで、そこにはもはや大学も学生街も登場しない。二人が最後に会うのは、デュラン・デュランの流れる〈人影のないカフェバー〉である。そして、〈女子大生〉は、男の子の見つめるバック・ミラーのなか、〈風の街角〉に消えていく——松本の悪癖である〈ザーたらしい〉設定だが、しかし、よしんば霞町のカフェ・バーが渋谷の〈つぼ八〉であっても、事態がそれほど変わるとは思えない。共有の領土を失い、モナド化した学生は商品としての空間の断片をさまよわざるをえないのだ。

だが、いかなる青春もその青春固有の空間を獲得しようとする。時代の不幸を越えて新しい想像力と行動力は、プジョーのミラーのなかに揺れる女子大生の影像を手がかりに、若さのための独立王国を見出すかもしれない。

＊1　本文中にあるように、松本隆作詞、財津和夫作曲、編曲は松任谷正隆。木之内みどりのファンからは毛嫌いされることの多い楽曲だが、彼女自身は気に入っていたのではないか、と筆者は勝手に臆測している。

＊2　徳間ジャパンからビクターに移籍第一弾のアルバム。プロデューサーでもある井上鑑のアレンジがすばらしい。収録曲のなかでは、シングルとなった《涙のクレッシェンド》と思い入れいっぱいのボーカルが魅力的な《先生のお気に入り》が個人的には好み。秋元康はB-3の《緩いカレッジリング》の詞を、自作中屈指の作品と言っている。

＊3　一九三五年測量の三千分一地形図に、『暗い絵』の主人公、深見進介の歩行経路をプロットしてみた。▲が往路、△が復路である。
そもそも深見の下宿の位置が曖昧である。結びの一文「山道を向うへ彼の下宿のある方へ、下って行った」の「向うへ」を深読みすると、吉田山の西側に設定されているのではないかと思われる。野間宏の京大時代の下宿先は、当初、浄土寺真如町、一九三六年七月から吉田神楽岡町で、どちらも吉田山の東側である。だから食事のためにわざわざ山越えをするような設定にするだろうかという疑問があるのだが、主人公に「その大きな地と山と空に充ち渡夜の明るい空気の振動の中で次第に若者の心を取り戻す」体験をさせるために、山に登らざるをえない設定にしたと、ここでは考えておく。ともあれ、下宿を出た深見は「神社の境内の曲がりくねった坂道」を下りていく。ここでいう「神社」を竹中稲荷と考えて（帰路の描写で「稲荷神社の高い境内」と出てくる）、そのあたりを起点に描いている。
　坂道を下りきったところが十字路になっていて、「その角の山際に沿うた二階建の屋並の三軒目」に、彼がおでんを食べる食堂がある。「山際」とあるから神楽岡通（岡崎通）沿いのはずだ。等高線から分かるように、これより東側（右手）の街路では、山際という印象は受けない。

このあたりかと思われる地点に「1」と記した。

食事のあと「店を出て少し下り坂になっている山傍の道を下りて行った」。この道も神楽岡通りであろう。深見はこの坂を下りながら「吉田山の山側から北へつづいた盆地の中の眼下の屋根屋根の瓦」を眺めるが、今ではそんなに眺望は開けない。

彼は坂を下りきり、「銀閣寺の市電の線路を越え、石橋を渡り、公設市場の既に戸が降りて暗い入り口の前を抜け、屋並を縫い、再びゆるい勾配の人通の少い北白川の下り坂の坂道を通って行く」。文中の「石橋」は琵琶湖疏水分線をまたぐ小さな橋と想定され、「公設市場」は一九二八年に北白川久保田町三三の一に設置された白川マートと考えてまちがいない（実際には私設小売市場であるが）。そのあと「北白川の下り坂の坂道」とあるから、市場の前まで北向きに直進していって、そこで左折したとみられる。北白川地区は、北東から南西へ傾斜する扇状地であり、下り勾配の道といえば西行する街路しかありえないからだ。「高みに昇って来た月の光を背に浴びるように受け」という描写とも対応する。

すると「もう古ぼけた安普請の白い塗料の処々剥がれた、コの字型の長い洛東アパートの建物が、上り始めた明るい月の光に、黒い線のはっきりした影をつけて、附近の平屋続きの小さい家並の中に、二階建ての長い建物全体が、浮き出るように」進介の目に入ってくる。

この「洛東アパート」の立地はかなり奇妙で、野間宏も委曲を尽くして説明しているのだが、文章だけではどうにも把握できない。「下り坂道が果てて大きいアスファルトのバス道を丁字形に交差するところ、その坂に直角にアパートの建物が建っており、坂道に面した板壁の右隅の庇付の小さい明り取り窓に薄い明かりがもれ出ている。……彼は坂の途中から道を斜めに、その明り取り窓に真直に近づいて行った。……彼はすぐに残りの坂道を下り、バス道路に出、アパートの建物に沿うて入り口の方に歩いて行った」。ここでいう「バス道」は京都市営バスの路線になっていた山中越（やまなかごえ）（志賀越道／しがごえみち）と呼ばれる古道以外にはない。山中越と「下り坂道」は本来、ほぼ並行しているはずだから、「丁字形に交差」することはないと思われるのだが、「坂の途中から道を斜めに……近づいて行った」という表現から、「下り坂道」がアパートの手前で屈曲していると考えても不都合ではない。それはそれとして、「残りの坂道を下り、バス道路に出、アパートの建物に沿うて入り口の方に歩いて行った」はどう読めばよいのか。おそらくアパートは山中越えと直交する二本の街路にはさまれていて、「下り坂道」に面した側は裏であり、正面の入り口はその反対側に開いているのであろう。

「洛東アパート」というと、近代建築史に詳しい人ならば、土浦稲城設計の鉄筋コンクリート造五階建てのモダニズム建築（一九三二年）が頭に浮かぶだろう。たしかにその「洛東アパート」も北白川西町にあって地理的には近いが、上の描写とは、形姿にしても道路との位置関係にしてもまったく符合しない。近年発見された『京都明細図』（京都学・歴彩館所蔵）には北白川久保田町三七の二にコの字型の家屋が描かれている。山中越えとの位置関係や、表裏を街路にはさまれているところなど、上の描写によく適合する。今の段階ではこれが深見の訪ねる「洛東アパート」と見なしておく（「2」と書き込んである）。

帰路はどうか。野間の描写はこうだ――「二人〔深見と友人の木山省吾〕は高みに上った白い十三夜位の月の光を浴びながら、アパートの横に折れ、川の堤のような、両側に雑草の生い茂った、ゆるい勾配の坂道を上がっていった。……間もなく坂の上の広場に出て、歩みをとどめ、しばらく、すぐ坂の崖の下の……京の街を眺めていた」。道の端が崖になっていて、街を見渡せるような眺望が開ける坂道というと、疏水に沿った道しかない。「川の堤のような」と野間は書くが、堰堤そのものである。文中の「広場」は問題で、現在、該当するようなスペースは見当たらないのだが、かつてはちょっとした空き地があったのであろうか。
そのあと二人は「廻れ右をして」「低い平屋建の家屋の両側に並んでいる狭い暗い道」に入り、やがて「風呂屋の人の出入りがあるほの暗い赤い暖簾の前を曲り、銀閣寺道の市電の終点のところに出る、両側に店舗の並んだ三間道路を歩いて行った」。この「三間道路」は位置関係と人通りの多さの描写から現在の白川通に当たると考えざるをえない。しかし都市計画道路である白川通は幅員が広く、開削当初「十二間道路」と呼ばれていた。「三間道路」という記述と食い違うのだが、ことによると「一二間」と書かれた原稿が初出時に「三間」と誤植され、その後も残ったのではあるまいか。

*4 昭和九年から一〇年にかけて、北白川地区では大々的な区画整理が実行され、白川通の拡幅がおこなわれた。これに連動して、神楽岡通の拡幅も進められた。野間宏は昭和六年に三高に入っているから、この地区の激変をまのあたりにしたはずである。神楽岡通の描写に「山傍の崩れて少し切り立っているような肌の見えた粘土」とあるのは、拡幅工事の名残ではあるまいか。

*5 市電敷設（昭和四年）、東方文化学院京都研究所の設置（昭和五年）により、急速に住宅地化が進行しはじめたころの写真である。白い花の連なりは疏水の土手の桜並木。

*6 現在の学生街。京大岡辺の景観をスナップしてみた。外食施設関係で眼につくのは伝統的な学生食堂の減少と純喫茶・ジャズ喫茶の衰退、逆に、メシも出せばアイスクリームの出前もやるような何でも屋的喫茶店の隆盛である。遊戯施設ではなんといっても雀荘の減少、ゲームセンターの増加、またレンタルレコード・ビデオ屋の急増であろう。

*7 夏休みでこの数である。試験期間中ではすさまじいことになる。もはやクルマがないと学生生活を半分しか味わえないのかもしれない。

*8 歌手本人の短大卒業に引っ掛けた詞の嫌みたらしさで評判の悪い歌だが、関口誠人の作曲はよく出来ていると思う。大胆なジャケット写真にも作り手の意欲が示されている。

二　都市論へ

逃げる街——遊郭の空間演出

京都国際工芸センターが刊行していた『ザ・クラフト』第四号（一九八三年七月）に掲載された。大学の先輩の磯野英生さんが同誌の編集に参画しており、編集長格の西川照子さんに私を紹介してくれたのだと思う。あらためて雑誌に目を通すと、谷崎潤一郎夫人・松子さんへのインタビュー記事がメインの記事として載っていて驚いた。西川照子さんにはその後も折りおりに「京都国立博物館」「大阪倶楽部」「大山崎山荘」について書く機会を頂戴した。執筆者紹介欄で「美少年」と書いてもらったこともあったが、全くもって「今は昔」である。

＊

遊里の岐路

時間は総てを変えていく。都市もその力から免れるものではない。災害の襲来が、あるいはまた社会制度の変革が都市を変容させてしまう。しかしまた、都市はみずから変わっていく。空間の力学のなかで、無数の外的要因がいつとは知らず、その都市に固有の絵柄に織り合わされるとき、都市変容の自律性をわれわれは見出す。

都市の変容は、一方では天の下新しきものなき生活の循環へ連なり、他方では転変常なき風俗の海へ溶解する。その二重性が一際いちじるしい街々、それが遊郭ではなかったか。

近世の遊郭は、いうまでもなく「辺界の悪所」であった。近世都市、特に城下町の都市計画は、社会のヒエラルキーをそのまま同心円化した地域分化を基本理念としている。かかる外的秩序に背く異物として遊郭は隔離されてきた。この隔離は夥しい岡場所の族生によってその意味を脅かされつづけるのだが、その岡場所とて、ほとんどが市街周縁に立地したのである。近世の遊郭は性病の出現・蔓延に限どられる存在であったから、なおのこと社会秩序の外へ放逐されねばならなかった。

しかし、近世都市の形成理念は、社会層序の上にのみ立脚していたのではなかった。江戸の主要街路は富士山と筑波山を見通すべく計画されていたし、仙台城下町の計画起点となった十字路「芭蕉の辻」には、派手やかに装飾された城郭風土蔵造の商家が角々に配された。これらの事例をはじめとして、多くの城下町形成において、ヴィスタを重視する審美的計画手法が存在したことが明らかになっている。こうした時代の審美的秩序にとっては、遊郭はその秩序の建築的結晶化たる意義を担っていた。むろん、遊郭の家作に対しては、たび重なる抑圧が加えられた。しかし、それがほとんど効力をもたなかったのは多くの遺構が証する。統制にたやすくも屈したのは一般の町家であった。洛中洛外図などでうかがいうる中世末・桃山期の鬱勃たる造型意欲は、街路の統一感とひきかえに雲散霧消してしまうのである。

これらのことを考えあわせると、近世の遊郭は、都市の形成原理との関係において、遠心性と求心性とを併せもっていたのであって、その均衡の上に遊郭の存在形態は危く成立したのだということができる。

幕藩体制崩壊後の近代都市は、外からの直接的な方向づけのもとに変容していったのではなかった。都市の変容は、常にそこでの行為、就中、経済活動の結果として現れた。それは当然、遊郭の近世的形態を根底から掘り崩すものだった。このとき、遊郭は二つの選択のどちらかを選んだように見える。一つは、祇園のように近世の残像を増殖させていく道であり、もう一つは、吉原のように折り折りの時世粧を凝らす「原色の街」となる道である。

この分裂は、明治政府が遊女に鑑札を与えるにあたって娼妓と芸妓を区別した結果であり、また、都市・地域によって客層が画然と異なってきたためであろう。祇園あるいは先斗町は、西陣・室町筋の旦那衆など限定された顧客層に依拠せざるをえなかった。これらの地区にとって幸運だったのは、京都においては、近世都市を支えていた審美性が近代都市形成にリンクしえたことである。祇園感神院の上知とそれに続く円山公園の設置は、特異な遊楽公園をもたらした。もとより、そこには平安遷都以来、抒情の対象となりつづけた東山があった。京都が誇るべき王朝の美学を宣揚しようとするとき、祇園の存在は絶妙の点景となった。逆にいえば、祇園は美しい偽善と化すことによって、「悪所」の閉鎖的美意識を市民的秩序に向かって開きえた。祇園を歌った代表的歌人が、吉井勇とともに与謝野晶子であったことを想起されたい。祇園の邪悪な部分は、婦女子が扱えるほどに希釈され、変質させられていたのだ。

一方、東京・大阪のような、単身者が卓越する場では、嫖客と娼婦のあいだの無機的な経済論理のみが浮き立つ。近代都市の地域分化は、いかなる規則にもまして、経済活動の性格の相違によってもたらされたのであり、「原色の街」は、こうした経済的地域特化の尖鋭的な症候群だといいうる。遊郭は、建築意匠の流行を追うことに対しては、きわめて貪婪であった。吉原角海老楼の時計塔は、吉原のみならず、東京全市の名物となったし、タイルが貴紳の独占物を離れ、広く使用されるようになったのも遊郭からである。帝国ホテルの異観が都人士の眼を奪うと、すぐさま大谷石を貼りまわし、アール・デコが持ち来たらされると、屈曲する線と色ガラスがファサードを分断することとなる。

［写真1・2］

一九二〇年代以降、大都市において大衆文化が生成していく。エロ・グロ・ナンセンスと軽侮の風なしには語られないこの時代。しかし、マスコミが今日とは比較にならぬほど未発達であったことを考えれば、その広さと深さは、一過的な時代の病いと言い捨てることを許さない。そこに見られた性的放縦も一つの文化現象だったのであり、そこでは風俗的突出性が、そのまま性的サインとなりえただろう。先に触れた遊郭建築の意匠上の斬新さは、こうした観点からも理解できよう。この時代、「尖端的」という流行語があった。安藤更生の『銀座細見』に登場する「幸子」

は、この「尖端的」女性の典型であっただろう。この「神戸の金持の令嬢」は「誰とでも平気で付き合うのだ。どこへでも行くのだ。そうして何でもするのだ」。その果てに、彼女は怨然と自殺する、「恋愛にも飽きて」。当時の性風俗地帯を彩った、あざとくも懸命な「尖端的」建築意匠は、こうした同時代の青春のはりつめた脆さを映しているかに見える。売春防止法ののち、時間を止めてしまった多くの遊郭には、石内都の写真集『連夜の街』が掬いとったように、エロ・グロ・ナンセンス時代の暗く切ない吐息が今なお漂うのだ。

写真1 「原色の街」を彩ったアール・デコ調の屈曲する線、色ガラス、タイル（八幡市橋本・元遊郭・昭和初期）

写真2 ライトの影響をうけたスクラッチ・タイル貼りの壁面。ステンドグラスも凝っている（八幡市橋本・元遊郭・昭和初期）

閉鎖系としての近代都市

成熟してゆく近代社会は、それにみあった都市を求める。都市の近代性を獲得するための決定的な第一歩は、大正八年の（旧）都市計画法とその姉妹法・市街地建築物法の施行であった。

両法の要締となったのは用途地域制《ゾーニング》である。この制度は、都市域内を住居・商業・工業の三地域に区分し、そのなかの建築物の種類・形状等を統制しようとする計画手法である。経済活動によって、都市は地域分化を起こしてきた。その分化を用途地域制《ゾーニング》は積極的に是認する。そして、都市を、生産・流通・消費の三つの「機能」を分かちもつ一つのシステムと見なすのである。

こうしたゾーニング理論の基本理念が、近代産業化社会の理念ときわめて良く対応しているのは明らかであろう。ゾーニングは、近代社会が市民にもたらした既得権を保護するように機能する。ゾーニングが最も広範な採用を見たのはアメリカ合衆国であるが、その成功の背景には、人種差別と階層格差があったといわれている。

ゾーニングは、都市周縁部の無秩序な蚕食現象《スプロール》を食い止め、道路・上下水道など諸々の都市施設の適切な配置を可能にした。しかし、土地利用の専用化の結果、職住分離が徹底し、殺風景を極めたベッドタウンと夜間人口零の都心部とを出現させた。近代を経て、現代の都市は、排他的でしかし相互依存的な閉鎖空間の集合体となっている。

解体する差異

　現在の日本においては、空間の固定化とは裏腹に、社会階層はむしろ流動化してきたといわねばならない。性の解放が云々されるなかで、当今の娼婦の値段は売春史上、最高である。これは「売る側」に、すでにある程度の経済的豊かさがあり、そして十分に稼いだ上で今の境遇を脱しうるからであろう。

　溢れる経済的繁栄を背景に、空間は固定化し、階層性は曖昧になる。このとき、性的空間は、都市を構成する閉鎖系の裂け目にしか遊弋できぬ、しかし眩くも聳《そばだ》つ存在となる。トルコ風呂やラブホテルの建築装置は、今や国際的知名度を持つにいたったが、しかし、その建築的演出は、かつての吉原・新宿二丁目の演出とは微妙に異なる。往年の原色の街々は一般の商業建築の延長線上にあり、そこでの行為も擬似恋愛のごとく飾られていた。これに対して、今日の建築的眩惑は、悪趣味と禁忌をかき集めた非日常性の強迫的強調であり、また性行為自体も、ヴァイオレンス・トルコという惹句が露骨に示すように、感覚の満足だけを実験室的に肥大化させるものである。こうした非日常志向には、建築的側面においては、日常的空間への反発をうかがい見ることができ、あるイギリス人建築評論家は、目黒エンペラーをポスト・モダニズムの好例と見なして、世界中に紹介した。

　しかし、近年にいたって、こうした様相が転換しつつあるかに見える。マンション・トルコは明らかに擬似恋愛への回帰であり、シティホテル風ラブホテルの隆盛は、日常的空間を通じての日常的人間関係の希求がその底にあるだろう。そこには、あるいは性意識の転換を見ることができるかもしれない。だが、それ以上に、空間意識の変質を認めうるのではないか。

　悪所の隔離と自閉は支配的秩序からの差別と蔑視の結果

ではあったが、その緊張関係のなかで、性的空間はみずからを魅力的な異物に組織してきた。しかし、今や人々はその異物性に意味を見出せなくなっているのではないだろうか。というのは、都市のそこここに、空間の差異に対する感覚が鈍麻している状況を見ることができるからである。都市が蓄積してきた濃淡さまざまの演出に、誰も眼を向けなくなり、その結果、都市は経済と法制が形象化しただけの無機物になってきている。悪所の存在は社会の病理である。だが、空間的演出の消滅は都市の病理であろう。

ここまで見てきたように、綺語臙脂の巷は時代と桔抗しながら時代を映してきた。今日の性的空間は、ふと気がつくと、猥雑なくせに平板な、われわれの都市空間を映し出しているのではあるまいか。

郊外居住の歴史に見る自然への渇望

京都の出版社・世界思想社の企業誌『世界思想』に中野正大先生の推挽で書く機会を得た。元はといえば、東京大学出版会の『都市・建築・歴史』シリーズで「郊外論」を依頼されたのにまとめきれなかった失敗があって、その幻の論文の副産物である。

*

池田弥三郎は一九六三（昭和三八）年に出版した『東京の12章』のなかで、「『郊外』という語の詩趣が、わたしたち町なかの子ども心をそそった……それはわたしたちにエキゾチックな刺激でさえあった」と回想している。池田は一九一四（大正三）年生まれだから、彼の記憶は一九二〇年代半ば、関東大震災前後のことであろう。その「エキゾチックな刺激」はそのまま、谷崎潤一郎の『痴人の愛』（連載開始一九二四年）の舞台となる大森の「文化住宅」――「赤いスレートで葺いた屋根。マッチの箱のやうに白い壁で包んだ外側」――と重なりあう。そして、この「郊外」のエキゾチシズムは戦後の谷川俊太郎の詩句「かわいらしい郊外電車の沿線には／楽しげに白い家々があった／散歩を誘う小径があった」（「春」『二十億光年の孤独』一九五二年所収）にまで一続きにつながる。

だが、元来、「郊外」は第一義には〈市街地に隣接したた田園地帯〉であった。そして、コノテーションとして「都会人にとっての、寺社の参詣や花見、紅葉狩り、納涼などに赴く場所」といった意味を持っていた。正確には、そうした「行楽」の対象となる「点」が分布する地域というべきだろうか。落合浪雄『郊外探勝その日帰り』（一九一四年初版）を一例に取れば、「もものはな」の千葉県市川市にはじまって「海水浴」の木更津にいたる東京周辺一〇六箇所の行楽地が列挙されている。そこで紹介される「郊外」は、都会人に捧げられた自然観光のスポットであって、けっして生活空間ではない。裏返せば、「郊外」の近代は、「行楽地」が「生活空間」になる歴史といってよい。

郊外が「生活空間」でなかったというのは、居住のためのメカニズムが成立していなかったからである。農村には、いうまでもなく、自給自足と相互扶助を原則とする生活のメカニズムができていた。一方、「都市」と呼べる場所には、住民の生活を成り立たせるために意図してつくり上げられたインフラストラクチュアと社会的制度が存在している。水道や電気などのライフラインにはじまって、商圏の形成、夜回りの当番制度にいたるさまざまな次元での人工的なシステムである。それらによって、都市居住者は汚水を飲まされずにすみ、行商人に依存せずに暮らしていける。無数の物理的・社会的装置が都市居住者の生活を支えるのである。

郊外には、そうした秩序とそれを維持するシステムがない。「湯屋は遠し、菓子屋もなし」というのは一九〇七（明治四〇）年の東京・谷中の有り様であり、「廻り商人が尋《ママ》ねて呉れるが、品ごのみは未だまだ出来ないから、鶏でも飼ふて折々に料理《つぶ》すのが上分別だらう」とは一九〇八年の大阪・十三の状況である（どちらもその年の新聞記事より）。しかし、利便性より一層、問題だったのが治安の保持のためのしくみの欠如であろう。「出歯亀」という言葉の起源は一九〇八年三月、東京の西郊、大久保村（現・新宿区）で起きた強姦致死事件にある。電話局長の妻が風呂帰りに「出っ歯の亀太郎」に襲われたのだが、この事件が世を震撼させ、「出歯亀」が今にいたるまで「変態」の代名詞となっているのは、そうした恐怖が稀なものだったことをかえって物語る。そんな、都市でも農村でも考えられないような事件が起きるのが郊外なのであった。

では、そんな郊外に、人はなぜ住みつきはじめたのか？　理由は大きく分けて三つ挙げられる。

すぐに思い浮かぶのは〈家賃の安さ〉である。日露戦争後の郊外の発展は、あきらかにインフレの昂進が大きな要因である。「物貨《ママ》の高い東京の中央で石の上の住ひをするより、足賃は多少掛つても家賃や物価が安くておまけに広々とした静かな所に住まれると云ふので引き移る者が非常に多い」（傍点原文）というのは一九〇七（明治四〇）年の『読売新聞』の観察である。しかし、この記事に「足賃は多少掛つても」とあるように、通勤手当という制度がないこの時代には、交通機関に依存する暮らしが営めるのは中流以上の生活水準の家庭であった。したがって労働者層は就業地に徒歩で通える既成市街地の縁辺に居住する。それは「場末」であって「エキゾチックな」郊外ではない。いいかえれば、「郊外」に住もうという人は、「家賃や物価」の安さだけに惹かれているわけではないのである。

では何が？　と問うより早く、先の記事に「広々とした静かな所に住まれる」と書いてあるのを思い出すだろう。このことすなわち〈自然と一体化した生活空間〉を二つ目の理由として挙げたい。一九〇七年、島崎藤村は、この年に大久保に移住した戸川秋骨をモデルとして、こんな作中人物を造型した――「急に原は金沢の空が恋しくなつた。畠を作つたり、鶏を飼つたりした八年間の田園生活、奈何にそれが原の身にとつて閑散《のんき》で、幽静《しづか》で、楽しかつたらう。原はこれから家を挙げて引越して来るにしても、角筈《つのはず》か千駄木あたりの郊外生活を夢みて居る」（『並木』）。

早くから郊外に住んだ文学者として知られるのが田山花袋である。花袋は、一九〇六（明治三九）年、「代々木野が一寸見渡す程に広がつてゐる」代々木山谷（現・渋谷区）に「瀟洒閑静、素封家の別荘のやうな趣」の家を建てた。その彼は自身が郊外に移転する直前に、戸塚村（現・新宿区）の一軒家を買おうとする若夫婦の姿を借りて、郊外居住の心理をこう書いている。

> 不用心の点と、不便の点と、それから今一つ如何にも粗雑な家作とは、余り気に入らなかつたが、さりとて其眺望、其二階、其の世をかけ離れた具合などには中々好い所もあつて、成程、此処なら住んでも悪く

も無いと思つた。〔中略〕武蔵野の風の音を聞きながら、興の乗つた筆を白紙の上に走らせたなら、其楽しさは如何であらう。(『郊外』一九〇五年発表)

一方、下目黒(現・目黒区)に住んだ白柳秀湖は、『黄昏』(一九〇九年)という小説のなかで、若い主人公を遠からぬ大崎(現・品川区)に住まわせ、次のように述懐させる。

雅夫は思ふた。何うかして一度此の静かな武蔵の平原に居を卜して見たい、たとへば日が暮れて、あの桐ヶ谷の岡に続く菜の花に黄昏の雲が残る頃、心ゆくまでに此の辺りの野に立ち尽くして見たい。自分の家は直ぐ眼の前の森の中に在るといふ沈著を心の中に持つて心ゆくまでに此の辺りの野を彷徨てみたい。〔中略〕日が暮れて帰つて来ると森の中の自分の家に灯の影が見える、何んなに嬉しいだらう。

これらの文芸作品には広やかな眺望と武蔵野の自然を、日常の不便さと引き換えに手に入れようとする願望がありありと描かれる。郊外に残る自然との一体感の愉悦をはじめて言語化し、人に知らしめたのは、いうまでもなく国木田独歩の『武蔵野』(一九〇〇年発表)であった。ただ、独歩の武蔵野はいまだ散策の地である。『武蔵野』から数年の後、「郊外居住」が、都市における新しい生活様式として形成されていく。上に挙げた作品の舞台を見てみると、花袋が取り上げた豊多摩郡戸塚村の人口は、一九〇〇(明治三三)年に一四六一人であったものが、一九〇五年には一九七八人と約三五％増、秀湖が舞台に選んだ荏原郡大崎村では、一九〇〇年の三七一九人が一九〇九年には実に二・五倍の九二〇一人が住みつくにいたる。こうした、独歩自身が「流行の郊外生活」と記した(『竹の木戸』一九〇八年)ような趨勢を背景として、自然と隣りあう生活空間の幸福を謳う文学が次々と現れるのである。

ここにある心性の源泉を、柳田國男は「村を出てきた者の心細さ」に求めた。「広い周囲と自由な休憩」に恵まれた「以前の生活を思ひ出さずにはおられぬ」「帰去来情緒」が郊外の発展をもたらしたというのである(『都市と農村』一九二九年)。

柳田の推測は肯綮に中《あた》ると思うが、ただ、情緒的な自然の希求だけが郊外居住の動因ではなかったように見える。三つ目の理由として付け加えたいのは〈衛生思想〉である。たとえば一八九一（明治二四）年の『東京遊学案内』（黒川安治編）は、学生の下宿選びについて「卑湿の土地にては様々の泥沼気《ミアスマ》などを蒸発して脚気の病源《ママ》となることあれば、宿所は成るべく高燥の地を選ぶがよかるべし」と述べる。こうした「下町」＝不潔、「山の手」＝清浄という感覚は、引用にも「ミアスマ」と見えるように、西洋的な衛生観念の広がりが助長したものであろう。大塚（現・豊島区）に住んだ幸徳秋水は「都会人の吸ふは有毒瓦斯と塵埃なり」と郊外居住の必然性を説き（「郊外生活」一九〇八年）、柏木（現・北新宿一丁目付近）に千坪の屋敷を借りた大町桂月は「西郊の地、空気新鮮にして街上の塵埃到り及ばず。啻《ただ》に我心に適するのみならず、亦我體に適す」とその選択を説明する（「田園雑興」『月影集』一九〇九年所収）。

　ここに見るように、「郊外」の生活空間化は、農村回帰の代償として、また生理的次元での都会忌避として進められたといえる。そこに建つべき建築がデザインの手本としたのは、花袋邸のように「素封家の別荘」であった。では、郊外住宅が「エキゾチックな刺激」を持つようになるのはなぜであろうか。

　一九〇七年、内務省地方局有志の名義で『田園都市』が刊行される。先に引いた一九〇八年の秋水「郊外生活」は「『郊外のレシーデンスより電車若くは汽車にて、市内のオッフキースに通勤するに非ずんば、以て文明のビジネスマンにあらず』、とは今のハイカラ青年の気焔なり」と述べており、郊外居住を試みる心性が英国の職住分離の情報によって補強されていたことを教える。その三年後、野上彌生子は自分の住む染井（現・豊島区駒込）の植木屋の連なりについて「ガーデン、シティと云ふのはこんな風のものではあるまいか」と感想を書き付ける（「楽み多き郊外生活」一九一一年）。ここには、郊外居住を西洋的な行動と捉えるだけでなく、郊外それ自体を西洋と重ね合わせようとする心理がある。そこから渋沢栄一による田園調布（一九一八年）の赤い屋根は目の前であった。

第四章

解釈から構築へ

保存再生の根拠を求めて

一九九八年、日本建築学会に「京都の都市景観特別研究委員会」が設置され、四年間の活動をおこなった。親委員会の委員が三五名、小委員会・ワーキンググループまで含めると一〇〇名を優に超える大組織で、二〇〇二年三月に刊行された報告書『京都の都市景観の再生』は本編だけで四〇〇頁を超えた。この論考は、景観史・景観論小委員会からの各論の一つとして書いたものである。ただ、「根拠」という論点は、必ずしも委員会活動から生まれたものではない。むしろ保存をアプリ・オリに善だとする制度的思考は排除すべきと主張した、かつての同僚の杉元葉子さんへの応答として発想された。

＊

京都における近代建築の保存問題

一九六〇年代までは、京都タワー問題、双岡病院建設問題など京都の歴史的景観の根本にかかわる問題が多く、重要文化財級の洋風建築の撤去（たとえば一九六三年の聖ヨハネ教会堂〈一九〇七年〉、一九六七年の聖ザビエル天主堂〈一八九〇年〉の明治村移築）があったにもかかわらず、それらはほとんど注目されなかった。

一九七三年に京都市内の三条通に建つ中京郵便局の建て

替え計画が起こる。これに対して、建築史研究者を中心に、この建築が文化財的価値だけでなく「歴史的景観」の重要な要素としての価値を有していることを指摘する声があがった。

保存運動サイドは具体的な提案として、街路に面した外壁だけを残し、室内は新築する「ファサード保存」の手法を示す。設計者側には機能と意匠を分離して考える発想に抵抗を示した。しかし、最終的に「社会の共有財産としての街路景観を保全する」ことで合意を見、日本で初めての本格的ファサード保存が遂行された。すなわち三条通側の全外壁と東洞院通側の三分の二程度を残し、その背後にRC造による新庁舎を建設した。煉瓦壁の耐震補強は、アンカーボルトを打ち込んでエポキシ樹脂で固着し、RC造の躯体と緊結する方法が採られた。

これを契機に、京都における洋風建築の重要性が一般的に認識されるようになっていく。また、「洋風建築ファン」とでもいうべき層も増えてきた。ただ、建て替えの希望も増えてきて、所有者の取り壊し計画と学会・市民の保存要望とが対立する事例が増えてくる。以下は、問題化した主な建築物である。

一九八〇年　三井銀行京都支店（一九一四年、鈴木禎次）↓外壁の部分保存
一九八四年　JR二条駅（一九〇四年、設計者不詳）↓一部改変のうえ移築
一九八九年　旧京都商工銀行（一九〇八年、藤森松太郎）↓外壁の部分保存
一九九〇年　同志社静和館（一九一二年、武田五一）↓破壊
一九九七年　京都府立図書館（一九〇九年、武田五一）↓外壁の一部保存
一九九七年　京都地方裁判所（一九二三年、司法省営繕課）↓陪審法廷の室内のみ移築保存
一九九八年　洛北高校（一九二九年、京都府営繕課）↓意匠の部分的継承、破壊
一九九八年　第一勧業銀行京都支店（一九〇六年、辰野金吾）↓当初外壁のレプリカ作成を計画。破壊
一九九八年　平安女学院明治館（一八九四年、ハンセル）↓保存

上述のような問題化したケースとは異なり、所有者が自発的に用途変更、部分改修等の手段で再活用をおこなった最近の例としては、

一九八一年　大谷大学尋源館（一九一四年）↓翼部除却、構造補強、増築
一九八一年　京都市考古資料館（旧西陣織物館、一九一五年、本野精吾）↓用途変更、構造補強
一九八四年　日本生命保険京都三条ビル（一九一四年、辰野片岡）↓外壁保存、増築
一九八八年　SACRAビル（旧不動貯金銀行、一九一六年）↓用途変更、一部内部改修
一九八八年　京都府文化博物館（旧日本銀行京都支店、一九〇六年）↓用途変更、増築
一九八九年　京都大学東南アジア研究センター（旧京都織物会社本館、一八八九年）↓用途変更
一九八九年　カーニバル・タイムズ（旧京都中央電話局上分局、一九二四年、吉田鉄郎）↓用途変更、一部内部改修
一九九二年　南座（一九二九年、白波瀬工務店）↓内部改修
一九九五年　大山崎山荘美術館（一九三〇年頃、加賀正太郎）↓用途変更、内部改修、増築
一九九八年　駒井邸（一九二七年、ヴォーリズ）↓用途変更
一九九九年　毎日新聞社京都支社（一九二八年、武田五一）↓用途変更、一部外装・内部改修
二〇〇一年　新風館（旧京都中央電話局、一九二六・三一年、吉田鉄郎）↓用途変更、内部改修、増築

破壊の論拠

ここまで挙げた例のいくつかにかかわってきたが、つくづく、日本は、古い建築は残せないようにできあがっていると思わずにいられない。

京都府立図書館を例にとってみよう。この建築は明治四二（一九〇九）年に武田五一の設計によってつくられたもので、現存する図書館建築としては三番目に古かった。図書館史にも残る存在だが、しかしその価値——文化財的価値は専門家にも見きわめにくいものとなっていた。外観にお

ける、フランス古典主義とセセッションの折衷は様式的完成という観点からも先進性という見地からも評価されなかった。内装においては、あふれる書架や物品が細部装飾を覆い隠していた。そのうえ、大正期以降重ねられてきた、トップライトの消滅や天井の全面張り替えといった改造が本来の空間的特質を致命的にそこなっていた。建築史研究者からも「アレのどこがよいのだ」という声がかなりあったのである。

京都府立図書館は結局、外壁の正面中央部だけを保存し、背後に新築するという計画で落着し、二〇〇一年五月に完成を見た。府立図書館が壊されなければならなかった理由、それは一見あきらかだ。書物は図書館中にあふれ、貴賓室は児童コーナーになっていた。出版の繁栄ぶりも図書館業務の使命も九〇年前には予想もしなかった様相に変わったのだ。将来的には、公共図書館はこれまでのように単独で需要に応じるのではなく、ネットワークを組んで対応していこうという構想も生まれていた。さらには、阪神・淡路大震災で上階の壁体に亀裂が生じ、危険建造物と見なされるにいたった。「生まれ変わる府立図書館」という耳あたりのよい目標を前にすると、保存を求める意見はいかにも微弱であった。

もちろん保存したいと考える者は、この建築の価値を強く主張した。意匠的価値を確認したうえで、この建築が建つ京都市岡崎という地域の特性——平安神宮、京都市美術館、京都会館から国立近代美術館、京都市勧業館まで文化施設が累層してきた重要性を守る意味を訴えた。しかし、当事者は、ファサードの部分保存と「記録」のための報告書とで、府立図書館のすべての価値を保持しうると見なし、その判断のもとにすべてを押し切ったのである。

そこには、歴史的建造物が破壊・更新される理由が集約されている。つまり「機能の破綻」「構造上の不安」、そして「文化財的価値の軽視」である。

「機能の変化に追従できない」「利用者の要求に対応できない」、これは歴史的建造物の更新に際してかならず唱えられる理由である。実際、職員の数が三倍に増えたり、蔵書が一〇倍になったりすれば、建設当初の様態が維持できないのはあきらかである。あるいは北向きに教室が並んでいるような校舎をそのまま使いつづけよとはいえない。

問題は、機能の破綻が、そのまま建て替えに直結することである、それ以外の可能性を顧慮することなしに。それ以外の可能性？　わたしを含めて保存論者はつい気安く主張する——「機能はすぐに変わる。むしろ機能を超えた価値を重視せよ」と。たしかにプログラムを少し見直せば、「機能」のくびきを軽くできる場合は多い。しかし、だからといって、更新しようとする側が常に短慮だとはとうていいえない。更新以外の方法を採ろうとすると、きわめてむつかしい問題に逢着してしまうからだ。

自由の絶対化

まず念頭に浮かぶのが土地利用の問題で、民間のオフィスビルなどではこの点に尽きるといってよい。たとえば、このような意見がある。「さまざまな種類の建物が乱雑に立ち並んでいる町よりは、どれもよく似た建物が整然と並んでいる町のほうがきれいに見えるかもしれない。……しかしそのような美的価値は、財産所有者が自分の欲する仕方で財産を使えないという、目に見えない負担によってまかなわれているのである」（森村進『自由はどこまで可能か』講談社）。

こうした見解を下品だといって済ませられる人は、容積率八〇〇パーセントの敷地に建つ三階建ての洋館の保存を求める困難を知らない人である。デベロッパーが得られる（と信じている）数百億円の利益を目減りさせる論拠は、実際問題、簡単に見つけられるものではない。

別の例を挙げよう。袖看板が都市景観を阻害していることは自明である。しかし、新参の店舗にとっては、店の存在を知らせる看板を規制されることは、死活にかかわる不公平である。宣伝の自由がもたらす商業活動の健全さよりも景観規制が優先すべきかどうかは自明とはいえない。

「自由」が問題になるのは経済活動にかかわる局面だけでない。設計者もまた、あたうかぎり完全な自由を求める。建築家は風致条例に対して必ずこういう。「何の根拠があってこんな規制を受けるのか」。そう、たしかに庇の出が二五センチではダメで、三〇センチならOKといった規則には本質的な根拠はないのである。

もちろん、土地の高度利用で儲かるというのは幻想だといってデベロッパーに翻意を促すことはできる。屋根のかたちを決められても、ほかにデザインの余地はいくらもあるじゃないかといって建築家を説得することもできる。しかし、それでは本質に触れない。自分の占有する空間は自由に使えるべきだ、設計は依頼を受けた建築家が自由に実現すべきだ、ほかの人間がそれを妨げるいかなる理由もない——という近代社会の基底にある観念を揺るがしえないからだ。

　こうした発想が、京都において明瞭になってきたのは、近代、というよりも戦後になってからであろう。戦前までは、歴史的蓄積を継承させようとする、あるいはせざるをえなくなる諸条件が存在した。一つには在来木造が性能面でも価格面でも最もすぐれていて（あるいは確実に供給されて）、他の構法が選択されにくいという技術的条件である。二つには土地の高度利用を促すような、あるいは不燃化を促すような社会的条件の不在である。三つ目には商行為や住生活が町家という枠に収まっていて、他が求められないという生活様式の固定性の存在。そして、これらがもたらす安定的な都市・建築像が成立していた。

　しかし、戦後になると、京町家の技術は建築基準法によって否定され、都市化は高層化をうながし、生活様式は町家を置き去りにして「近代化」していく。戦前に存在した条件は、制約もインセンティブもともに消滅していくのである。

　それが成し遂げられるにつれて、「個人」の絶対的自由が空間として具現化しはじめる。そして、そのことの実利的恩恵をわたしたちはこうむってきたといわざるをえない。京都が、いや日本中の都市がスクラップ・アンド・ビルドを繰り返すようになったことで、建設業界はうるおい、建築学科は拡充された。永遠のフロー都市は、まったき自由の実現のためにも、そしてわたしたちの職業のためにも、むしろ望ましい状態のようにさえ感じられてきた。

前のめりの未来志向

　破壊の要因は、しかし、土地の高度利用といった直接的な利潤の追求だけではない。そういう価値観の外にあるはずの公共建築でも更新は常態化している。そこでは、メンテナンスの経費がかさむ、あるいは改修費のほうが新築するより高いということが容易に破壊の根拠となる。つまり、現代の営繕システムは、現代建築とは異質の存在を許容しないのである。

構造的不安についても事情はよく似ている。保存側はこう主張する。構造診断技術はあいまいな部分を残さざるをえないし、種々の数値をどう解釈するかは、ほとんど当事者の胸三寸にかかっている。なんらかの危険が発見されたとして、それを克服するための補強技術は急速に発展している――と。しかし、こうした「正論」はなかなか受け入れられない。補強の経費が新築経費を上回る、あるいは時間がかかるという問題がつきまとうから「補強してまで残すのはイヤ」という姿勢になりがちだ。

要するに、当事者のその建築物に対する気持ちとは無関係に、破壊更新せざるをえない社会的メカニズムが厳然とある。

このメカニズムに養分を供給する道筋は二つある。一つは、明日は今日より進歩しているという「あすなろ」体質である。「あすなろ」体質は近視眼的な技術主義と表裏一体である。不燃構造はすばらしい、木造は一日も早く一掃しなければならないと考える。あるいは、煉瓦造よりRC造のほうが耐震性にまさるとみなし、RC造のなかでも新しいものほど向上してくると考える。技術的な問題だけでなく、意匠性、利便性においても、過去より現在が、そしてきっと未来がよりよくなると信じている。

経済の世界で「一九四〇年体制」ということがいわれるが、建築においても、戦中戦後は常に貧しく、常に不全感とともにあった。そして右肩上がりの経済発展は、建築にも右肩上がりの向上を約束してきた。もっと豊かになればもっと満足のいく建築がつくれるという五〇年間の期待感は、われわれの骨身に徹している。

もう一つの道筋は、今日の最適解も明日になると不都合を来たすだろうから、スクラップ・アンド・ビルドを前提にするという、「仮の宿り」体質とでも呼べるものだ。「仮の宿り」は日本に伝統的なものと思われがちだ。江戸の俄普請を、あるいは伊勢神宮の式年遷宮を見よ、と。だが、そこでは町家なり神社本殿なりの形式自体の永続性は保たれていた。むしろ、問題とすべきは、一九二〇年代に芽ばえ、太平洋戦争後に一般化した「仮設感覚」である。近代の日本人は、社会が想像を超えて大きく変貌する局面にさらされつづけてきた。そこでは建築は常に現実の要請に遅れつづけ、そして、後を追うために建て替えられつづけた。省資源という問題をめぐって、欧米にくらべて、日本の建築物の使用期間が短いことが指摘される。それはイカンと思う一方で、多くの日本人は、でも仕方ないじゃないとも感じるのではないか。ライフスタイルの変化の度合いが全然違うんだから、と。

残った理由

こう考えると、日本では、建築物の保存は寺社以外は絶望的に思えてくる。だが、保存され、再生される建築もたしかに存在する。ここでは、それらが生き残った理由をいくつかのパターンに分けて紹介し、なぜ隘路を突破できたかを考えてみよう。

まず、誰からもすばらしいと思われて残されるという一番しあわせなパターンである。京都でいえば旧日本銀行京都支店（現・京都府京都文化博物館別館）が典型だ。あれを壊す気には誰もならなかった。大山崎山荘もこのなかに入るだろう。

二つ目は「謂われ因縁」型とでも呼べるものである。かつて東京芸大の奏楽堂が取り壊されそうになったとき、音楽家たちが猛然たる反対運動を繰り広げ、ついに保存（移築させられたが）を勝ち取ったことがあった。音楽家たちの熱意を支えたものは、そこが「運命」「悲愴」の初演がおこなわれた「聖地」という意識であった。京都では古くは新島襄旧邸があり、近年の例では旧西陣織物館（現・京都市考古資料館）がこれに近い。

三つ目は、もう少し個人的な思い入れを集めてきたゆえに保存が実現したパターンである。企業の創設時の社屋が残るのがこれにあたるわけだが、全国レベルでいえば、東京駅がＪＲのかねてからの意向に反して保存、さらには復原されることになったことをまず挙げるべきだろう。多くの、建築とは無縁だった人々の「理屈を超えた」思い入れの深さの結果といってよい。こうした残り方を、少し語弊のある形容だが「センチメンタル・バリア」型と名付けよう。

以上の三パターンは、建築物それ自体の価値を見る者が個人的に判断した結果の保存といえる。それらとは少し次元を異にしたパターンが二つ考えられる。

一つはその地域の特質や景観を集約した存在として評価されるケースである。中京郵便局が「景観」としての価値を提示し、「ファサード保存」という手法とともに、都市構造のなかで建築を考える視点が根付きはじめた。ここではもっと広く、住民によってその土地のシンボルと捉えられている場合も含みたい。府県庁舎をめぐって、保存か取り壊しかという議論が起こりがちなのは、行政庁舎が、おそらく行政マンが意識する以上にコミュニティの記憶の核となってきたからにほかならない。またランドマーク的な意味を担ってきた横浜開港記念館や神戸税関が保存されたのも、このパターンに入れられる。

最後に挙げたいのが「歴史の商品化」型である。旧京都電話局、同上分局（執筆時点では電話局が新風館、分局はカーニバルタイムズ）が典型である。そこではノスタルジーというしばしば軽蔑される感情が実は高値で売れているのである。

わたしのアイデンティティとしての空間

ここで、経済学者として景観を問題にしている松原隆一郎氏の議論を援用したい。氏は、自己所有権の絶対性が景観を破壊していることを重視し、景観を守るために、この近代社会の原則が景観には完全には適用できないことを論証しようとしている。

氏の議論は、わたしなりに敷衍するとこうである。「自分のものは意のままに処分してよい」という原理はたしかに確立しているが、そこでは「わたし」が時間を通じて同一性を保持していることが条件付けられている。つまり、自分を奴隷として売るといった行為は別人といえるほどの変化を与えるから認められないのである。とすると、「自宅の外観などは意のままに処分して奇抜なものとするならば、それによって構成される景観も激変する。一方、「わたし」の同一性や身体感覚は「わたし」を取り囲む空間の同一性に依存するであろうから、それを変化させてしまうような土地や建造物の自由な交換や処分は認められないことになるだろう」（「設計主義市場論・批判」『大航海』一九九九年二月号）。

先に挙げた保存例のうち、最初の、万人に美的価値が認められた場合以外の四つは、なんらかのかたちで、「わたしの同一性」を変えようとする変化への抵抗と見ることができる。

いいかえれば、「わたしの同一性」という概念が、間違いなく使いにくくても、お金がかかっても（すなわち税金を費やしても）、それを補う価値があるという気持ちにさせることを証明しているといえるのである。

おそらく、壊す理由と残す理由の多くは単純な差引勘定に乗る。ＪＲ東京駅は、あらゆる機能的・経済的不適合にまさる価値があり、そのために数百億円の国費を投入してもかまわないという了解が国家レベルで取れたから残される。京都府立図書館は、その文化財的価値にあまり恐れ入ってくれなかったために、新しい図書館の夢と差し引きした結果、外壁の部分保存というマイナス点に落ち着いた。

現在の社会システムは、天秤は最初から更新側に傾いている。利便性や経済性という実利的次元の要請と張り合うなら、保存側も実利的なインセンティブを導入するしかない。種々のボーナス制度や補助金のたぐいであり、また商業施設としての利潤である。

はっきりいってしまえば、現状の制度は更新へ極端なインセンティブを与えているのも同然なのだから、もし、歴史的建造物の保存を推進したいとみなが願うなら、いわゆる公的資金を使わざるをえないし、使ってよいのである。

そう割り切るべきは割り切って、しかし、プラスマイナスの計算だけではすまない要素もなお残る。それは、更新側の未来志向に対する、保存側にある「未来不信」とでもいう感情である。未来不信というとひどく後ろ向きに聞こえるが、たとえば丸ビル建て替えの際に出された再開発案――墓石のような超高層ビルが林立するだけの街にへキエキする感覚とでもいってよいだろうか。

欧米における建造物の保存は、都市環境を安定的に保つという目的が大前提としてある。個々の建築の保存は歴史的環境の保全の一環にすぎない。そこには未来への根拠のない期待は存在しない。これに対して、日本では「歴史的環境」というコトバはあっても、実際には街路景観のコントロールどまりである。未来はよりよいとするのか、それとも今手元にある達成を生かすべきとするのか、この姿勢の違いは、すでに同潤会アパート問題などではっきり現れている。その違いは補助金や容積率のボーナスで埋まるものではない。

その問題は「公的規制」にも当然かかわってくる。「レプリカ保存」や「かさぶた保存」の問題に露呈しているように、官僚機構の形式主義は歴史性あるいは景観の内実には触れずに、キャッチフレーズとしての「保存再生」で能事終われりとしがちだからだ。そのとき、たとえば「わたし」が「わたし」でありつづけられるかどうか、を問うというところからはじめる必要があるだろう。つきつめた議論を通じて、わたしたちは、景観のあるいは歴史的建造物の価値の内実をようやく問題にすることができるからである。こうした合意形成の公共性こそが、私的所有権を制限し、空間を市場原理から引き離すことを許す根拠となるものであろう。

そうしたとき、わたしたちがほんとうに何をよしとするのかがもっとも本質的な問題として立ち現れてくるはずである。

京の建築デザイン考——個性より普遍的な美

京都市街地で、町家が四軒以上並んでいるところは見当たらない。三軒つづいていて、四軒目がタイル張りだったりすると、「どうにかならないか」と思う。

不安定さの違和感

あるいは、北白川や下鴨の昭和初期に形成された住宅地では、建て替えが進行している。新しく建つ家の大半は、ハウスメーカーのプレハブだ。それ一つ取り出すとまとまりのよいデザインでも、古くからの市街地のなかに現れると、深い違和感を感じさせる。これも「どうにかならないか」と思ってしまう。

＊

一九九二年二月二八日付の『京都新聞』に寄稿。一月から三月まで週一回、計一〇回連載の「歴史への応答——京の建築デザイン考」の八回目として掲載された。七回目までは安藤忠雄氏から磯崎新氏まで七人の建築家へのインタビューで、そのあとの三回が、筆者、山崎正史さん、橋爪紳也さんの論考である。表題はこちらでは付けず、整理部にお任せしたと思うが、ここではそのまま使わせていただいた。

なぜ、町家のとなりのタイル張りや戦前期の住宅のなかのプレハブには違和感があるのか？　それは、単に形態が異なっているからではないように思われる。既存の建築も決して同一の形態ではない。種類は限られるが、多くのパターンがあり、郊外住宅地では洋風建築が混在してさえいる。

それでも、そこには共通の性格が感じ取れるだろう。おそらく、それらの形態は「完成している」という印象を与える点で共通しているのである。いいかえれば、デザインとしての成熟をだれもが承認するような、普遍性を持った美しさがそこにはあるのだ。

そのなかに割り込んだ新しい建物も美しいかもしれないが、その美しさはまだ施主と設計者にしか認めてもらっていない。その不安定さが違和感の原因である。

ヨーロッパとの違い

ヨーロッパのほとんどの都市が、歴史的環境を守ろうとしてきわめて厳しい建築統制を敷いている。それどころか、戦災で消滅した街区を昔どおりに再現したりする。そうした行動を支えているのは、過去のある時代のある建築デザインが彼らにとって理想的なもので、それはもう変える必要のないものだ、という認識である。彼らは、未来に対するあやふやな期待を持っていない。

その種の思考は日本人には理解されないことが多い。しかし、京都の建築物とそれが構成する都市景観においては、そうした普遍的な美しさをたたえた「理想的な建築デザイン」の存在を確認することができる。

「普遍的な美しさ」を持った建築。それはある定まった寸法と材料とが決定する形式（しかし、そこにかなりの幅があることは先に触れた）によって支えられている。その形式を、ここでは「伝統様式」と呼ぼう。

「伝統様式」の栄光は、過去のものとなりかけている。われわれは、かつての理想を、法律にも社会制度にも適合しない、不合理で、時代遅れで、否定すべきものと見なしはじめた。社会との不整合はたしかにそのとおりで、「伝統様式」の保存は——ヨーロッパとは異なり——トキやニホンカワウソの保護に類する行為となろうとしている。

独創性にまさる価値

建築家の側でも、こうした状況を見て取って、歴史的遺産から継承すべきは形式の特徴ではなくて、「空間の特質」だと考えるようになっている——この欄にこれまで登場した諸氏の見解にみるように。

そもそも近代的な建築観では、設計とは、かたちを整えることではなく、新しい意義を持った空間のあり方を提示する行為なのであり、建築家たちが形式上の伝統に冷淡なのは当然でもある。その結果、建築家一人ひとりが個別に把握したとりどりの「京都的空間の特質」なるものが、「作品」として提出されていく。

だが、いま問題としている地域では、「伝統様式」の持つ「個人を超えた美」が生命なのだから、建築家ごとの個性的な判断は——それがいかに優れた発想であっても——異物にしかなりえない。

幸いなことに「伝統様式」を根だやしにしようとしてきた社会的状況が、わずかながら改まろうとしている。京都市では、袋路を保全するために補助金を交付するという施策を開始するし、一月におこなわれた「町家型共同住宅」コンクールでは「伝統様式」を尊重した案が最優秀賞に選ばれている。「空間」ではなく、「様式」を継承する機運が生じているのだ。そうした見地から街区の価値づけを進めはじめてよいのではないか。［図1］

新奇な刺激に満ちているかのような東京の都市景観も、注意深くみるならば、一三〇年間につちかわれてきた「首都にふさわしい美観」という常識的な端正さを基盤としている。「伝統様式」の強さは、その美しさがだれにでも了解できるところにある。「だれにでも」という普遍性は、独創性にまさるとも劣らない価値を有するはずである。

図1　町家型共同住宅京都市民コンクールの最優秀作品のイメージ図（表通りは二階建て、奥は中層の集合住宅）

京都らしさの越えかた

京都市は二〇〇七年三月に高さ制限の引き下げやデザイン規制など画期的な「新景観政策」を制定した。これを踏まえて同市は日本建築学会に「京都の都市景観の創生に関する調査研究」を委託し、学会は「京都の都市景観の創生特別委員会」を設置して調査研究を進めた。本稿は二〇〇八年三月に作成された研究成果報告書に寄稿されたものである。求められている解答とは違うことは承知の上で、現在進行形の事象をあえて歴史の相の下に観ようとした。

＊

「大きな調和」のもとにあった時代

一九三〇年二月一日、京都市内約三五〇〇ヘクタールが都市計画法に基づく風致地区に指定された。これは全国で二番目の指定であるが、第一号は東京の明治神宮周辺であったから、実質的な都市景観規制としては京都が最初であった。

その目的を指定理由書はこう述べている。

> 京都市ハ古来山紫水明ノ地トシテ知ラレ而モ古キ歴史ヲ有シ、他ニ比類ヲ見ザル優雅ナル都市トシテ其ノ美ヲ誇リ、以テ今日ニ至リタルモノナルヲ以テ、其ノ特色ヲシテ永遠ニ保持スルハ京都都市計画上最モ重要ナ

ルモノトス

この文辞は、後述するように、二〇〇七年の「京都市眺望景観創生条例」にまで受け継がれるものであるが、かくも誇らかに京都の美を謳っていたことは、文語の調子の高さを割り引いても、記憶しておくべきことと思う。

同じ年、京都出身の若手建築家、大倉三郎は「騒々しい大阪から又東京から京都の停車場に降りる、大気は澄んで冷気さえ覚える。静寂と明徹、……晴れと寂しみと単純の諧調。之が京都を色彩づける心の土台である」と語る。この皮膚感覚にも留意しておきたい。

一九三五年春、そのデザインをめぐって、戦前期ではおそらく最大の物議を醸した建築物が河原町三条に出現する。京都朝日会館である。高さ三一メートル、間口約三五メートル、奥行き約二七メートルの大建築であった。河原町通側の立面には三〇〇平米を超える巨大な壁画が描かれ、北側の側面は全面をガラスのカーテンウォールとする。こうした斬新なデザインに対して、「古都の風致を損なっている」という非難が起きる。設計者の石川純一郎は、「古来日本には文化的に純粋なものなく、広く材料を世界に求めて、新しいものをアレンジするのが、ほんとうの日本主義的なものである」という発想に立って、この造形は「新日本主義的新興形式」であり、むしろ京都にふさわしいと主張する。これに対して、関西建築界の重鎮、武田五一は、デザインの新しさに理解を示しながらも「京都としてはどうかと思ふ。京都と云ふことを考へなければ非常に可いのですけれども、それだけが問題です」と、京都の特権的地位を強調して納得しない（『建築と社会』第一八輯第六号）。

京都朝日会館を紹介した『建築雑誌』（第四九輯第六〇四号）には小さな空中写真が掲載されている［写真1］。河原町通は、拡幅されて一〇年が経ち、京都の

写真1　1935年竣工時の朝日会館

新しい目抜き通りとしての地位を築いていた時期だが、三条界隈は一面の甍の波がうちつづき、西側からは、墓地が広がってくる。ここには近世と変わらぬ都市空間が厳然と存在している。隣のカトリック教会も、通りに面した洋風建築の陸屋根も日本瓦の海に飲みこまれている。朝日会館は、そうした四囲とは全く絶縁した構築物として白々と聳えている。

この時期には、こうした実体としての京都がたしかに広がっていたことを私たちは確認しなければならない。一九三一年刊行の『日本地理風俗大系』は京都駅頭の写真のキャプションに「見よ櫛比する商店にも下町娘の風俗にも、さては民家を抜いて聳える寺院の瓦にも京都ならではの感が深い」と書いた。こうした京都盆地を埋めた「京都」を踏まえて、都市計画法は「其ノ美」「其ノ特色」を称揚し、武田五一は「京都だからいけない」という批評を口にできた。

こうした京都の特権性に対する無限定な自信は、戦災をほとんど蒙らなかったことで、さらに強化された。一九五〇年、他都市のように戦災復興資金を交付されない京都市はそれに替わる措置として「京都国際文化観光都市建設法」を施行してもらうのだが、その第一条において「京都市が世界において、明媚な風光と歴史的、文化的、美術的に重要な位置を有することにかんがみ」と述べられる。

もちろん、京都の都心部の建築物は続々と洋風化しており、そのことへの批判は早くからあった。先に引いた大倉三郎の文章の本旨は「歩を転じて京都の市街に向かふなれば……喧噪と混乱の巷を現出してゐる」ことの改善にあった。しかし、一九五〇年代までは、まだそのことが京都の特権性を揺るがすとは感じられていなかった。一九五一年に刊行された岩波写真文庫のなかの一冊『京都――歴史的に見た――』は、その末尾で「今日の京都は複雑な町である。……舞妓に出会う小路を抜けると、思いがけない町中にキリスト教の教会堂がひっそりと立っている」ことを指摘し、その上で「このようなこと一切がなお古都としての大きな調和の中にやすらっているところに今日の京都の本当の姿があるので、その意味では京都はやはり昔ながらの京都である」と結ぶ。

実のところ、近代京都における都市インフラの整備はきわめて大規模であり、街路の開削一つとっても今日的に考えると暴力的にさえ感じられる。前述の洋風建築の浸透にしても、一般市民からは歓迎されていたと見える。一九二七年、ビルが建ち並んだ四条河原町交差点付近を上海の四馬路になぞらえた新聞記事を読むと、京都に近代文明が届いたことを喜ぶ気分といったものが感じとれるのである。また、京都は区画整理事業を都市計画と連動させることができた珍しい都市であるが、それによって下鴨や紫竹の住宅地を生み出す際には、洛中の「陰鬱な」街並みを克服しようという理念がしきりと唱えられたのである。

近代京都において、普遍的な近代都市像を追求する潮流が終始存在していた。その背景には東京遷都の被害感や近代産業に向かない内陸都市であることの恐怖感を指摘することができるが、ここでの主題ではない。とりあえず、京都は実は国家レベルでの近代化（西洋化・工業化）を前のめりに追走していた都市であることはまちがいない。

二〇〇五年建築学会大会の研究協議会資料『京都の都市景観の創造的再生』のなかで、中川理が指摘するように、近代京都においては「近世的な都市支配の構造とそれに支えられた都市空間」と三大事業に代表される「開かれた近代的空間」が混成していた（「景観価値の『混成』に京都の都市景観の本質がある」）。ここで確認しておきたいのは、そうした構造的な「混成」にもかかわらず、「大きな調和」を維持できていると広く認識されていたことである。あえていうならば、そうした「調和」を当てにしえたがゆえに、安んじて近代化に邁進できたといえるかもしれない。

一九七二年「市街地景観条例」の構造

一九六〇年代に入ると、周知のように、双岡開発問題や京都タワー論争が起きて、上に見たような牧歌的状況は消えていく。これに対して、一九六六年にまず「古都保存法」が制定され、七〇年には「京都市風致地区条例」が定められる。前者によって著名な文化財・史跡の周辺の景勝地が保護され、後者によって、主に自然景観の保護の手だてが得られた。残る市街地景観の保護の根拠として、市街地景観条例の制定が準備されることとなった。

前段階として、一九七一年に京都市風致審議会は答申をまとめるが、そこではいみじくも「見えざる手によって調和していく予定調和の世界ではない」ことが指摘される。答申はさらに京都市民、日本国民、世界の人々のそれぞれにとっての京都の歴史的・伝統的景観の意義を説明する。そのなかで注目されるのは「都市的個性を強調し、市民的連帯感を回復する」役割を挙げた点である。それというのも、この時期から「京都らしさ」という概念が、都市計画上、しきりと用いられるようになるからである。一九七四年版『京都の都市計画　昭和四九年版』に「失われ行く京都らしさ」という写真が掲げられている［写真2・3］が、四枚のうちの二枚は寺院が所在する山麓部が無造作に宅地造成されている様子であり、もう二枚は名刹のかたわらに大きな構築物が出現している光景である。つまるところ、「京都らしさ」として意識されているのは、同書のなかの言葉を用いれば「歴史的景観」「伝統的景観」なのであり、それを脅かすのは現代的開発、すなわち巨大スケールの、そして工業材料による構築物である。裏を返せば、「京都らしさ」の回復は、そうした夾雑物の排除によって果たされるという理路が設定されていた。

写真2

写真3　写真2とともに『京都の都市計画　昭和四九年版』に掲げられた「失われ行く京都らしさ」の例

「京都らしさ」という概念の成立には、おそらく二つの機序が存在する。一つは「本来の京都」を再構成しようとするものである。それは過去への遡行が常にそうであるように、選択と排除による理想化がおこなわれる。たとえば白木正俊氏が指摘するように、四条大橋は戦前期の大半は洋風意匠であったにもかかわらず、戦後の擬宝珠を乗せた和風の姿で回想されつづけていく（「近代における鴨川の景観についての一考察」『新しい歴史学のために』第二五七号）。あるいは小椋純一氏がつとに明らかにしたように、京都を囲む三山は景勝の地である以上に生活林であり、明治初期には禿げ山が多かった（『人と景観の歴史』）のであるが、その事実は封じ込まれてしまう。そこでは、「あるべき姿」がいつのまにか形成されて、それにふさわしい部分が強調され、はずれる部分は消去される。いや、「部分」だけではなく、夾雑物も含めた京都という全体像も忘却されていく。

もう一つには、先に引いた答申に見られるように景観を「都市の個性」として捉える態度がある。一九三〇年の風致地区指定に見られるような、京都の絶対的優位性への確信はもはや持ちえなくなっていた。他の都市との差異性を通して、自らの位置を示す必要が生じたのである。その「差異」は、造形物や習俗の独自性をもって示されることになるが、それらは比較可能な範囲まで、背景を捨象せざるをえない。祭礼はその信仰上の意味よりも、芸能や造形文化として鑑賞され、評定されることとなる。

こうして新たに成立した都市認識とは一言でいえば「様式的把握」である。つまり、景観を要素に分解して、抽象的な形態のパターンとして鑑賞し、操作する方法である。それを経て、われわれの脳裏に胚胎する「京都らしい景観」の像は、時間の経過や地理的条件を希釈した要素の集積となる。景観条例の基礎をなした伊藤ていじ氏の『京都のデザイン原理』が、そもそもこうした姿勢の早い例であったが、典型としては一九七四年に告示された祇園新橋地区の「建築物の外観の様式、材料および色彩の基準」が挙げられる。そこでは「二階はひじかけ付きガラス窓およびなげしによって構成」「犬走りは、川砂洗い出し仕上げ、モルタルこて押さえ仕上げ」と細かく規定されるのである。やがて伝統的建造物群保存地区に対しては、各部材の寸法を規定するところまで踏み込むことになる。

一九七二年の「市街地景観条例」は京都の景観それ自体の価値については第一条で「本市固有の風趣ある市街地景観が市民の共有する貴重な文化的資源である」と述べるだけである。景観の内容について説明しないのは今日までつづく流れであって、そのことを疑問視する向きもある。だが、上に見たように、景観政策は、京都の景観から歴史性を脱色し、都市デザインの問題として構成しようとしていたのだから、その特性は「風趣」という抽象名詞一つでしか示されないのは、むしろ当然の態度なのかもしれない。なお、「風趣」は風致地区条例での地区指定の基準において「風趣に富んだ山林・渓谷」といった使われ方をしてきた。この、ある程度の実感を前提にした語法を、「景観条例」は一気に抽象化したのである。

ところで、景観条例制定当初は、現代の建築に対してあるいは現代の都市デザインに対して、好意的であったことがうかがえる。一九七四年版『京都の都市計画』では、同条例の目的を「京都らしさを保全しつつ、近代的な市街地に生まれ変わるため」と説明する。この時点で中心部に立地する高層建築はオフィスビル、商業ビルが想定されていたと思われ、大阪の御堂筋や神戸のフラワーロードのような都心部へ誘導されるはずであった。現実には高層マンションが都市を専横することになった。武田五一の発言をもじれば「京都でなくても許されない」事態が出来して、一気に歴史都市の実体が揺らいでいった。

新景観政策の可能性

ここまでの歴史的俯瞰のなかで、戦前期から一九五〇年代までの景観認識は、古都の表象と実態の一対一対応を疑わない、いわば即自的なものであったことを見た。高度成長期に入って、現代的要素が進入してくるなかで、「京都らしさ」という概念が浮上してくる。差異性に基づいた「京都らしさ」は超歴史的な要素群として措定されることを指摘した。

こうした概括を踏まえて、あらためて新景観政策の特色を考えてみよう。前段階をなす一九九五年制定の「市街地景観整備条例」は、旧「景観条例」の改訂という体裁をとっているため、その「目的」においては、旧条例の条文と大きくは変わらず、「本市固有の趣のある市街地の景観……を将来の世代に継承すること」を目的に掲げる。省略した個所で「建築物および工作物の位置、規模、形態および意匠の制限」まで含めると踏み込んでいるところが今回の新景観政策のラディカリズムを予告しているのだが、内容についてはここでは触れない。まず指摘したいのは、「趣」という「風趣」以上に情緒性を排除した(と見える)

単語を用いていることである。つづく第二条での美観地区・建造物修景地区の規定で「山麓型」「山並み背景型」といった「類型」による分類を用いていることで、新条例が、旧条例での抽象化をさらに徹底していくことが見てとれる。類型の設定は一見、地域の特性を踏まえているようだが、それにしては（既に指摘されているように）粗く、空間構造のパターンを抽出する役割を見るべきだろう。

超歴史的な様式化はさらに深化しているというべきなのだが、そのことを非難しようとするものではない。空間地理学が教えるように「空間の物理的・物質的効果は表象を媒介として構成されている」（大城・荒山『空間から場所へ』）。京都は、近世後半からは自覚的に、その歴史性によって「京」のブランディング戦略をおこなってきた。永続性・累層性は価値を生み出す源泉として存分に利用されてきた。神社仏閣の御利益が実は最近案出されたうさんくさいものだという裏話はよくささやかれるが、景観についても、美辞麗句で語られるほどには、美的でも安定的でもなかった。はげ山だった東山のように。むしろ重要なのは、京都は常に「都雅なる場所」として振り返らせることで自らを位置づけてきたということである。あえていえば、追想のなかの京都に基づく「京都らしさ」を生み出すことが「京都らしさ」なのである。急いで付け加えれば、そうした都市表象のありようは、たとえばレッチワースが擬似的な中世村落のイメージに支えられていることと全く同質だといえる。したがって、新景観政策の遂行にあたって我々が心がけるべきは、その基底にある抽象的な「京都らしさ」が操作的な概念であることを意識すること（没却することでも否定することでもなく）ではあるまいか。

さて、新景観政策の理念において従来の景観行政から変化した点として、「継承」がキーワードとして使われていることが挙げられる。先に引用した「景観整備条例」の目的でも用いられていたし、新景観政策の法令上のもう一つの柱「眺望景観創生条例」も「京都の優れた眺望景観を創生するとともに、これらを将来の世代に継承すること」を目的に掲げている。「眺望景観創生条例」はさらに「京都の優れた眺望景観は……先人がその豊かな感性の下に、日々の暮らしのなかで愛で、今日に継承されてきたもの」という意味づけをおこなっている。

こうした認識は、景観が歴史的に形成され、強い言葉を使えば歴史に拘束されている存在であることにあらためて気付かせてくれる。この認識は特に近現代の景観を保全しようとする際に重要であると考える。たとえば、下鴨地区には日本でも有数の郊外住宅地景観が維持されているといえるが、その都市デザイン自体は本来きわめて普遍的な形式であり、少しも「本市固有の趣」ではない。その価値は、近代日本における郊外居住の歴史に始まり、「日々の暮らしのなかで愛で」てきた地域の生活史にいたるさまざまな歴史の成果として評価されなければならない。あるいは町家の保存についても、今日盛んにおこなわれる転用による再生を将来評価しようとするなら、転生を繰り返す過程とそれを可能にする建築文化とを評価できる枠組みが必要となる。

「継承」という評価軸は、空間の「生きられかた」への注目を促す。ある空間が担ってきた歴史の個別性、それによって生成される景観の価値への眼差し、その橋頭堡を新景観政策に見出したいのである。

二　同時代批評

注視と喚起

『建築文化』一九八六年一月号の「CRITICAL JUNCTION」という時評欄に寄稿した。前年、つまり一九八五年の回顧がテーマだった。刊行当時、「ずいぶん思い切ったことを書いたね」という感想を告げられたのだが、こちらとしては書きたいように書いただけで、別に何か決意したわけではなかった。今読み返すと、ひたすら無神経なことを不用意に書き連ねていて唖然とする。それでも、これを収載した理由は「東京遊牧少女の包」にいち早く注目したことを自慢したいためにほかならない。

＊

擬似歴史様式によるポスト・モダニズムの退潮。一九八五年の建築の動向ということでは、このことが真っ先に目についた。それこそ「消費」され尽くそうとしている感じだ。そんなことは取りたてて言うまでもないのだろうけれど、ただ建築史を勉強している関係もあって、あの種のデザインには嫌悪感八分に興味二分といったスタンスながら、それなりに関心をもってきたので、まず一言述べたい。

近代建築一般のなによりの欠点は、どうしても大衆性をもてないことだろう。建築に無縁な人に、ファンズワース邸がなにゆえ傑作なのか理解してもらうのは大変だ。問題なのはそのとき、凡百の建物が道行く人に何の感興も呼び起こせないことを当然のこととして建てられてきたことにある。それが、あのオーダーもどきやパラディアン・ウインドーもどきをファサードに「あしらう」手法が編み出されると、町場の建築まで、にわかに人の眼を気にかけるようになってきた。それまでの、いわば閉じた表現の体系に自足しがちだった建築が、広く開かれた演出力を取り始めたように見えた。とにかく僕には、この大転換の様相は興味深かった。しかし、先に嫌悪感八分と書いたように、そのあまりにも少なく貧しいパターンには辟易してきた。新装なった国技館は口に出すのも嫌なほどツマらない建物だが、それでもあの唐破風程度にアダプトされたペディメントがどれほどあったろう。

仕事柄、歴史様式を用いた洋風建築の部分保存というケースには注目し、ときにはコミットしたりもするのだが、そこで目にするのは、現代の建築家（そこには日本最大の設計事務所も含まれる）が歴史様式の特性と魅力に対して恐ろしく無感覚であり、それゆえ対処すべき手だてを知らないという事実である。そうしたなかで、歴史様式の形象は幾つかの例外を除けば、結局のところ、つまらないサインボードにしかなれなかったし、その結果、いまや命脈が尽きようとしている。

そうは言うものの、短期集中的にハシタなくポピュラリティを主張したおかげで、建築は〝アート〟とか〝都市の要素〟とかの文脈で取り上げてもらえるようになった。磯崎さんが一〇年かかってもできなかったことが、張りぼてのオーダー一本で可能になるのだから日本の民度も情けないものだが、文化現象の一部として建築がはっきりと捉えられてきたことは、建築のありように大なり小なりの影響を与えていると思われる。おそらくは、そのような時期として、建築の一九八五年は位置づけることができる。

その端的な事態は、建築家の手がける領域の拡大である。一九八五年は〝インスタレーション〟という訳しにくい横文字を何度も目にした。磯崎新には以前からこの種の作品はあったし、高松伸の京都伝統工芸博覧会の会場構成（一九八四年）も記憶に新しい。しかし、磯崎の「あかりと石の空間」、「ザ・パラディアム」、伊東豊雄の「東京遊牧少女の包《パオ》」、高松の「DANCE HALL」という作品群が並んだ一九八五年、インスタレーションが単なる建築家のマーケット拡大にとどまらず、普通の建築設計業務だけからは抽《ひ》き出せないような作家の表現の可能性を開示させうる行為であることが明瞭になったと言えよう。インスタレーションはあくまで建築的表現であって、建築としては未熟児だが、それだけに自己完結性はもちようがなく、否応なしに外に対して開かれている。

　たとえば「東京遊牧少女の包」。ここに配された〝家具〟は、素材を抜きにすれば伊東的形態のオンパレードである。フォルマリスムからの拒否宣言をしたにもかかわらず、十分にフォルマリスト的と言えよう。けれども、伊東らしくとても控え目ではあるが、他者へ向けての演出性がそこには明示されているのであって、そのことによってフォルマリスムの単性生殖性は突き崩されている。あえて推測するなら、「シルバーハット」もインスタレーションの延長線上にある。伊東が望んだ「形式からの開放」は、インスタレーション的手法を援用することで、つまりインスタレーションが本来的に有さざるをえない開かれた性格を借りることによって果たされていると見えるのである。

　インスタレーションの可能性に目を開かれるとき、同時に全く正反対の方向性、すなわち建築を強烈な統一性をもった存在として、それでいて他者へ向けて構築しようとする志向にも気づかされる。なあんだと言われそうだが、たとえば安藤忠雄・高松伸・葉祥栄。おそろしく乱暴な言い方なのを承知で言えば、三人ともフォルマリスト的な地点から出発しつつ、比較的早い時期に「他者」への訴求力を意識した人びとである。その手法は同一次元で語りえぬほどに異なるわけだが、彼らに共通するのは、自分の作品を見、体験する〈他者〉の感覚をどこかで確信していることである。彼らの作品はそれぞれに設定された一点に収束する。その求心性と、それを支える

写真1　「東京遊牧少女の包」のための家具

「他者」への信頼がりりしい。高松作品のあの細部の氾濫や奇怪な構成は人を生理的動揺と不可知感へ導くが、そこへ至る建築的ドラマはきわめて鮮明であり、しかも建築物の骨格は意外なほど古典的美学に基づいている。

建築全体を統御しきることに対する反発は、もはや広く存在する。『建築の解体』を教科書として育った世代の活躍の場が増えれば、そうした感性はさらに広範になるだろう。安藤は恥ずいという時代がすぐに来るかもしれない。それに彼ら三人にしたところで、次のフェーズを模索し始めるに違いない。けれども、昨今、建築が不意に担った注視を肯定的に迎えることは、なお、一九八六年の課題であるはずなのである。

二　同時代批評

優しさへの水脈

『icon』一九八八年一月号に安藤忠雄氏の二作品「OXY鰻谷」と「BIGI 3RD」が掲載されるにあたって併載された解説である。『icon』というと現在は英国のインテリア雑誌が有名だが、ここでいう『icon』誌はもちろん日本製で、スーパーイコン出版が発行していた。今、あらためて奥付を見ると、スタッフとして鈴木紀慶氏の名前がある。建築とデザインとをともに扱う意欲的な編集で、本稿の掲載号でいうと高松伸氏の「キリンプラザ大阪」や佐藤卓氏によるマックスファクターのパッケージを紹介している。当然、非常にオシャレな雰囲気で、ひたすら気圧された。文章にも戸惑いや気負いが表れているように思う。巻末に執筆者の顔写真を載せるというので、当時写真に凝っていた中川理さんに、半逆光で顔の半分を白く飛ばした恥ずかしいものを撮ってもらった。肩書きが「建築家」とされてしまったのも恥ずかしかった。

＊

安藤忠雄は、怠惰と日和見を峻拒する理想主義者である。しかし一方で、卓抜なアイデアに富む実務家でもあるのは間違いない。古い例を一つだけ挙げれば、北野アレイ。あの敷地条件の悪さを逆手に取った配置計画は殆ど老獪という感じだった。

　安藤忠雄の、計画家としての端倪すべからざる能力が広範に知られるようになったのは、なんといっても高松市のSTEPによってであろう。STEPの計画上の利点は上層階への客の誘導がきわめてスムーズなことにある。魅力的なアクセスを設定することによって、三階・四階にも、一階と遜色なく客が流れてくる。いわば、ここで安藤忠雄は街路を四階まで上げる手法を考案したわけである。通常、上層階のテナント料は一、二階に比べて安くせざるをえない。しかし、この手法によれば、そうしたビル経営上の隘路を回避できる。STEPの計画上の利点はこの辺りにある。計画の帰結は常になまぐさい。

　そもそも商業建築では、大半のスペースがテナントに委ねられる。建築家の職域はファサードをパッケージ・デザイン的に設計することと、室相互の関係を調整することに限定されがちだ。もちろん、それを十全におこなうのはたやすいことではない。そして安藤忠雄はそれをきわめて巧みに——独創的に、とさえいいうるだろう——遂行してきた。しかし、彼はそのことだけにとどまるのを潔しとしていない。彼は自分の仕事が、動線に抽象化されたりレンタブル比に換算されたりは決してしない《建築》であることを、空間において主張する。

　安藤作品は、終始、《建築》であろうとしてきた。実際、彼は「作品」という言葉は使わない。「私の建築」と言い、「建物」と言い、「仕事」と言う。

　建築であることを主張する建築。それはひどくパラドキシカルな、しかし現代建築の重大な課題である。おそらく、安藤忠雄はそのアポリアに誰よりも真正面から答えようとしてきた。その際に最大の武器となったのが《壁》であったことは、もはやいうまでもない。

　安藤作品に接し、その《壁》を前にするときにはいつも、ここにこうして今、建築が築かれてある、という感覚をまざまざと味わう。その原初的な構築性において、私たちは認識させられる——この建物は、ファッションビル（あるいは住宅、レストランetc.）であるまえに、まずもって《建築》なのだと。彼の建築は廃虚と化したとしてもきっと美しい。

安藤忠雄の《壁》の物質感についてはいまさら多言を要しないだろう。ただ、ここに掲載されているOXY鰻谷では、ひときわ強く壁体の存在が演出されている（特に近年の作品と比べて）ことを指摘しておきたい。二重に壁を立て、そのあいだに二つの階段を配するわけだが、上昇、下降いずれにせよ、進むにつれて洞窟の中に封じ込められていくような感覚に襲われる。その閉塞感は、正面ファサードの開放性――これもまた安藤作品としては異例に属するだろう――と暴力的なまでの対比をなしている。この対比が《建築》としてのOXY鰻谷の一要諦といってよい。

ここからは少し作品に即して述べていこう。OXY鰻谷の一階には、壁のなかから湧いて出たような柱・梁がある。この柱・梁はいうまでもなく内壁が外壁と一二度ずれていることのサインである。そして、この柱筋に仮想の壁面を設定すれば、一階の売り場は、ほぼ九メートル角の正方形を成していることになる。階高が約四・五メートルであるから、五メートル弱の立方体四個分のヴォリュームを、そこに想定できることになる。こうした、整序された空間構成とその明示は、安藤作品のもう一つの特徴であろう。

じっと目を凝らしていると、建物がだんだん透明になっていく。躯体の配置、ヴォリュームの組合せが鮮明に浮き立ってくる。つまり建築の抽象的な《形式》が曖昧にされることなく見て取れるのである。

物体の強烈な存在感に支えられた構築性を《実の構築性》と名付けるなら、建物がくっきりとした《形式》に貫かれている感覚、それは《虚の構築性》と呼びうるだろう。二重の構築性、それによって、彼の作品はいついかなるときも《建築》たりえている。

だが、自律的な《建築》を追求するとき一つの問題に逢着する。《建築》以外の要素を排除したいという意図を突きつめていけば、やがて物質と形式の荒涼たる王国が出現してしまうのだ。完結性が高くなればなるほど、一切の夾雑物を――人間さえも――許容しなくなるからである。彼自身、快適性をことさらに否定するような発言を行いもした。だから、かいなでの印象で物事を判断する種類の人間は、殺風景だとかなんとか口にする。

しかし、安藤作品に一度でも親しく触れたことのある人なら、安藤忠雄ならではの《優しさ》がそこには常に

写真1

写真2　OXY鰻谷全景

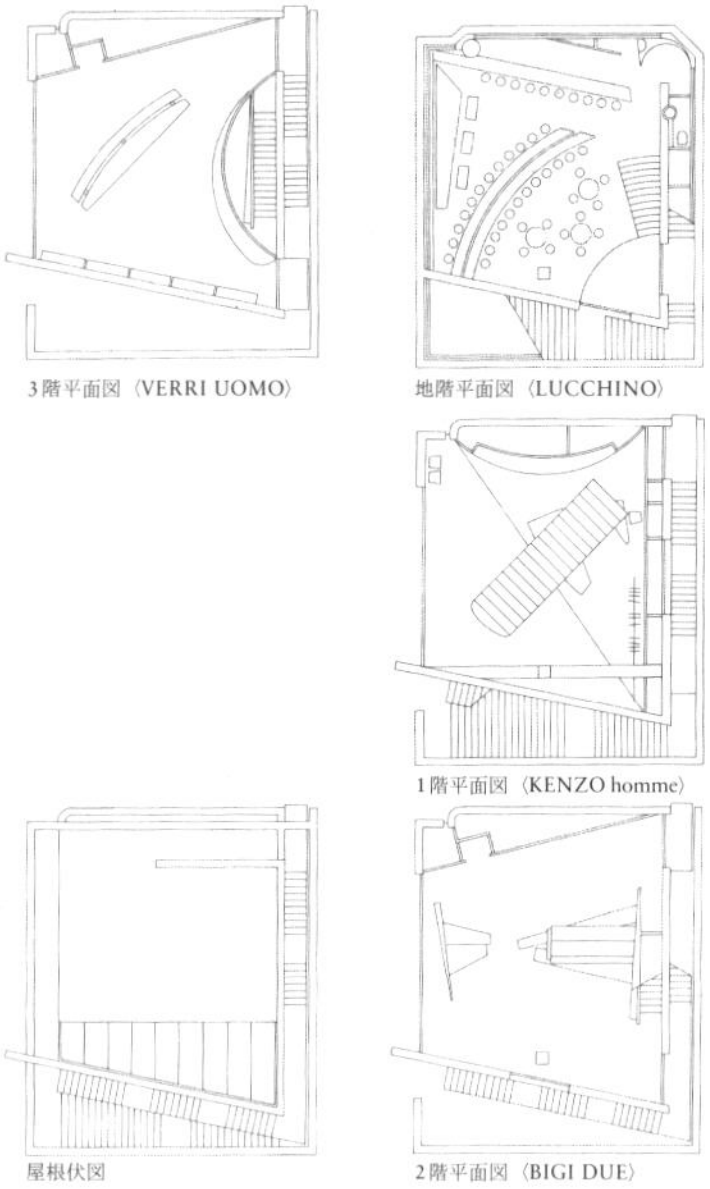

図1

存在することを知っているだろう。OXY鰻谷でいうなら、四・四メートルの天井高いっぱいに開けられた自動ドアの爽快感。さらにいえば、三階の開放可能なトップライト。風の気配に、ふと目を上げて、頭上に紛れもない空を発見したときの衝撃は、かつて京都・木屋町のTIME'Sの川面に開かれたテラスで知った空間感覚と同質だ——外界に向かって解き放たれる空間の動きと相似形をなして、自分の心もほぐれていく感覚。

このほか、安藤忠雄のいう「作意」はいくらでも列挙できる。それらがもたらす効果をひとことでいえば、「視覚的快楽へ導く《場面》の設定」であろう。

彼は自作自註のなかで「先行するのは常に部分であり、部分のイメージの再編成を通して構成的な全体があらわれてくる」と述べたことがある。その「構成的な全体」は、先に述べた《構築性》と読みかえてもよいだろう。そして、彼のいう「部分のイメージ」が自立した存在となるとき、《優しさ》に満ちた《場面》として、たち現れるのだ。

ここまで書いてきた分析法に、OXY鰻谷は比較的よく乗ってくれる。ところがBIGI 3rdは一三坪の小建築のくせに図式的腑分けをかいくぐるところがある。

この建物の眼目はまずもって、三メートルの間口と七・五メートルの天井高との強烈な対置にある。この上方へ引き伸ばされた直方体内に一歩踏み込んだとき、空間の上昇につられて身体が床面から五センチくらい浮き上がるような感覚を味わう。それはOXYの青天井のもたらす感覚に似ているけれども、OXYが形態の完結性を破ってみせることによって解放感を演出するのに対し、BIGIは形態の完結性を保持したまま、その一義的な支配に揺らぎを生じさせているのである。そうしたことが可能になったのは、たぶん、その直方体が鉄骨のフレームによって――コンクリートの面群ではなく――生成されることによっている。

さらに書き添えれば、この建物は奥までグイと入ってしまうと妙に居心地がよい。だいたいDCブランドの店舗は長居したくないもので、ましてここは婦人服の店だ。にもかかわらず落ち着いてしまうのは狭さと高さの作用もさることながら、壁面の過半を占めるフレキシブルボードの質感によるのではないかと思われる。

それというのも、この壁面に「大淀の茶室」の空間を想起するからである。前言を翻すようだが、安藤作品の《優しさ》の根幹は、実は視覚的な快感ではない、と思う。優しさという点では「大淀の茶室」ほど（あるいはTSビルの和室ほど）優しい空間はあるまい。それは夾雑物を許容しないどころか、すべてを受けいれてくれる静穏な空間である――あえていおう、羊水のような優しさ、と。そして、その源泉はつまるところ木質の素材感にある。

そのようなかたちで紡ぎ出される空間性を安藤忠雄は露わにしない。けれども、BIGI 3rdには「大淀の茶室」と等質の空間が開示されかけている。そこではおそらく、フレキシブルボードが「大淀の茶室」のシナベニヤと同じ働きをしているのだ。

等分法による寸法決定システム、あるいは同一面（ゾロ）を専らとする納まりといった手法だけとると、BIGI 3rdは手馴れた小品という表情を見せる。でも、その陰には、私たちに馴染みのない安藤忠雄がきっといる。

質点系の明るみ

――世界に脈絡はあるか

池澤夏樹

岸和郎の新作「洛北の家」は、これまでの彼の作品同様、非常に端正な表情をもっている。端正という言葉を、単に見なれないものがない消極的な美しさ、と受け取ってかまわない。この作品に、わたしたちは《近代建築》のヴォキャブラリーだけを見るだろう――透明なヴォリューム、直交座標系、ナラティヴな要素の排除……。

では、「洛北の家」は洗練のみをこととした保守的な建

*

『icon』一九八九年五月号に、岸和郎さんの「洛北の家」の解説として掲載された。岸さんとは大学で研究室を同じくして以来の付き合いである。「洛北の家」はデビュー作「KIM HOUSE」に続く第二作に当たる。条件にも恵まれ、彼としても自信作だったと思われる。それだけに雑誌掲載にあたっては相当な意気込みがあったはずだが、こちらは身近な友人ということで、かなりお気楽に筆を執った気がする。ただ、もし同時代の建築を扱った他の文章より筆が伸びているとすれば、それは心易さの功名といえるだろう。なお、今回はちゃんと「建築史家」の肩書きになっていた。

築なのだろうか？　保守的な人間は、物事を単純に考えるものである——林昌二を見よ。そして保守的な《近代建築》はある種の壮麗な空虚を出現させることを至上の目的としている——I・M・ペイを見よ。

ところが、この建築では《近代建築》の魅惑と退屈の楕円宇宙にすっぽり身を納めるかに見えて、どこか過剰なものが残る。もし、この過剰が過激と呼べるほどであれば「ポスト・ポスト・モダン」のラベルでも貼れるのだろうが、「洛北の家」はいたって慎ましやかである。わたしたちは、謙譲なる違和感を端正なたたずまいのなかから受け取るだろう。この作品は、透明な混濁、疾走する結滞とでもいうべき空間の形容矛盾を胚胎している。

この作品の建築家はかつて、アメリカ合衆国西海岸の「プレイボーイ・アーキテクチュア」に対する愛着を語っていた。クレイグ・エルウッド、あるいはピエール・コーニッグといったミーシアンによる住宅（ケース・スタディ・ハウス）のことである。スティールの架構と全面ガラス、それだけで成立した建築には、およそ事物性というものが欠けている。豪奢な無化のなかで、かすかなクーリング・ドラフトが一番存在感を有する——そのような空間に、建築家は憧れ、どこまでも近付きそして直前で身を翻す。

先にここには過剰なものがあると記した。それはまさに翻身の意志である。だが、どんな？

岸和郎がこの作品で企図したのは、一見そう思えるような幾何学的整合性ではない。それはむしろ注意深くはぐらかされている。また、強烈なモティーフのもとにすべてが知ろしめされる秩序感ではない。かえってモティーフの磁場はばらばらに独立して設定される。

この作品に、わたしたちは何よりも「形式」の明快さを見出すだろう。壁が立ち、梁が飛び、柱が支承し、床版が横たわる。建築概論の第一ページ目のように、自律性をもった建築の各部位がその本来的意味にまで還元され、そのことによって明確に分節される。たとえば、フレームとサッシュの素材を区別する律儀さを見よ！　そう、この建築で岸和郎は建築の「部位」を「構造体」として捉えている。すなわち、形式の明快さとは構造体の論理の透徹ということに等しいのだ。

いまどき——アーキグラムから二〇年余、ポンピ

写真1　2階子供室付近よりリビング方向を見る

写真2　リビングより中庭を見る

ドゥー・センターからでさえ一二年を経た今日、「梁を梁として捉える」ことを志し、そのことを軸に設計するなどという行為は、保守的とさえいいがたい。反動的、というべきだろう。そして、反動性を引き受ける意志こそがこの小住宅を論じるに足る水位へ押し上げているのだ。

六〇年前、《近代建築》は、組積造からどう身を振り解くか、その手練手管を懸命に開発していた。リボン窓とかピロティとか。構築性の表現にこだわるのは保守派の態度表明にほかならなかった——A・ペレを見よ。

これに対して、日本では、伝統的日本建築の柱・梁の配置法から、《近代的》建築空間が開示されていったことを

写真3　立体的に交差する柱・梁

写真4　2階テラスよりリビング方向を見る

私たちは知っている。岸田日出刀やB・タウトの言説に端を発し、吉田鉄郎を経て、丹下・菊竹に至る垂直部材と水平部材の君臨。やがて、それはついに安藤忠雄の、柱と梁が同一寸法という手法に到達する。安藤作品のRCフレームに至って、梁は「水平性」に、柱は「垂直性」に抽象化されてしまう。

岸和郎はこの歴史的過程を遡行する。「洛北の家」は、ファサードに明らかなように安藤忠雄の作品の影響を免かれていない。ただ、岸和郎は、安藤作品の抽象に、《生々しい構造体》を対置する方向へバック・ステップする。その足さばきは、日本の建築的伝統に支えられている

――イームズや広瀬鎌二にではなく。「洛北の家」や前作「KIM HOUSE」の空間構成は、かの「住吉の長屋」を想起させずにはおかないが、しかし、「住吉」以上に、近世的都市住居である「町屋（マチヤ）」に似ている。そして、先に指摘した《生々しい構造体》もまた、おそらくは伝統性とともにあるのだ。

注意すべきは、建築家は「伝統性」に帰依などしていないということだろう。世界に脈絡はあるか、という問いに対して、彼はきっと、そんなものはないと答えるだろう。まして「伝統」が世界を統御しうると信じてはいない。建築家はたしか前作について「仮設性」という言葉で自註を加えていた。仮設的なのは、鉄骨の軀体ではなく、《構造体の論理性》という脈絡の設定なのだ。

いま、仮設的論理に支えられて、反動分子は端麗な白色革命を策動している。

針の孔をくぐった駱駝が、海辺に立っていた——ホテル川久のデザインが提起するもの

『SD』一九九二年一〇月号に寄稿。「ホテル・ホスピタリティ・デザイン」の特集号で、メインの掲載物件であった「ホテル川久」の解説として掲載された。取材ということで宿泊させてもらえたのだが、客室の照明がセンサーで点滅する仕掛けに戸惑った。われながら情けない思い出である。

＊

なぜ、ロトンダを建ててはいけないのだろう

ル・コルビュジエならば、その造形語彙を「参照」しても、それはそれでひとつの建築のつくりかただと認められるだろう。アアルトとかF・L・ライトになると、直接的な「引用」では眉をひそめられるみたいだが、それでもうまく「変奏」できれば、大方の賞賛を得られる。卒業設計レベルなら、伊東豊雄や安藤忠雄の「直写」でも大手を振って通ってしまう。

じゃあ、もし学生が設計演習で、ロトンダのポーチコをそのまんま使いました、なんていう草案を提出してきたら、どうするか。実際、それに類することがあって、そのとき私はかなり狼狽し、結局、「こういうことは止めたほうがいいんじゃない」などと言ったのである。学生は「ほかの方からもそう言われました」と素直に引き下がったのだが、私のほうでは、重大な踏み絵をいとも軽率に踏んでしまっ

たのではないかというような反省の念が残った。

なぜ、コルブなら良くてパッラーディオはいけないのか？ これはかなりの難問だ。深刻に議論すると建築とは何か、というところまで行ってしまいそうなので、アナロジーでことさら簡単に考えてみた。

どれほど古典的な文学少年でも、二〇世紀末の今日、藤村、晩翠に学んで文語七五調の詩を書こう、とはしない──（かの岸田秀氏は試みられたそうなので、皆無とはいえないかもしれないが）。抒情詩というのは、胸のモダモダを言葉という手段ですくい取るひとつの方法だ。的確な表現が与えられたとき、「ああ、これが私の思いだ」と発見できる。だが、表現が、不定形なものどもを固定したかたちの中に封じ込める行為である以上、あらゆる表現は「限定」たらざるをえない。むしろ、表現されない闇が深いほど、その表現は鮮やかであるとさえいえる。しかし、人はひとつの表現の限界に気づく。たとえ少年の物思いとて、それなりに入り組んでいるから、「白菫咲く若草に／夢多かりし吾身かな」といった形式からはみ出す部分が残る。「こうではない何か」、そのsomething elseを求めて、表現はより繊細に、あるいはより粗豪になっていく。それによって新たな心のひだがひとたび見出されてしまうと、「藤村は古い」という気になってしまうのだ。

建築においても、造形によって漠たる空間的イメージ、あるいは空間感情といったものを整序し、具現化する──というプロセスを考えることができる。或るイメージが或る建築表現によって編制されたときに、「私が求めていたのはこういう空間だったんだ」という発見、あるいは「こんな空間がありえたんだ」という驚きが生じるなら、その表現は価値を有する。逆に、既成の枠を一歩も越えていなければ、その表現は「陳腐化」したといわれるだろう。

そこで、問題のロトンダである。この建築物は昔も今も、建築空間のありようの公理のひとつを示している。そして、今世紀初頭まで、その表現は繰り返し再現され、変奏された。その都度、人々に、宇宙の中心をこの場に引き据えた、とでもいえそうな空間性を確認させてきたのである。だが、今ロトンダをコピーしても、もはや、われわれに新しい発見はない。あるいはできなくなってしまった、というい方のほうが正確かもしれない。ここで、モダニズムという存在に突き当たる。

二〇世紀は、西洋二千年の時間がつちかってきた歴史様式の存立基盤を消滅させた。組積造という構法をなくし、装飾の体系を破壊した。それによって、あらゆる様式の空間構成が変質し、忘れられた。すべての歴史表現形式の中で、建築は最も強く過去に規制される。しかし、歴史様式が担ってきた空間的イメージとはまったく異なるイメージをわれわれは知ってしまった。すなわち、モダニズム的空間の発見である。この発見は、少なくとも日本ではまさに殲滅的であって、一九五〇年代以降、歴史様式はその本来の姿では新しいイメージを紡ぎ出せなくなっていった。

ここに至って問わなければならない。長崎オランダ村と、ストックホルム市庁舎あるいは明治生命館の違いは何か？　おそらく、一九三〇年代まではまだ様式建築は社会的生命を有していただけでなく、建築家の個人的イメージを展開させるに足る器であった。だが、今日、様式的完結性に見るのは、むしろ、建築家の内面的要請の欠如である。すなわち、わかりきっているイメージをなぞろうとする態度。それは他律的なメッセージの再生産にすぎない。

そう、様式というのはやっかいなものであって、社会的に通用しすぎる。作品として提示された瞬間に、まるで空気中の金属ナトリウムのようにすぐに酸化してしまい、単なるサインとして力を持ってしまう。その力のためだけの様式、というのはもはや建築表現とはいいがたい。

今ここに一人の建築家がいて、様式にはまだ可能性があるという秘かな確信をいだいたとする。彼は、モダニズムと戦わなければならないが、しかしそれ以前に、歴史様式が大衆的サインボードに変質するのを食い止めることに腐心しなければならない。それはきわめて困難な隘路である。アメリカのポスト・モダン摩天楼がついに何ひとつ発見できなかったことにもその困難さは現れているだろう。

針の孔のくぐりかた

歴史様式の魅力――。いまさら、といわれるかもしれないが、数え上げてみよう。豊かな装飾性、根源的な力を感じさせる量塊感、過去との紐帯を認識させる連想性、吟味を重ねられてきたテクスチュア、身体感覚によりそうような分節が生み出すスケール感……。こうした成果の、何を、どうやって、われわれの手で生命を与えるのか。

こうした視点で、［ホテル川久］を見てみよう。そこにはふたつの大きな特徴を見出すことができる。

この建築は、内外ともに、ほれぼれと、あるいはしみじみと見入ってしまうような仕上げの技法が繰り広げられている。特徴として挙げるべきことのひとつは、つとに伝えられているように、その技法が前近代的（伝統的で地方的な材料と、工芸的なまでに手仕事による施工）なものであり、それを非常な困難を払って実施したということである。その成果は、煉瓦の密実な肌理感に、またロビーのスカリォーラ（石膏マーブル）の深々とした青に端的に現れている。それらの迫力と美しさからは、その仕上げを遂行するために費やされた金額と努力の量を情報として知らされていなくても、建築にたずさわった人々の深い思いを感じとることができる。いうなれば、現代では回避することが望ましいとされている辛苦をあえて背負い込む決意が透けて見える。その決意の真率さによって、歴史様式がなお、建築家個人の領域に属することを宣言しているのだ。隈研吾氏風のい方をすれば、採用された技法の困難さが、芸術であることを担保するということになろうか。

もうひとつ、私にとって興味深かったのは、モダニズム的ヴォキャブラリーの混入である。ロビーに突き出しているガラス張りのエレベーターホール。それに対応するよう

図1

図3

図2

にエレベーターシャフトの外壁面に広く張られたガラスブロック。あるいは客室棟の外壁からランダムに張り出してくる曲面ガラスのオリエル・ウィンドー。

まずざっと眺めたときには、とにかく組積造に見えるように壁体をフカシまくった決断と、その寸法の的確さに感心していた。それゆえに、ふと視線を上げて、すべてを裏切るようなガラスブロックの面を見たときは、その意図をはかりかねた。永田祐三氏から「過去の単なる再現ではなく、やはり現代建築なんだというところを見せたかった」という趣旨の説明を受けても、もうひとつ釈然としなかった。だが、建築から受けた印象を頭の中で整理していくと、永田氏の姿勢が自分なりにつかめてきたように思う。

まず、インテリアの構成を検討してみよう。この建築については、しばしば「装飾的」と論評されるが、少し分析的に眺めると、実のところ装飾は決して大きな意味を持っていない。このことはもう少し注目してもよい。

一例を挙げれば、一階奥のラウンジの天井である。細かなアラベスク文様で埋められているが、その文様自体が強い印象を残すことはない。大理石やスカリオーラのような仕上げ材のバリエーションといった感じを受ける。凹凸を抑えたそのデザインにもよるのだろうが、それより、天井の曲面がまったく分節されていないことによるほうが大きい。一枚の面で、端部も梁（のようなもの）にそのまま移行する。ロビーの金箔張りの天井にしても、横断アーチは強調されるが、ヴォールトの交差部はエッジをピン角のまま処理しているから、巨大な金色の「面」といった抽象的な印象が強い。

たしかに絢爛たるインテリアだが、その絢爛さは仕上げ材の訴求力によるのであって、歴史様式本来の具象的なイコンによる装飾によるものではない。二階大会議室の天井が当初プラスターの削り出しで彩色を施す予定であったことは、付加的な装飾を排除しようとする発想を直截に表しているような気がする。

この建築では、一見、多様な造形をピクチュアレスクに展開しようとする志向が支配的であるが、その底には多様さを抽象化しようとする気持ちが働いているということができる。こうした純粋形態への還元はいうまでもなくモダニズムの語法であり、実際、永田・北野建築研究所の前作は純白の幾何学形態に基づくものであった。伏流水のようなモダニズムをあえてモチーフ化したのが、前記のクール・サーフェスのエレベーターやガラス面であった、と理解できるのである。そして、このように、歴史様式からこさらに身を引き離す、という姿勢が、通俗性という酸化作用から建築表現を守るもうひとつの方法となっているといえよう。

だがしかし、「ホテル川久」を完成させたあとで、永田祐三はこう語っている——「私自身は……骨格をつくるところでは、もうまったく近代主義そのものを引きずっている。……いずれ崩していこう、それは根源的に崩していこうと……いう気持ちはあるんですね」。この言葉は実はかなり恐ろしいことを述べている。つまり、二頭目の駱駝はいよいよ細い針の孔に挑むことになるわけだ。

第五章

建築と空間の息づかい

一　建築を理解すること

価値観のありようを教えたい

前任校・滋賀県立大学の『環境科学部年報』第二号（一九九八年三月）への寄稿。「環境科学部の教育」という特集で、全教員が「私の授業」についてエッセイを書いた。この大学では、助手だった京大時代とは違い、講義・演習を受け持ったので、試行錯誤を繰り返し、またいろいろ思うところも多かった。新設大学の熱気もあって、ここではずいぶん楽天的に語っている。でも結局、この願望は果たされないまま今にいたるのだった。

＊

権力の根拠

私は、「建築史Ｉ（近代建築史）」「建築史II（日本建築史）」「環境技術史」という三つの「歴史」を教えている。歴史の授業というと、遠い過去のできごとに関する「知識」、すなわち個別の史実を教えていると思われるかもしれない。実際、そうしたことも講義している。もし、学生が、たとえば二〇世紀最大の建築家であるル・コルビュジエを知らないままでいると、一級建築士試験はあぶないし、就職にだって差しさわるかもしれない。だから、知識の伝達は一応きちんとおこなっている。

だが、一つの疑問が、つねに私を離れない。そうした知識のほとんどは学生がしかるべき書物を読めばたちまち覚えられることがらではないか——という疑いである。大きな声ではいえないが、そうした独学のほうが、正確さという点では私の講義にまさるだろう。もちろん講義では、独学よりは格段に効率的に学べるよう、要点を押さえてあるつもりだ。また、概説書にはまだ紹介されていない新知見も取り入れるよう努力している。

それでは、そうした「手間暇」が私の講義の意味を保証していると考えてよいのだろうか。いや、どうもそうではなさそうだ。独学の非効率性はかえって、獲得した知識を鮮明に脳裏に刻みつけるだろう。また細かな「発見」に裏付けられていない大胆な推論のほうが学問の面白さをよく伝えることも多い。そう考えたとき、講義の根拠がきわめて脆弱なものであることに気づかざるをえない。朝早く(二科目とも一時限目)教室に集めて、試験を受けさせ、ことによったら単位をやらなかったりする。その「権力」の根拠を、私はどこに求めればよいのか。

生身《なまみ》の意義

現在のところ、私が「根拠」と考えているのは、講義における一つの試み——史実の奥の「価値観」をすくいとって学生諸子に示すという試みである。価値観といっても、私個人の価値判断を教え込むということではもちろんない。価値観のありようが、建築をまた環境を規定してきたというそのことを、そしてその歴史的構造というべきものを示したいのである。それは「時代の熱気」とか「歴史の痛み」という表現で語られるものに近い。そうした存在は、概説書のツルツルした記述からは感じとりがたいはずだ。むしろ枝葉末節として切り捨てられがちな建築形態の微細な差や個人的なエピソードのなかにこそ現れる。そのような「なま温かい」事象を伝えるには、教師が「生身」で語る講義という形式が案外と向いているのではないか、と思っているのである。

決断としての建築を

建築を時間軸に沿ってながめると、いかなる構図が浮かぶだろう。名建築家にして大建築史家であった堀口捨己は、一人の建築家が「まさにかくあるべき建築」として把握している建築像が、その建築家の表現する「ありたき建築」とどう触れあっているかで「設計のよろしさ」が定まる、と述べて、過去を学ぶ意義を主張した。このような「教訓史観」はいわば前近代的思考法であろう。しかし、建築の文化が、ある理想像を過去のなかに設定し、それを踏まえて未来へ提案するという螺旋運動によって進展してきたことはまぎれもない事実である。いいかえれば、建築は過去に対する価値判断と未来に対する価値判断という二重の決断——哲学的にいえば投企によって生み出される。いや、そうであるべきなのだ。だからこそ、建築家の、また工匠たちの決断を語りたい。

環境・技術・史

「環境技術史」というなじみのない科目を講ずるにあたって、一九九八年初めの段階では、その内容を次のように考えていた。①環境を左右する技術の歴史＝［環境技術］史、②学問史や教育史まで含めた科学技術史、③より多角的に環境と人類との関わりを歴史的に捉える環境史——といった三つの局面である。もとよりそのすべてを半年で語れるわけはなく、なにかの話題に重点を置いて講義を組み立てることになる。しかし、どこから攻めるにせよ、歴史的に捉えるという方法を生かす必要がある。時間という距離がもたらす果実は、あらゆる価値観を相対化できる視点であろう。箴言にいうところの「巨人の肩の上に立つ者は巨人自身よりももっと遠くまで見ることができる」のだ。今この講義には、環境計画学科の共通講義、つまり環境・建築デザインと環境社会計画の両専攻を対象とするという前提がある。これらを踏まえたとき、建築、都市、あるいは生活空間を貫く価値観と環境から見た価値観の関係（相克にせよ調和にせよ）を無限遠からながめる視点を提示しようとした。しばしば近視眼的になる価値判断をはるか彼方に引いて相対化してみるのである。今日、対立する価値観を収束させる契機は、地球温暖化のような恐怖心だけであるが、巨人の肩の上から見たら、もっと未来への可能性が広がるイメージがあるかもしれない。

文脈を読む

ここまで講義科目についてのみ語ってきたが、演習科目で［設計演習Ⅳ］を分担している。設計実務の経験のない人間が設計を教えるのは決して望ましいことではないだろう。しかしながら関与する以上は多少の存在意義を持たせたいので、課題のなかに〈歴史的資産を核とする公共空間の設計〉を設定してみた。一九三〇年代に建てられた建築物——当然、現代建築とは形態も材料も空間構成も異質だ——を保全し、活用しながら、かたわらにまったく新しい建築を建てるという課題である。歴史的建造物の保全・再利用というテーマは近年特に重要になってきた。だが、構成原理の純粋性を重視する近代以降の建築は、他者をそのまま異物と見て排除しつづけてきただけに、誰もが模索の途上にある。要するに正解のない課題である。結局ここでも価値観を問うことになる。既存の文脈が張り巡らしている価値観をどう読み取るか。そのなかで、自分が表現したい価値観をどこまで突きつめられるか。単純な二項対立にはまりこまずに、学生自身も予想できなかった第三の展開を求めようというのである。《そうか、自分はこんなことが表現したかったんだ》と、学生が自分に驚くような瞬間を持ってもらえれば、演習の目標は達成される。

時間軸のなかでさまよいたい

『造形工学二〇〇二』に寄稿。筆者が京都工芸繊維大学に赴任したのは学期がはじまってからの二〇〇一年五月だったので、四月に配布された『造形工学二〇〇一』には載っておらず、『二〇〇二』から交ぜてもらうことになった。わずかに改稿して『同二〇〇三』にも載せた。ここに掲げるのは二〇〇三年版。文中に出てくる「下石寺」は前出の「重箱をつつき壊す必然性と可能性」でも言及した集落である。荒神山から望遠レンズで引っ張った写真が気に入っており、新任地でも登場してもらった。なお、本稿の対面ページに載せた自己紹介も併せて収載した。

*

モノゴトを理解しようとするとき、時間をさかのぼることで手がかりをえようとする方法と、異なる場所の事物とくらべることで特質をつかまえようとする方法とがあります。前者が歴史学、後者が地理学に対応するといっておきます。どちらも必要な方法なのでしょうが、人それぞれになじみやすいやり方がどうしても出てきます。寺山修司は地理のかろやかさを讃え、歴史の湿っぽさをさんざん毒づいたのですが、なんといわれても、私は時間軸のなかで考えたい。これは性分というものなのでしょう。

私が「専門分野」として看板に掲げているのは日本の近

代建築です。この分野を選んだのはほとんど偶然です。卒論のテーマを考えはじめた一九七〇年代半ば、建築のことを書いた文章のうちで、私の琴線に触れた、というか全人的に訴えかけてきたものといえば近代建築史しかなかったのです。

たとえばこんな一節――「手宮機関庫は〝煉瓦のロマン〟を語って北に建つ。それは、あたかも産業建築が大量で均質であり続けることに疲れてもらした吐息のように、美しい（『明治の洋風建築』至文堂、一九七四年）」とキザな文句を書いたのは、まだ二〇歳代半ばだった藤森照信氏です。「身をまもる手だてもなく裸で自分の身体をかかえて、行くべき途も知らず佇んでいる人間。そのような人間をやさしく抱擁するような〈空間〉、それをつくることが建築家後藤慶二の設計者としての基本的な衝動であった（『神殿か獄舎か』相模書房、一九七二年）」なんていう泣けるセリフを決めたのは三〇歳になったばかりの長谷川堯氏です。事実の究明が、大脳皮質ではなく主観や思い入れをとおしてこそ果たされている奇跡的な分野のように見えたのです。

しかし、人々が生きてきた時間をさかのぼりながら、建築／都市環境を見つめていくという営為は、本来、切れば血の出るものであるはずです。左に挙げたのは琵琶湖のほとりにある下石寺という集落です。水田の海のなかに小島のように浮かぶこの集落は、外に出かけるときは舟に頼っていました。周囲に水路をめぐらし、広い舟溜まりをそなえた特徴的な構成は、内湖干拓と圃場整備によって道路で周りとつながった今でも、なごりをとどめています。

写真1

一方、写真ではわかりにくいのですが、この集落を眺めたときにまず目を捉えるのは整然とした瓦屋根です。下石寺にかぎらず、近江平野の集落景観の魅力の一つは、黒々とした甍の重なりあいにあります。しかし、この「懐かしい」風景は実は一九六〇年前後にできあがったものです。それ以前は茅葺き屋根であり、それはそれですばらしかったでしょうが、今とは印象がまるで違っていたはずです。つまり、ここには変わるようで変わらない要素、永続的なようで新しい要素が入り組んでいるのです。

私たちは気軽に「伝統的景観」といい、「歴史的環境」と呼びます。でも、対象を突きつめていくと、「伝統」「歴史」というものがけっして一色ではないことがわかります。建築／都市は、時代の条件によって左右される他律的事象でもあります。しかしあるときは、それ自体の価値観に基づいて変化する自立的な存在にもなります。その経緯を解きほぐすことで見える多義性を捉えたいと願っています。

＊

「造形工学二〇〇二」自己紹介と学生へのメッセージ

一九五二年鹿児島市生まれ。てんびん座でA型という退屈な人間。一九七一年京都大学入学。なんとなく建築学科を選ぶ。思い出したくないぐらい不勉強な学生時代。こんなことでいいわけないよなぁと思っていたら、オイルショックで空前の就職難。あわてて大学院に緊急避難を図るが、当然のように失敗、留年。七六年に一年遅れで修士課程入学。岸和郎先生のおかげで長谷川堯氏の知遇を得、企業誌に大阪の洋風建築について書く機会を頂戴する。はじめて原稿料をもらってカメラを買う。「こじきと大学院は三日やったらやめられない」ということわざ（?）どおり、大学での寝起きが身体にしみついてしまい、七八年博士課程に進学。三省堂から刊行されはじめていた『日本の建築・明治大正昭和』というシリーズのなかの一巻を、ひょんなことからまるまる任される――というような幸運に導かれて、自覚の足りないダメ学生が人に建築を教える立場になったわけです。

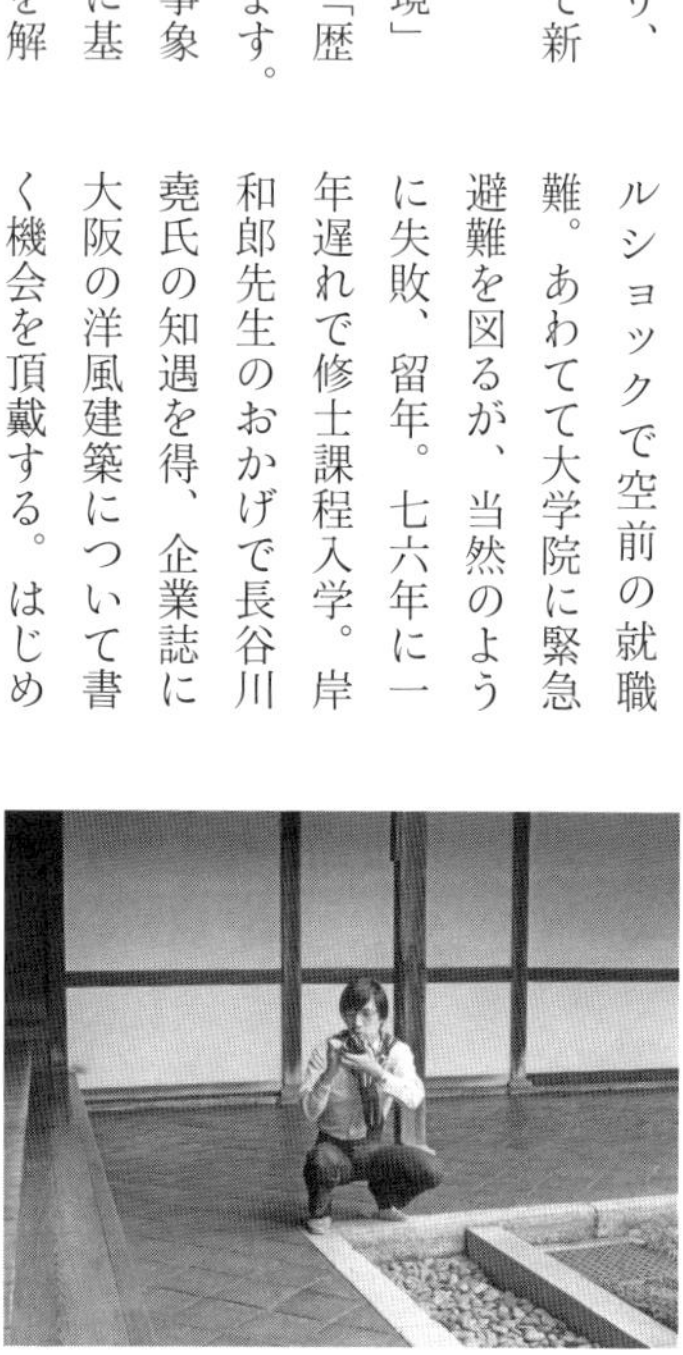

写真1　1980年、大徳寺塔頭龍源院調査中の筆者

で、二〇〇一年五月一日付けという中途半端な時期に本学に着任しました。

きれいに片をつけてきた、
歴史を
二行で。
「いろいろなことがある
いろいろなことがあった」
そういうことだ。
そうなのか？
（長田弘「われわれの無惨なバラード」）

この詩のなかの「歴史」は、別に「建築」でも「世間」でもいいのです。訳知り顔の「そういうことだ」という感想がそこらにあふれています——皆さんのレポートにもね。でも、じゃあ「いろいろあった」式の相対主義を避けようとすると、今度は「ナポレオンは飛行機を知らなかったから愚かな将軍だ」というにひとしい一方的な断罪か、プロジェクトX的な神話づくりに、すぐ陥ってしまいます。何かを考えるということは、「ホントにこの結論でいいの？」と自問することを含んでいるはずです。これは、メッセージというより自戒の弁なのですが。

涙の粒の中に閉じ込められるように建築を受け止めたい

「言葉なんかおぼえるんじゃなかった／日本語とほんのすこしの外国語をおぼえたおかげで／ぼくはあなたの涙のなかに立ちどまる」——これは田村隆一の詩「帰途」の一節です。

建築を何年も学んできて、その造形言語をそれなりに習得しました。図面の描き方、見方も教わりました。では今、お前は、建築が涙をこらえているのがわかるか、そう自分に問うてみて、たじろぐものがあります。

ある建物に初めて向かいあったとします。その建築を理解しようとするでしょう。設計者の意図を推し量り、類例

＊

『デザイン・建築学二〇一六』に寄稿。建築史の教師をしていると、未見の名作について語らされることがしばしばある。神戸高等工業学校教授だった瀧澤眞弓は見る機会のないままパルテノンを研究し、滔々と講義した。すかさず学生からこう囃された——「五つとせ、行ってみたかよパルテノン、瀧澤教授のしたり顔」。出不精の筆者には耳の痛い逸話なのだが、そんな筆者が、実見することはなるほど大事だとあらためて痛感した体験をここで述べた。その思いははたして学生に伝わったろうか。実は建築家の名前を書き間違えるという失態をしでかしており、そこだけ訂正した。

と比較し、時代背景や施主の情報にも思いをめぐらせるでしょう。そうした大脳皮質を使った読解はもちろん重要です。大学で教えることができるのは、もっぱらその種の頭の働かせかたです。

ですが、建築に触れるとき、知的な体験とは別に、いや、それと同時並行的に、思わず立ち止まらされてしまうような全身的な体験が訪れることがあります。見えない腕が背骨のあたりをつかんでくる感覚です。

そうした体験時には、視覚をとおして立面や装飾細部を知覚しているはずなのに、建築の表面の視像ではなくて、建築物にまつわりついているたたずまいの総体がわれわれの皮膚に磁場を及ぼしているように感じます。もし「磁場」という単語では比喩的にすぎるならば、建築にこもっている「気配」とでも言いかえましょうか。厳しい建築であれば「殺気」として身をすくませ、優しい建築であれば肩に手をかけられたようなぬくもりを感じさせる、そんな存在です。建築の内外に三次元的に立ちこめる「気配」を言い表したいために、建築の専門家は「空間」という術語を多用するのです。

しかし、建築の持つ気配、空間の質は、設計図には描きがたく、写真にも写し出しにくい現象です。それだけに、その気配のありようにちゃんと心を開くことはむずかしい。自分にそれができているか、頭だけの理解にとどまっていないか、ときに心許なくなるのです。

昨年、ドイツ、ハンブルク市のチリ・ハウスを訪れる機会に恵まれました。F・ヘーガーの設計で、一九二三年に完成したオフィスビルです。ドイツ表現主義の代表として、これまで熟知しているような顔で講義してきましたが、自分の眼で見たのは今回が初めて、ずっと紙の上の知識だったことをここで白状しなければなりません。

チリ・ハウスはうねるような壁面と鋭角の端部とがその特徴として紹介されるのが常です。しかし、実見したときに最も印象に刻まれたのは中庭でした。建物の正面と背面の両方にトンネル状のゲートを開いて中庭に人を導き入れ、そこから建物の内部へと進ませる構成を取っています。したがって中庭はこのビルの顔になるところなのです。それだけに造形には工夫が重ねられ、装飾の布置にも技巧が凝らされています。［写真1・2］

ただ、「うまいなあ」という感想はじっくり眺め回したあとから出てくるもので、その場に立ったときには、建築から発散される、これまで感じたことのない複雑な空間の味わいにたじろいでいました。一方に強烈な量塊感があり、他方にさわやかな流動感がある。ふつう両立しない特質が併存している不思議さ。細部も質朴なようでメカニカルでもあって先が読めない魅力にあふれています。

建築の価値付けは様式や流派といった普遍的な枠組みに当てはめることできめられがちです。しかし、建築の前で立ち止まらずにはおれない特権的な体験は教科書的知識とは違うところに待っていることを、今さらながらチリ・ハウスで知った気がします。

写真1　中庭を貫く中央通路

写真2　エントランス・ホール

未来をこじあけた建築が見せる力

『デザイン・建築学二〇一七』に寄稿。大昔、藤森照信さんに「いい建築の条件とは？」と尋ねたら「一生懸命つくった建築だよ」という答えだった。また、鈴木博之さんも講演のなかで、東京の建築家が京都で建てる建築に名作が多いのは、京都だと一生懸命になるからだ、という意味のことを話していたと記憶する。この「一生懸命理論」はあまりにも単純で、「いや、もちょっと何かあるでしょ」といいたくなったのだが、でもやっぱり本質を捉えているなあと思わされた経験を述べた。

＊

先日、和歌山県新宮市にある西村伊作の旧邸（一九一四年）の修理現場を見学しました。西村は一般には文化学院の創始者として知られています。かたわら、住宅の近代化を唱導し、アマチュアながら百件近い設計作品があります。もっとも建築界の評価は「理論は面白いが実作は素人くさい」というのが定説です。新宮の自邸も流布している画像では地味なよくある洋館にしか見えず、「これが重要文化財？」と疑問に思うようなデザインです。

しかし、実物を見ると、すっかり感動してしまいました。写真にはきちんと写っていないのですが、めくれている床

写真1

板は一階で、その右手奥にボイラーがあります。そこから温水と温風を上階に送る装置が設けられています。これを機能させるために、まず手押しポンプで三層目の屋根裏部屋の貯水タンクに揚水し、鉄管を降ろしてこれを温めて、再度各所へ配管するという手間をかけています。石積みの壁の脇にある白い箱は洗濯台で、そこにも温水がめぐっていました（写真をよく見ると配管が二本縦に見える）。

西村伊作は自然とともにある住宅をめざし、そのための方法として外壁にツタをはわせました。ツタが生えやすいように表面が粗い小石混じりのモルタル塗りを開発して愛用します。結果的には傷みが早く、苦労することになるのですが。

そこには心身の快適さを求めてやまない精神がありました。合理的な室配置、庭と一体化する空間、機械設備による環境調整といった特徴は、数十年のちにモダン・リビングと称されることになります。西村は一〇〇年以上前に、そうした生活空間の原型を追求しました。自邸のそこここに見える工夫は、彼自身でも定かならぬその像を自分の手で獲得しようと挑みつづけた痕跡です。

名作と言われる住宅作品を訪ねて、少しも心を動かされなかったという経験もあります。型にはまったライフスタイルを施主が望み、その容器として、型どおりに建築家が仕上げた、そんな住宅は、どれほど意匠が整い、仕様が豪華でも、どこか空疎に感じます。

文章でも、書いてみてはじめて「自分はこういうことを言いたかったんだ」と分かる文章が、書いて幸せであり、読んで面白い。結論の見えている文章を上手に書くのも大事な能力ですが、もっと大事なのは「これが言いたい」という結論を得ることです。

見えない未来を具体化しようとした先人の存在は私たちにとっての希望です。

重箱をつつき壊す必然性と可能性

『滋賀県立大学環境科学部年報』第四号（二〇〇〇年三月）の特集「環境科学部の研究室活動」に寄稿。滋賀県大には足かけ七年いたので、第四期までの卒論生と第一期修論生の何人かについては指導教員を務めた。ただ近代建築史の本流の論文は少なく、文中にあるように景観論や集落史に傾きがちだった。地理的な制約ということもあったが、フィールドワークを重視する学部全体の雰囲気、それに樋口忠彦氏の『景観の構造』をはじめとする景観論に私自身が刺激を受けていたことも大きかったと思う。

＊

たむろするわたし

一九七七年前後に、文学史家の谷沢永一と、思想家の吉本隆明とのあいだで論争（罵倒しあい？）があった。応酬のなかで吉本隆明が「谷沢の研究室にたむろしている助手や院生やアルバイト学生」うんぬんと書いた。それを谷沢永一は見とがめて冷笑する。〃現在の大学にそんな研究室があり得るとは想像できない〃と吉本氏のトンチンカンぶりをあげつらうのである（「捏造は想像力の行使であるか」『牙ある蟻』冬樹社、一九七八年）。

若年のわたしは首を傾げた。ほかでもなく自分がそのような「研究室にたむろしている」学生だったからだ。工学系と文系（ことに私大文学部）の違いは知ってはいたが、谷沢氏が吉本氏の文章を「妄想」呼ばわりするのはおよそ解せなかった。

とにかく、わたしが身を置くことのできた〈研究室〉は、十数人の院生が「たむろ」しており、正直な話、彼ら先輩たちから、ほかの誰からよりも多くのことを教えていただいた（と、思わず敬語になるぐらい学恩にあずかった）のである。そう書いても、わたしの学んだ大学の先生方に対して礼を失することにはならないだろう。「知の技法」の教育をカリキュラムのなかに含まなかった従来の大学では、〈研究室〉が、そこに「たむろする」助手や院生を教育係とする研究入門機関であることは暗黙の前提であったと思うからだ。

少なくともわたしは、文章作法からカメラの構え方にいたるまで、すべてのことをそこで学んだ。――いや、すべてを教わったが、きちんとは身につけなかった出来の悪い学生だった。

そんなわたしではあったが、結果的にその〈研究室〉に一〇年以上「たむろ」しつづけ、ほとんど悽みつくにいたった。よく、ヌシなどと呼ばれるアレですね。そんな暗い過去（?）を持つ身としては、〈研究室〉が有する教育効果とその蓄積が生む研究効率は人一倍よく承知している。

隅をつくわたし

だが、いま現在、「わたしの研究室」といえそうな集団を形づくっているか、というと、決してそうではない。わたしの周りにいるのは、卒業研究をおこなっている「わたしのゼミ」の四年生と、修士論文に着手したところの「わたしを含む領域」の修士一年生である。そこに「わたし自身」が加わることになる。いままでのところ、卒論・修論のテーマは、「わたし自身の研究」と直接には関連づけられていない。「研究室」のメンバーが一丸となって統一的なテーマを追求するというイメージからはほど遠い。いまの学生諸子が冒頭に掲げた吉本隆明の一文を読めば、たぶん谷沢永一と同様の感想を持つだろう。

そうなった理由をくだくだしく書いても自己弁護じみる

だけだ。一言だけいうなら、卒業研究レベルで、研究の本義である「真理の追究」をその森厳な響きにふさわしい水準で果たそうとすると、あてがいぶちの応用問題を脇目もふらずにただ解くという知的ヒンズースクワットに終始しがちである。一方、概論的知識もあやふやな段階で「内発的関心」に発する研究を求めてみても、それこそ概論をまとめることに汲々とするか、曖昧なデータの山を築くだけにとどまりかねない——。

などと非難がましいことをつい書いてしまうが、自分自身が卒論にとりくみはじめたころのことを思い出すと、えらそうなことはとうてい言えた義理ではない。レポートとも感想文とも違う研究論文のありようをわかろうともせずに日を過ごし、それこそ〈研究室〉で先輩たちから手取り足取り教わってきたのだから。

憫笑を買いつづけながらも、わたしは多少のことを学んだ。その核にあったのはある種の歓びであった。歓び？そう、わたしが知ったのは全人格的な探求の爽快感とでもいうべきものであった。それは思考訓練の達成感とも自己表現の充足感ともちがう「なにか」だった。

そうした歓びの数瞬への発端は、しかし「重箱の隅をつつく」ところにある。「わからないこと」、正確にいえば「わかるかもしれない、わからないこと」は「重箱の隅」にしかないからだ。むしろ、「重箱の隅をつついて、ついにつつき壊すにいたる気概」が肝腎だろう。思えば、〈研究室〉で先輩がわたしに語ってくれたのは「重箱の隅」から始める学問的必然性であった。そして、その研究によって示してくれたのは「重箱自体を解体しうる可能性」だったのである。

はげまされるわたし

いまわたしは〈わたしの研究室〉において、かなりの部分ひとりで上記の「必然性」と「可能性」とを学生諸子に示さなければならない。その教育効果は自分がかつて身を置いた〈研究室〉の何十分の一にすぎない。けれども、わたしの力量の乏しさを乗りこえて出現する気合いの入った論文が、わたしを励ます。

次に掲げた図版のうち、図1は橋口哲也君の一九九八年度卒業論文『寺院における誘導のための空間構成』にあるものである。橋口君は夏休み中かけて西国霊場三三カ所を踏査し、その参道に仕掛けられた空間演出の手法二〇パターンを抽出した。彼の身体感覚でつかみとってきた「札所の秘密」は読むものを否応なしに納得させる。

図2は舟越和子さんの一九九九年度卒業論文『琵琶湖沿岸の集落における景観の特徴と形成過程』による。舟越さんの彦根市大藪町に関する研究の発端はそこにある奇妙な袋小路であった。この盲腸のような街路の出現は水路を埋めた結果だったことを突き止めて、彼女は「その謎はこれで解明された」と思わず、金田一少年のような感慨を記す。この歓声を得たことはわたしにとってなによりの歓びである。

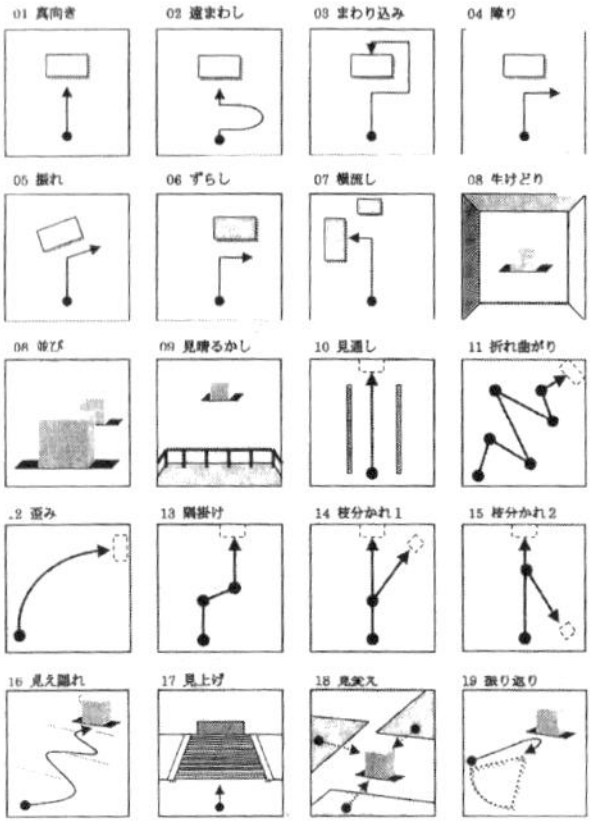

図1　西国三十三所霊場寺院の参道における空間構成パターン（橋口哲也による）

図2　彦根市大藪町の街区の変化（舟越和子による）
上：現状　下：昭和48年以前

教科書と年表の奥にある息づかい

『造形工学二〇一〇』に寄稿。筆者の最初の著書は、戦前期の二大建築事務所たる曾禰中條建築事務所と横河工務所とをあつかったものである。建築家・曾禰達蔵が戊辰戦争に従軍したことは知られていたが、その戦歴はよくわからず、なんとなくごまかして書いた。それ以来、かれこれ三〇年、気にかかっていたのだが、どういう機会だったか、主君・小笠原長行の伝記をめくっていて手がかりを得た。そこから話題を広げたのが本稿である。

＊

一八七三（明治六）年、日本に西洋建築を教える機関が生まれる。工学寮（のち工部《こうぶ》大学校）造家《ぞうか》学科という。東京大学建築学科の出発点である。第一期生四人は六年後に業を終え、「日本最初のアーキテクト」となる——と、ここまでは、どんな近代建築史の教科書にも書いてある。ただ、彼らがそこにいたるまでにどんな青少年期を歩んできたか、は記述していない。

冒頭の年代に今一度視線を戻してほしい。そう、彼らの少年期は、明治維新の激動のなかにあった。入学時に満二一歳と最年長だったのが曾禰《そね》達蔵《たつぞう》だが、彼は唐津藩主世子（つまり次の代の殿様）たる小笠原壱岐守長行《ながみち》の小姓であった。長行は老中を務めていたから、曾禰達蔵も江戸に詰

写真1　工部大学校第1期卒業写真。右上が辰野、中央左が曾禰

めていた。一八六八（慶応四）年正月、鳥羽伏見の戦いで幕府軍は大敗、錦旗を掲げた新政府軍が江戸へ攻め上ってくる。この事態に、主君たる小笠原長行は、三月奥州街道を北上して東北へ脱出していく。一方、一六歳の曾禰達蔵は新政府軍に反撃すべく、彰義隊に身を投じて、上野寛永寺に立てこもる。

　四月一一日に江戸城を無血開城せしめた新政府軍は、五月一五日早朝、彰義隊に対して猛攻撃を加える。寛永寺住職は「悲運の宮様」輪王寺宮公現法親王《ほっしんのう》である。午後二時、黒門口の防御陣を突破され、さらにアームストロング砲弾の炸裂によって堂宇が炎上するに及んで、輪王寺宮は粗衣に身をやつして脱出する。付き随う一団のなかに曾禰がいた。輪王寺宮は温存されていた幕府軍艦・長鯨丸で奥州へ向かう。曾禰ら唐津藩脱藩組もまた品川までたどりついて、これに乗船した。

　小笠原長行以下の唐津藩勢は輪王寺宮を護衛して六月六日会津若松に到着する。日ならずして宮は白石へ移るが、唐津藩勢のうち一五名は国境の警備を助け、また曾禰を含む六名は会津若松にとどまる。八月一〇日、桑名藩主の松平定敬が北越を転戦したのち会津へ来た。会津藩主・松平容保の弟である。二二日、二本松からの山道・母成峠を突破して新政府軍が会津若松の城下へ殺到する。容保は弟に他藩との連携を託して、自らは籠城戦に入る。この意を受けて桑名藩士は米沢へ向かう。唐津勢も曾禰ら八名がこれと同行することとなった。しかし米沢藩が新政府軍に帰順したため仙台へ転じ、仙台藩も降伏するや、なお抗戦をつづけていた庄内藩へと向かった。東北地方をジグザグに北上したわけである。この間追撃する官軍と戦闘をつづけながらようやく鶴岡へたどりつく。しかし孤立無援となった庄内藩は敗勢をとどめきれず、ついに九月二七日に降伏する。ここにいたって、曾禰ら援軍も投降を余儀なくされる。桑名藩に合流しなかった唐津勢の多くは長行以下、仙台に集まり、榎本武揚、土方歳三らとともに函館五稜郭へと向かう。だが、曾禰ら庄内組はおそらくそのまま翌年まで身柄を拘束されたと思われる。その後、唐津に戻ったがそこでも謹慎させられていた。一八七〇（明治三）年三月までというから、庄内での降伏から数えると一年半という長い拘禁生活だった。謹慎が解けると、曾禰は外国語を学びはじめる。まず長崎に出てロシア語を勉強し、翌四年からは唐津藩が開いた英語学校に入る。雇われていた英語教師は高橋是清であった。いうまでもなくのちの大蔵大臣である。高橋が東京に引き揚げるとき、生徒だった曾禰や辰野金吾が帯同し、折よく工学寮の一期生募集を知ることになる。

こののち曾禰達蔵は謙抑にして篤実な建築家としてその長い人生を生きていく。そこには、血刀を振るって奥州を駆けた青年の面影はない。ただ一つ、人々が曾禰の過去を思い出した出来事があった。関東大震災に見舞われた直後、長年手がけてきた丸ノ内の煉瓦街を検分して回った。それらは無疵ではあったが、おさまらない余震にプラスターが剥落して室内は濛々と煙った。恐怖に駆られて「早く外に出ましょう」と促す部下に、「ここが死に場所です」と答えて、揺れつづける建物の中を見回ったという。

長々と、造形には縁のないことをつづってきた。それは、この縁のなさに目を向けてほしいからである。西洋とも建築とも無関係な――むしろ、対蹠的な青年期を過ごした人間が一転して、紙の上でしか知らないロンドンやパリを懸命に移植しようとした。日本の近代建築はそうした地点から始まった。年表の行間に綴じ込まれた若者の息づかいと煉瓦の手触りを想像すること。それもまた建築を理解する一つの道筋である。

参考文献
・『小笠原壱岐守長行』小笠原壱岐守長行編纂会、1943年
・佐々木克『戊辰戦争』中央公論社、1977年
・藤森照信『国家のデザイン』三省堂、1979年
・星亮一『奥羽越列藩同盟』中央公論新社、1995年
・木台衲僧「建築界遍路　曽禰達蔵君」『建築世界』第20巻第11号、1926年

二　都市文化にひきよせて

輝ける麒麟の街

一九八八（昭和六三）年の偶数月、『商店建築』誌の「ニュース・コラム」欄に「都市・商業・建築」という枠をもらって、関西の商空間に関するトピックを連載した。掲載された六編のうち四編をここに収載する。いずれも時事ネタなので、「昭和末」のルポとして資料的価値を汲んでいただければよい。特にこの連載第一回目のキリンプラザ・大阪は当の作品そのものがもはや消えてしまったから、なおのこと残像としての意味しかない。ちなみに文中にある「ケバさがいいでしょ」というのは、アン・ルイスの「あゝ無情」の一節。そんな時代の文章である。

＊

道頓堀の橋のたもとで

阪神タイガースが優勝したことがあった。去年のあのていたらくで、もう、幻のようにしか思い出せなくなってしまったけれど。別に野球の話をしようというのじゃない。道頓堀のことを話題にしたいのだ。《道頓堀》ときいて、宮本輝の『道頓堀川』を連想する人もいるだろうし、カラオケファンなら「道頓堀人情」だったりもするだろう。でも、私が思い出してほしいのは、タイガース優勝の夜、狂喜乱舞も極まって、橋の上から川へザブンと飛び込む輩が続出した、あの道頓堀である。

あの光景は大阪人のイメージを地に落としたが、しかし、いかに大阪人でも、ところ構わずあんな喜びかたをしたわけではない。道頓堀なればこその行為であった。そう、道頓堀は、理性的ならざる行動を誘発するような、非日常的活気のみなぎる場所である。そこのところを本能的に嗅ぎつけるのか、道頓堀川にかかる戎橋（えびすばし）の上は、女の子をナンパしようとする男の子でいっぱいだ。

キリンは背が高い

そんな道頓堀の、もっとも道頓堀的な場所＝戎橋のたもとに、高松伸の新作が建った。いうまでもなく、キリン・タワー（キリンプラザ・大阪）である。キリン・タワーの敷地は二面が道路、一面が川という、建物を見せるにはこの上ない条件である。もし、心斎橋筋を南下してきたらアーケードを抜けたとたんに、そびえ立つこの建物にぶつかるし、なんば方面からやってきた人は松竹座の前あたりにきたとき、おびただしい人波の向こうにこの建築を否応なしに視認するだろう。とにかく、みんなが見てくれる建物である。そんなわけで、話題になることも多い。いろんな感想を耳にしたが、そのなかで面白かった、というか、意表を突かれたのは、「グリコがかわいそう」という声だった。《グリコ》というのは、道頓堀をはさんで、斜め向いにあるネオンサイン――「一粒三〇〇メートル」の絵柄が縦横一〇メートルほどに拡大されている――のことである。この大ネオンは道頓堀の「顔」の一つだが、それらが霞んでしまうというのである。しかし、そういうものと比べられるキリン・タワーのほうがかわいそうじゃないか、と思いながら、竣工を待ちきれず見にいった。予備知識といえば、以前、雑誌で模型の写真を見ただけで、どれくらいのスケールなのかさえ知らなかった。かつて「織陣」に接したとき、写真からの予想よりはるかに小さいのに驚いた記憶があるので、コレもたぶん野立て看板の兄貴分みたいなものだろうと考えていた。ところが実際見てみるとあの大きさである。有無をいわさず視線を吸いとっていくので、なるほど、グリコもかわいそう、という気になってくる。

それでも、とみこうみしているうちに、とりわけて違和感をいだかせない存在になってきた。「見慣れる」という

写真1　道頓堀の動物的精気とキリン・タワーのもつド迫力とが騒々しい均衡を保っているといえようか

のではない。道頓堀の動物的精気と建物のド迫力とが騒々しい均衡を保っている、と形容できようか。そして何日か後、正式にオープンしてからもう一度出かけた。前はウイークデーの夕暮れ時だったが、今回は日曜の昼間である。白日の下ではどんな異形を呈するかと、おびえながら行ったのだが、結局、前に見たときとそんなに印象は変わらなかった。ことに、戎橋上にたむろする、DCブランドに身を固めたナンパ少年の大群越しに眺めれば、あのデザインも「ケバさがいいでしょ」という感じで、在るべきものが在るべき場所にある、と見えてくるのだった。

もっといじめて

思い起こせば、高松伸は旧作の《先斗町のお茶屋》でも「町並み」の保全に配慮しつつ、ちゃんと言いたいことは言いおおせていた。「ああ見えても、結構環境を意識するのかな」とも思ったが、多分そうではあるまい。高松作品はその骨格においては本質的に《古典的》なのであり、それ自体で完結している。だから、見よう（見せよう）によってはむしろ静謐なたたずまいさえ漂わすのだ。しかし、ひとたびそこへ《装飾》が取り付き、貫入していくと、たちまちどこまでが骨格で、どこまでが装飾か不分明になる。そうしたとき、古典的秩序性の崩壊する予兆がひたひたとこみあげてくる。あえていえば、高松作品の魅力は「建築の形式」に対する嗜虐感にこそ存する。私たちも《建築》がいたぶられるさまが見たいのだ。

　ところが、道頓堀というのは《グリコ》が大きな顔をしていることからもわかるように、どうも、ハナから空間の秩序性のタガが緩んでいる場所らしい。そんなところまではさすがのキリン・タワーもむしろ適度な崩れかたに見えてしまう。

　もとよりこの作品は渾身の力作であろう。高松伸がずっと追求してきた機械のメタファーが、規模といい、密度といい、一つの集大成を迎えている。そこには、取り替えのきかない魅惑がある。だから、望蜀を承知して言わねばならないのだが、もしも魅惑的な建築が《建築》でなくなるところも見られたら！　と思うのである。

町並み保存は「大映テレビ」だ

『商店建築』一九八八年四月号に掲載。「大映テレビ」に註釈を付けだすと大変なことになるので、気になる方はご自身で調べてください。それに筆者はこのころテレビを持っておらず、「赤い」シリーズも「スチュワーデス物語」もたいして観ていないのである。それはともかく、近年の町家人気や二〇〇七年からの新景観政策で、京都における歴史的環境の保全の状況は大きく変わっている。そこでは、本稿や前掲の「個性より普遍的な美」で唱えている「様式主義」はアサッテの議論でしかなくなったようだ。

＊

嵯峨野の《たけし》

ビートたけしが去年（一九八七年）から「北野印度会社」というカレー屋をやっているのは御存知だろうか。第一号店は軽井沢で、三番目の店が京都にできた。昨年一〇月末の開店だったと思う。三ヵ月ほどたった今年一月末、新聞ザタになった。京都市風致地区条例違反に問われたのだ。所在地は嵯峨野、それも天竜寺から渡月橋へ行く道すがらである——と書くと、京都で設計をしたことのある人なら、ア、風致二種だと思うだろう。そう、修学院離宮の周囲など並んで、風致地区条例の規制がガチガチにかかっている地域である。

　規制の内容は、平家か一部二階まで、瓦葺の勾配屋根でちゃんと軒を出し、外壁の色はじゅらくか灰、薄茶なとなど。たけしのカレー屋はこれらの基準をほとんど守っていなかった。真っ白のコンクリート・フレーム。黒サッシュの全面ガラスという純モダニズムで、気休めのような切妻屋根が屋上に置いてある。もちろん確認申請時点では、〃別人二八号〃の図面でゴマカシたのである。

写真2　昨年（一九八七年）10月末にオープンした「北野印度会社」

　京都市側は当然、全面建て直しを迫る。しかし、カレー屋は条例に強制力がないのを先刻承知のうえの違反だから、ニベもなく突っぱねる。結局のところ、フレームの白をじゅらくに塗り替え、窓にはすだれ（！）を下げるという「改善策」で収拾された。
　このカレー屋の建設を仕切ったのは、京都で名うてのデベロッパーである。このデベロッパーを非難するのは簡単だが、ここでは避けたい。というのも、京都の建築家の大半が、風致課を出し抜いた《たけしのカレー屋》に快哉を叫んだはずだからである。
［図1］

教条VS狭量

　私は歴史屋であるからして、歴史的環境の保全を行政当局が行って当然、と思うが、デザイナーはそうではないようだ。京都で設計にたずさわる者は、風致行政に多大の不満をもっている。単に制約がわずらわしいだけではない。行政が「どうして軒の出が三〇センチであって二五センチではいけないのか、いや、なぜ和風でなければならないのか」を本質的には答えようとしないのに苛立つ。風致行政が教条主義と陰口をたたかれるゆえんである。

　しかし、そういうからには、建築家は「なぜ和風ではいけないのか」をはっきり答える必要があるだろう。「オレに好きにさせたほうが良いものができる」という夜郎自大な思い入れだけだとしたら（それがなければ設計なんかできないですけどね）、建築家の姿勢は単なる狭量ということになる。不幸なことに、行政サイドは建築家に対して強烈な不信感を抱いている。風致地区条例は、言ってみれば原にバントを命じる王監督なのである。

「パターン」としての伝統

まあ、はっきり言って、歴史的環境はまさに歴史の遺物であって、「現在」とは無縁の存在である。京都の町家に話を限っても、そこでのライフ・スタイルから材料の供給、建築技術の様態、どれをとっても、現代に適応するものは皆無である。時代と不適合をきたしているという点ではトキやコウノトリと一緒なのであって、消えてなくなるのは当たり前である。このことを私たちはもっと肝に銘じたほうが良い。行政側は、自分たちがトキの繁殖と大同小異の無理をしていると悟るべきだし、建築家も、建築的伝統を現代的にアレンジしようと試みるまえに、伝統を理解する素地さえ自分たちは持っていないと認めるべきだろう。

歴史的環境を保存する（あるいは保存しない）という発想は、建築的思考からは出てこない。出てくるとすれば、文化行政を含めた、いわば政治的判断からであろう。政治的判断に基づくとすれば、保存のやりかたがしゃくし定規になり、問答無用型になるのは当然である。いや、むしろそうあるべきだとさえ思う。

そもそも「和風」と幅をもたせた言いかたをするから、デザインに自由度があるようにみんなが考える。術語じみているが「伝統様式」と言ったほうが厳密でよい。「様式」であり、「パターン」なのだから、理屈ぬきで墨守するべき存在だと、すっぱり割り切るべきなのである。

無理を言うほうと言われるほう、ともに「歴史的環境」については大映テレビだと思って、とことん「決メ」に従うのが賢明ではなかろうか。

建築はしばしば理不尽な外力によって規定されてしまう。設計にせよ行政にせよ、純建築な立場は非常にあやういものである。わが身を宇津井健になぞらえねばならないのは、なにも歴史的風土のなかだけに限ったことではないように思われる。

窓を開ければカープが見える

『商店建築』一九八八年六月号に掲載。タイトルは、文章の冒頭で言及した「別れのブルース」の歌い出し「窓を開ければ、港が見える」のもじりである。ここで取り上げたフィッシュ・ダンスはその後悲惨な扱われ方をこうむるが、フランク・Ｏ・ゲーリーが巨匠となるとともに、多少は大事にされるようになり、今でも現役である。小見出しの「踊ろよフィッシュ」はこの年の全日空のキャンペーン。イメージ・ガールは石田ゆり子。あの異様に肩幅の広い美少女が「奇跡のアラフィフ」になるとは想像もつかなかった。もう一つの小見出し「鯉の手管のＡＢＣ」はもちろん「恋の手管の……」のもじり。藤山一郎の曲「東京娘」（一九三六年）の一節から。

＊

「メリケン波止場」論争

淡谷のり子の「別れのブルース」で唄われた「メリケン波止場」、その名を持つ埠頭は横浜と神戸の二ヵ所にある。そこから本家争いが起きた、というか、みんななんとなく横浜と信じていたのに対し、神戸市役所が「イヤ、うちのことだ」と言い出したのだ。

らちがあかないので結局、作詞した藤浦洸さんに直接尋ねたらしい。それで、やっぱり念頭にあったのは横浜のほうだったと答えられてしまう。しかし一方で、神戸の人が「ウチが舞台だ」といってもかまわないという言質はもらえて、まずは一件落着したのだった。

それにしても、五〇年前の唄になぜ神戸市がそうこだわるのか分からなかった。そのうち「メリケンパーク構想」を知って、やっと納得がいった。「メリケンパーク」は、メリケン波止場と中突堤（瀬戸内海航路の発着する大桟橋）のあいだ約二五〇メートルを沖合い約四五〇メートルまで埋め立ててできた五万坪近い土地である。埋め立ては、無から有を生む現代の錬金術だが、生まれた地域がどうしようもなくヨソヨソシイという欠点がある。親しみを持ってもらうためには、ここではどうしても「メリケン波止場」の残照にすがりたかったのだ。

踊ろよフィッシュ

メリケンパークの最大の建物は神戸海洋博物館であり、やがてはホテル・オークラが建設され、国際会議場が設置される。だが、目下のところいちばん人気を集めているのは、フランク・ゲーリー設計のレストラン、フィッシュ・ダンスだ。開店後一年になるが、関西の若いコのあいだでは、「行ってないとモグリ」的いわれ方をされる。こんなことをいうと怒られるかもしれないが、味のほうはイマイチにもかかわらず。

写真3　窓を開ければカープが見える、メリケン波止場のフィッシュ・ダンスが……

いや、味だけではない。悪条件はいくらもある。まず、その敷地。メリケンパークの入口という点は申し分ないのだが、頭上には二本の高速道路。東隣にはメリケン波止場の待合所が異人館まがいの姿で建ち、西側は住宅展示場（！）。F・ゲーリーがこの光景を見たかと思うと、「国辱」の二文字が胸をよぎるのである。

そもそも、F・ゲーリーの作風自体、この国ではどれほど理解されるのか、いたって覚束ない。その昔、桂離宮は安普請だ、という悪口があった。これは歴史的に誤っているが、たとえ本当に安普請だったとしても、それが桂の価値を左右すると考えるところが情けない。数寄屋的発想の末流ということになるのだろうか、材料の良否が建築の良否を決定するようにみなす感覚は牢固として抜きがたいものがある。そんな風土では、《ロー・テック》は「工場みたい」と言い捨てられるか、せいぜい《前衛建築家》の悪ふざけ、と見られるのが関の山であろう（逆に《ハイ・テック》、それも《クール・サーフィス》と呼ばれる造形はウケに入る可能性がある）。

鯉の手管のABC

しかし、筆者の見るところ、フィッシュ・ダンスは「なんだか新鮮なスペース」という程度には大衆的理解を獲得しえたようである。その「ありきたりでなさ」加減はさすがなものがあって、いかに建築と無縁な人間でもいささかの感興を呼び醒まされずにはおかないと思うのだ。

直交座標系を逸脱し、常識的納まりを無視して、壁と天井が自由に傾き、振れる。そのとき、いくつものヴォリュームが互いに貫入し、積層し、複合する。空間が三次元であることをこれほど端的に認識させられる建築は稀有である。方法があまりにも直接的であり、衒いがないので、人は詐欺にあったように、自分が身構えるいとまなく非日常的空間に連れてこられたことを知るだろう。

詐欺といえば、なんといっても「フィッシュ・ダンス」の名の由来である鯉のオブジェであろう。あれを見たら最初はみんな、建物本体もどんな珍奇なシロモノだろうと思ってしまう。つまり、元来はとても大衆性があるとはいえない建築に、見えがかりの大衆性を付与するシュガーコートである。釣られるのは鯉ではなくて、客なのだ。

建築にある程度通じている人間はみんな、筆者が感想を聞くと、「鯉はともかく、建物はいいよ」といった言い方をした。たしかに鯉のオブジェは《建築的》でない。しかしと、満席の店内からガラス越しにその金網でできた怪物を見ながら思った——このばかばかしさと紙一重のユーモアは、建築本体の前衛ぶりのおおらかさと相通ずるのではないかと。この建築の「屈託の無さ」は、作家性がしばしば神経症的な表情を帯びる今の日本では、なかなか得がたいものである。だとすれば、好まれているのはそうした「異国情緒」かもしれないのだ。

media review

最後に、筆者の研究者としての営為から際立って遠い文章を補遺として掲げる。読者を益するところの全くないエッセイだが、根岸一之先輩まで巻き込んであえて収載したのは、覚えてくれている読者が意外に多いためである。それに、自分自身の長く引き延ばしてしまった青春期の、今にして見れば「傷ましい幸福」の記録のためである。

『都市住宅』の一九八五年一月号から八六年一二月号まで、竹山聖さんの企画で「メディア・レヴュー」というコーナーが設けられた。批評するジャンルの担当は、演劇を当時まだ大学院生だった吉見俊哉さん、外国映画を根岸一之さん、日本映画を筆者、それ以外をノンセクションとして竹山さん、という割り振りであった。映画に関しては、東京在住だった根岸さんと京都にいた筆者との往復書簡という体裁にしようということになった。それも竹山さんのアイデアだったと思う。二四カ月分を四人で回したので、一人に六回執筆の機会があった。本書には根岸―石田の第一回目と二回目とを収載した。二人ともそれなりの年齢だったのだが、文章が若いのは（そこに透けて見える生活も学生じみているのは）、共にまだ独身だったせいだろう。最終回が筆者の回だったのだが、その号は『都市住宅』の終刊号でもあった。

これは批評ではない――不思議の国のアリス・イン・ホラーランド

根岸一之

石田潤一郎様

一一月十六日東京にて

Outside the rain begins. And it may never end.

誰かがセットしておいたデッキから、ボズ・スキャッグスの〈二人だけ〉が流れている。僕は、オフィスに戻ってきたばかり。外は雨、一ヵ月ぶりの雨。むき出しのコンクリートの壁に向かって、僕は、ワードプロセッサーを叩いている。風が強くなり、雨がガラス窓を鳴らしている。今、午前二時。この時間でも君はまだ、まるで不夜城と化した大学の研究室にいるはずだ。すでに底冷えのする京都の夜空には、星座が瞬いているだろう。

〈映画〉という言葉は、条件反射的に、僕に京都の街を想い出させる。授業を抜け出して通った街はずれの、あの映画館。スーパーグラフィックを施された大学の旧い講堂――ここで僕は、長い間観ていなかった映画に、再び取り憑かれたのだ（ルルーシュの〈男と女〉が、そこで観た最初のフィルムだった）。だから、京都にいる君との往復書簡で、〈映画〉についての〈よしなしごと〉を書くというのは、僕の個人的フェティシズムを、この上もなく満足させてくれるだろうと思うのだ。

それ故、Ceci n'est pas une critique――これは批評ではない。少なくとも、これは純粋に〈映画〉についての批評ではない。たとえば、映画批評とは、〈映画と言語の差異を明確に認識することであり、映画の何が言語に置き換えられ、あるいは置き換えられないかを、判然と認識すること［＊1］〉であるのならば、この〈メディア・レヴュー〉においては、〈映画〉と言語の、たぶん、限りなく美しいであろうこの戯れを、僕らは、自ら引き受けようとは思っていないはずだからである。

とはいえ、このコラムで、これからどういうふうにやっていくかというアイデアは、正直言って、全くない。それは君の方も同じことだと思う。ただ、僕は駆け出しの建築家であり、君は建築史家だから、僕と君の共通基盤である〈建築〉という視点で〈映画〉を見つめてみたいということ、先月号で竹山聖氏が述べたごとく〈建築と切り結ぶ〉地点に立脚していたいということが、唯一の希望にして、かつ唯一の raison d'être なのかもしれない。ただし、僕らは〈映画解説者〉であることは断固として拒否しよう。それは、〈映画〉というものの本質とは、何の関係もないことのように思われるからだ。だから、必ずしも、その時々に封切られる映画を取り上げる必要もないだろうし、むしろ、僕らの心に、何かしらいつまでも残っている映画を取り上げる方が、よいのかもしれないとは思っている。したがって、もしかすると、〈建築（あるいは都市、あるいは空間）と切り結ぶ〉べき地点から〈漸進的横滑り〉を起こし、〈映画〉に対する僕らの思い入れだけが肥大し、その結果、〈映画〉をめぐる私小説と化してしまう危険性を、常にはらんでいるかもしれない。だがそれも、〈建築〉と〈映画〉を切り結ばせることの難しさの証明にすぎないというのは、逃げ口上というものだろうか。

いずれにせよ、僕らはすでに、ルビコン河の岸辺に立たされたカエサルの兵士だ。賽は投げられたのだ。そういうわけで、とりあえず、僕の記憶の最も深いところに沈んでいるフィルムについて書き始めることにする。

映画についての最古の記憶は、小学校に上がるか上がらないかの時のものだ。ウォルト・ディズニーのアニメーション《不思議の国のアリス》である。いうまでもなく、これは恐怖映画ではないが、僕の子供心には、この映画はとても怖かったという記憶がある。それは、今から思えば、そして結論を先取りして言えば、ある異様に湾曲した空間に対する根源的な恐怖だったように思う（映画の中でアリスが、〈不思議の国〉で最初に入る部屋が奇妙にゆがんでいるのは、象徴的である）。たとえば、Crown Publishers版の〈Alice's Adventure in Wonderland and Through the Looking-Glass〉に付した序文で、マーティン・ガードナーという人物が、次のように述べている。

> 生まれ故郷の英国でさえも、一五歳以下の子供が〈アリス〉を〈柳の風〉や〈オズの魔法使い〉と同じくらいおもしろがって読めた時代は遠くなって、〈まあ試しに読んでみよう〉と言う。今日の子供たちは、アリスの見た夢の無気味な雰囲気にたじろぎ、怖がることもある。

ガードナーは、この恐怖を歴史性に求めている。つまり、現代のイギリスの子供たちでさえ、この物語を怖がるのは、ルイス・キャロルの冗談が通じなくなっているからだ、と言うのだ。けれども、たぶんそうではない。この物語は、本質的に子供たちに恐怖を与える物語なのではないだろうか。

ところで、ディズニーの《不思議の国のアリス》（実を言うと、つい二、三日前に偶然、ビデオでこのアニメーションを観ることができたのだ）について言えば、もちろんこれは、キャロルの〈アリス〉を原作にしたものであるのだが、かなりの部分が微妙なニュアンスでディズニー化されている。ストーリーは、よく知られているように、アリスがチョッキを着て時計を持った白兎を追って地下世界（…）に飛び込み、さまざまな冒険を繰り返すという、キャロルの原作を大筋において踏襲しているけれど、ディテールがかなり変更されているのだ。だが、何よりも顕著なのは、登場人物のキャラクターのディズニー化である。この、ディズニーの〈アリス〉の登場人物たちは、実にかわいいのだ。キャロルの原作に付された、ジョン・テニエル卿の描く挿絵の彼らは、どこか怪物めいていて（アリスも例外ではない）、もし子供の僕が見ていれば、こちらの方をもっと怖がっただろう。たとえば、アリスの首が異常に伸びて、木々の上まで飛び出し、鳩から〈蛇だ！〉と言われるところで、テニエルはキャロルが書くほどではないが、首だけが異様に伸びたアリスを描いている（この絵はかなり不気味だ）。だが、ディズニーは、この場面を均整を保ったまま身長が伸びたアリスとして描いている（そのため、何故アリスが蛇と呼ばれるのか、わからないほどである）。ディズニーは、キャロルのブラックユーモア的ジョークを、明るいユーモアに変えているのだ。

とはいえ、ディズニーは、キャロルのジョークの本質を見誤っているわけではないように思える。

アリスは白兎の穴に落ち込み、海を渡り、〈不思議の国〉の森に迷い込む（この完璧な連続性の欠如！）。彼女はその森で、トゥイードルダムとトゥイードルディーの双子に出会う。周知のように、このトゥイードル兄弟は、〈不思議の国〉ではなく〈鏡の国〉の住人である。ディズニーは、〈鏡の国〉を〈不思議の国のアリス〉に接木しているのである。ついでに言えば〈もの言う薔薇〉や bread-and-butterfly たちも〈鏡の国〉からの移民組だ。また、ハートの女王のせりふの一部も〈鏡の国〉の赤の女王のものである。話を戻すが、この出会いの時、トゥイードル兄弟は、アリスに歌を歌って聴かせる。それは大工とセイウチと牡蠣の物語である。かわいい〈ディズニー化された〉牡蠣たち、このフィルムに出てくるすべての登場人物の中で最もかわいいこの牡蠣たちを、セイウチはペテンにかけて食べてしまうのだ。牡蠣たちは食べられるとも知らず、セイウチと食卓を囲む〈まるで、宮沢賢治の〈注文のおおい料理店〉の主人公たちのようだ〉。キャロルは牡蠣たちをそれほどかわいくは書いていない。この点では、ディズニーのほうが残酷なのだ。また、水煙草を吸う青い芋虫の場面では、口から吐き出されるタバコの煙が、彼が歌う歌の内容である〈金の鱗のワニ〉が魚を食べるところを形象化してみせることで残酷さを強調する〈だが、このシーンは実に美しい〉。

ある意味でこのアニメは、キャロル的残酷さを、ディズニー的残酷さに置き換えたものだと言うことができるだろう。ディズニーは、通常信じられているような、単に心やさしい物語をつくるだけではないのである。

数々のアリスの冒険譚〈巨大化したアリスが流した涙がつくった海での極小化したアリスの漂流、三月兎のマッド・パーティー、ハートの女王とのクロッケーの試合、気狂い裁判、etc.〉には、さまざまな残酷さが隠されているような気がしている。

さて、キャロルの〈アリス〉の本質は、いうまでもなく、言語遊戯を幹とした、言語の過剰による、言語の迷路である〈ディズニーは、原作にはないバロック式庭園風の迷路を描き加えることで、それを象徴しているのではないだろうか〉。ディズニーは、〈アリス〉を視覚化するにあたって、賢明にも、この〈言語の迷路〉というテーマを切り捨てている。映画という〈視覚メディア〉によって、言語を描こうとすることの愚かさを心得ていたに違いない。そうではなく、ディズニーはメイン・テーマとして、空間を、特にそのディメンションを、非絶対的なもの〈アリスの身体の大きさと相対的なもの〉として描く。もちろんキャロルの原作にも、このモティーフはある。だが、ディズニーの〈不思議の国〉において、この相対性は特権的なものになっているのである。たとえばひとつの例として、このディズニー的世界では、アリスの身体の伸び縮みは、キャロルの世界でのように、アリスが制御可能なものではない。その制御は空間の側に属しているのだ。キャロルのアリスは、〈キノコの片側を食べれば大きくなり、反対側を食べれば小さくなる〉ことを知っている。そして、その知識によって自分の身体の大きさを制御する。ディズニー版でも、このせりふは出てくるが、単なる言葉のナンセンスとして終わる。ディズニー的世界では、クッキーのような菓子を食べた時、どれだけ大きくなるか、あるいはどれだけ小さくなるか、アリス自身にはわからないのだ。ついでにつけ加えれば、アリスの身体が一番最初に小さくなるのは、キャロルにおいてもディズニーにおいても、〈DRINK ME〉とラベルの貼られたガラス壜の中の液体によってだが、その後の伸縮は、原作では終始キノコによるのに対し、映画ではさまざまに変化する。ひと言で言えば、この空間は、多分に〈気まぐれ〉であり、その〈気まぐれ〉によってアリスの身体の大きさを変化させるのである。そして、もうひとつの例としてアリスは、キャロルにおいては、〈もとの自分の身体の大きさ〉を取り戻そうとして懸命なのに、ディズニーのアリスは口にもしないのだ。つまりアリス自身、その空間性において、自己同一性を持っていないと言うことができるだろう。

　これまで語り継がれてきた神話のほとんどが、主人公のアイデンティティを探し求める物語であったとすれば、この物語では、主人公のアイデンティティは、すでに、あらかじめ失われているのである。しかも、最後まで、ついにそれは保証されないまま終わってしまうのである。映画は、主人公がアイデンティティを獲得して、大団円を迎えるというふうには終わらず、スラップスティック的狂騒の内にエンドマークを打たれるのである（もちろん、アリスが夢から醒めるというシーンが挿入されてはいるのだが、実質的には、アリスとハート軍団との、先述した迷路の中での追い駆けっこがラストシーンであると言うべきである）。もしかすると、子供の頃に僕が感じ取った、説明しようのない恐怖心は、この自己同一性の不在に対するものだったのかもしれない、と今になって思う。非連続的かつ非自己同一的な、しかもいわば極度にアメリカナイズされたこのディズニーの《不思議の国のアリス》は、一種の遊園地的空間だと言うことができる。

　川本三郎は、《ネバーランドで映画を》の中で、映画のパイディア（遊戯）性について書いているが、映画には確かに、よく遊園地が登場する。その中では何故か、いつも登場人物たちが、自分自身を喪失しているのである。オーソン・ウェルズの〈上海から来た女〉の遊園地、なかんずく、リタ・ヘイワースのイブニングが無数にきらめき反射した、あの鏡貼りの迷路。あるいは、ウッディ・アレンの〈マンハッタン〉の遊園地、それともフェデリコ・フェリーニの〈女の都〉で、マストロヤンニが滑り落ちる、とてつもなく長い滑り台の、あの電飾いっぱいの遊園地を思い浮かべてもいい。

　しかしそれよりも、浦安へのディズニーランドの登場という意味だけではなく、この遊園地的空間そのものが、現実の都市空間に実体化しつつあると僕には思えるのである。DISTOPIA TOKYO——UTOPIAが、〈どこにもない場所〉であるとすれば、〈ありふれた場所〉である〈今——ここ〉として。

　では、また。現在執筆中だという君の博士論文を期待しつつ。

＊1　浅沼圭司《不在の光景》行人社、1983年

想い出は美しすぎて
――映画に垣間見た都市空間

石田潤一郎

根岸一之様

二月一〇日京都にて

お手紙ありがとうございました。ほんとうのことを言うと、ここ二、三年、映画の話をすることは、いや映画を観ること自体、ずいぶん間遠になってしまいました。この〈メディア・レヴュー〉のお話を（つい、はずみで）引き受けてしまってから、後悔もしたのです。が、しかし、映画について語ることの、観ることとはまた違った愉悦感のようなものを、もう一度味わいたかったわけです。そう、根岸さんが京都にいらっしゃった頃は、映画のことならお互い、いくらしゃべっても飽きなかったし、だいたい、話すタネがつきないぐらいの本数見てましたよね。そして、（大きな声では言えないけれど）建築の話なんて全然しませんでしたよね。

想い出話をする場ではないのですが（そして、そろそろデスマス調をやめたいのですが）、今の僕にとって（根岸さんもそうであるらしいですが）、映画はノスタルジックな色に染まってしまっています。

しかし、こじつけと言われるかもしれないけれど、映画は本来的に、ノスタルジックな存在のように思われます。山田宏一が語っていたように、映画を〈所有〉することはできない、映画は記憶と忘却の間に立ち現れる光と影にほかならないのですから。

もしかすると、僕が映画を好んだのは、常に想起されることを求め続ける、映画のそうした性格によるのかもしれません。なにしろ、僕は〈懐かしがり屋〉でありました。六歳の時、街で流れてきた〈バナナ・ボート〉を耳にして、〈ワッ、なつかしい〉と感じたという、やや異常な体質の僕です。ちなみに、〈バナナ・ボート〉は一九五七年、つまり僕が五つの時の大ヒットでした。〈記憶〉に対する偏愛などというものは持ちあわせていないつもりですが、職業として建築史という学問を選んでしまっている現在から見ると、少なくとも、時間が流れ去ることに対する興味が、おそらく生理的に強いのでしょう。もちろん〈想い出〉と〈歴史〉は、残念ながら決定的に別物ですし、研究上の資料としては、個人の記憶という代物はおよそあてにならないということも日常的に経験しているのですが。

さて、日本映画について何を語るか。根岸さんのお手紙の中に〈神話のほとんどが、主人公のアイデンティティを探し求める物語であった〉［＊1］という一節があって、それで気がついたのだが、僕が日本映画に、それも商業映画にこだわったのは、監督のアイデンティティのありかが明瞭だったからのように思える。お仕着せの企画（それもたいていは、しょうもないやつ）と安易なキャスティング（女優なら、脱ぐかどうかで決めてしまうような）。だからこそ、監督の側の〈私が私でありたい〉という意志はきわ立つ。もちろん、そうじゃない監督も腐るほどいるし、ココロザシさえあればいいというものじゃないけれど。でも、僕は監督のアイデンティティを把握することで自分のそれを確認したかったのではないか――僕の青臭い映画の観方なんてどうでもいいですね。一人称はやめよう――と言いながら、《都市住宅》で映画の話をどうしたらよいのか、僕はまだ困惑している。根岸さんは、映画は遊園地に似ていて、遊園地は都市に似ている、とうまくオチをつけたが、はて、僕は？

商業映画と建築は似ている、というのはどうかな、とまず考えた。若いうちは仕事が回ってこず、お金を出すのが他人で、その他人が〈芸術〉を全然理解しない。つくり手は批評をやたら気にするのだが、その批評は、現実の社会とは全く無縁なところで語られている。もう、そっくりという感じで、これで〈健康映画〉論争でも起きれば言うことはないのだが、しかし、似てるからどうだ、というところもあるし、だいたい話が生臭くなっていけない。

映画に登場する現代建築という話題はどうだろう。七、八年も前か、京都の場末の名画座で見た大和屋竺の〈愛欲の罠〉（そうだ、根岸さんも一緒に観たんでしたね）。とにかく安く上げた映画で、美術とかは手を抜けるだけ抜いてある。こちらも、だから、そっちの興味は抱きようもなくスクリーンを観ていた。ドラマは大詰、主人公が悪漢を追ってゆき（アクション映画なのです）、アジトをつきとめる。木立の中から現れたアジトというのが、なんと吉阪隆正先生の八王子セミナーハウス。

あの逆オムスビが突然映し出された時は、思わず声を上げて（今だったらオットォとか言う感じ）、前の席の客にケゲンな顔をされた。映画としては、おもしろいディテールがいっぱいなのだが、いかにも荒っぽくて、そのシーンまではもうひとつなじめなかった。でも、この建築を選んだセンスに惚れて、大和屋さんが好きになった。変態の殺人マニアの爺いが立て籠る建物といったら、もうこれしかない。こうして、僕はこれ以降、吉阪作品を見る目がほんの少しだけど変わってしまったのだった（深い意味はありません）。

でも、このての話題だと、むやみやたらと詳しい人がいそうだ。では、少し映画評論っぽく……。今の監督のうちでいちばん、空間を〈建築的〉に撮る人は、やっぱり森田芳光だ。彼は、ヒトの所作に対して、驚くほど鋭敏な感覚を持っていて、立居振舞のその場所にも綿密な配慮をおこなう。その配慮がしばしば、建築を建築として画面に映し出させる。漠然とした言い方だが、要するにこういうことだ。たいていの映画の中の建築は、ただの書割か、さもなければ巨大なカラクリだ。後者の代表が言わずと知れた鈴木清順だろう。突如として床が透明になったり、障子がいちどきに倒れてみたり。そういえば、伊東豊雄さんの〈中野本町の家〉を雑誌で初めて見た時、清順の〈東京流れ者〉のあの酒場を思い出した。別に〈中野本町の家〉に内容がないというわけではない。あの作品は傑作です。ですが、どちらも壁から床からまっ白で、不自然に家具が置いてなくて、なにより禁欲的なケレンという趣きが共通しているのだ。それはさておき、そうした建築の扱い方の中で、森田作品の建築は、そこでの俳優の所作によって空間の性格が鮮明に現れ出で、逆にまた建築空間が所作に意味を付与する。そうした存在として常にある。凡百の建築より、よっぽど建築的なのではないかと思ってしまう。

森田芳光は商業映画監督でないと言うなら（〈メイン・テーマ〉の失敗もあるし）、森谷司郎はどうだろう。モリタとモリタニ、一字違いでも、かたや意気軒高、かたや物故者とだいぶ違うのだが――この冬はペキンパーが死に、トリュフォーが死んだ、そして森谷氏も。森谷司郎の死は、新聞ではけっこう大きく扱われたけれど、映画ファンの間では、特に話題に上らなかった。森谷司郎は、〈日本沈没〉〈八甲田山〉以降、そんな監督になっていた。けれど、僕にとっての森谷さんは〈兄貴の恋人〉の、〈赤頭巾ちゃん気をつけて〉の、そして〈放課後〉の監督だった。

　望遠レンズの多用は、東宝青春映画の代表的（悪くいえばパターン化した）テクニックだった。若い男女が街を歩くシーンは、必ずと言っていいほど、道路の反対側から隠し撮り風に写す。視野は、絶えず自動車や人影で遮られ、アフレコの台詞がボソボソとかぶさってくる。ヌーヴェル・ヴァーグの亜流（あの懐しいアンビギュイティ）とかたづければそれまでだが、しかし、この映画は、普通の街の普通の男女（佐藤忠男センセイ言うところのイン・サイダーの青春）のドラマなんだということが、実によくわかったものだ。そして、この、いわば〈住宅地の抒情〉を突き詰めて描いた作家が森谷司郎だった。

　主人公が自分の住んでいる場所を出ようとする時、カメラは目に見えて（映画なんだから当然だけど）緊張して身構えたり、動揺したりする。そして、それが劇の発端であったり、〈初めての旅〉のように劇そのものでもある。

　〈兄貴の恋人〉では、内藤洋子が兄・加山雄三の恋人である酒井和歌子を訪ねて、酒井が住む場末の一角にやってくるシーン。ピンク映画のポスターがズラズラと貼られた坂道を内藤洋子が下ってくる。お嬢さん育ちの内藤が、見慣れぬ場所に踏み込む緊張感で頬を紅潮させ、眼をキッと見開いている。その表情そのままに、カメラは小汚ない風景の隅々にまでピントを合わせてピクリとも動かない。据え放しのまま、内藤が坂を下りきり、酒井と顔を合わせるまでをまじまじと写し続ける。

　そしてまた〈放課後〉。封切は一九七三年。〈明るく楽しい〉東宝青春映画の白鳥の歌。若さと幼さの中で右往左往する、栗田ひろみ演じる高校一年生とその友人たち、ひろみに家庭と心をヒッカキ回される〈もう若くない〉地井武男。その二つのアドレッセンスをやさしい才気で描いた快作だった。

　この映画は寄り道の映画だ。ひろみが通学路からはずれるところからドラマは始まる。ひろみは、憧れている上級生の男の子のあとをつける。だんだんと知らない街へ入っていくひろみの不安に染まって揺らめくカメラ。この上級生の姉（宇都宮雅代！）が経営するスナックのマッチを、ひろみが地井武男のコートのポケットに忍ばせる悪戯から、あれよあれよという間に地井と宮本信子の夫婦は仲違いし、地井と宇都宮雅代はデキてしまい、というふうにオハナシは展開するのだが、それはこの際、置いておこう。このスナック（屋号はロビンだったかな？）が画面に現れる時、常に店の前の横断歩道橋が写し込まれる。それはちょうど、道を教わる時の目印のようだ。観る者は、このスナックを現実の都市空間の中に生々しく位置づけることができる。栗田ひろみが未知の街区に親しんでいくのをなぞるようにして、僕たちもこのスナックになじんでいく。

〈放課後〉のラスト・シーンは、栗田ひろみが打ち上げたテニス・ボールがカメラへ向かって落下してきて、レンズにぶち当たる直前にストップ・モーションになるというものだった（その瞬間に監督名がクレジットされる）。ボールのストップ・モーションは、周知のように藤田敏八が偏愛していたものだ。森谷司郎は、おそらくはこの同い年の青春映画の旗手を意識していた。一九六〇年代後半以降の日本映画は、どこにも居場所が見出せない若者たちをひたすらに描いてきた。藤田敏八は、神代辰巳と共にそうした〈青春群像〉を最も鮮烈に描出した監督であると言っていい。定住できない、そして定住すまいと決意した若者が見やる街の断片たち。その美しさは、都市の不定型さそれ自体の美しさだ。

ここでのストーリー上、強引に対比させれば、森谷司郎の青春映画の若者たちは、いつも居心地の良い場所を持っている——望遠レンズの向こうでぐらぐら揺れるありきたりの風景の中で育ち、生きている。しかし、その何の変哲もない街から一歩踏み出す時のささやかな劇が克明に映し出される時、僕たちは、何の変哲もない日常的空間が有する力に否応なしに気づく。そうしたものとしても、都市はある、あり続けていると気づく。そして、映画館の外へ捨ててきた世界がやさしく手招くのを感じるのだ。

さて、根岸さん。ここまで起承転々、いたって散漫な文章をつらねてきましたが、竹山聖君いうところの〈建築と切り結ぶ〉［＊2］ことなど、とてもできかねます。切り結べるほど敵の姿かたちが明瞭ならば話は楽です。結局のところ、僕が映画を観る時に、スクリーンをある意味では混濁させてくる、建築とか都市とかの、つかの間のありようをつづっただけでよしとしなければならなかったようです。

しかし、そうして〈映写効果を妨げる〉時、建築も都市も思いがけない表情を見せてくれるように思えるのです。

追伸：ウォルター・ヒルの〈ストリート・オブ・ファイヤー〉はどういうふうにご覧になりましたか？　あのローテックな風景は、都市の空間というものを、手で触れたようにありありと映し出していたと思うのですが……。

＊1　根岸一之〈不思議の国のアリス・イン・ホラーランド〉《都市住宅》1985年2月号

＊2　竹山聖〈メディアとしての商業空間〉《都市住宅》1985年1月号

阿片の幻覚のように甘くて怖い夢

根岸一之

石田潤一郎様

四月四日東京にて

僕は学生時代のまん中に、〈都市デザイン〉の流行現象を抱え込んだ世代に属している。こんなふうに始めると君は笑うだろうが、磯崎新の〈年代記的ノート〉の冒頭をもじれば、まさにこういうことだ。今から思えば、都市は芸術にはなり得ないとして建築に専念し、〈建築〉を〈芸術〉にしてしまったはずの磯崎新でさえ、当時は都市デザイナーを名乗っていたものだ。そういうわけで、天邪鬼の僕は、その頃、都市計画とか都市設計には、ほとんど興味を持つことがなかった。その反動か、それとも補償行為とでも言うべきものかどうか、映画に関しては、タイトルに都市の名でも冠してあれば、何はともあれ観に行くようになった。もちろん、内容が少しでも都市に関係していると感じた時は、言うまでもない。

君がこのまえ書いていた〈ストリート・オブ・ファイアー〉も、そんな映画のひとつだ。今も述べたように、このフィルムは、〈炎の街路〉というタイトルに魅かれた。レム・コールハースが、一九二〇年代アメリカの摩天楼建築家レイモンド・フッドを、〈都市建築（street architecture）の氷山の中で燃え上がるモダニズムの炎〉と評しているが、この映画のタイトルから僕が思い出したのは、まずこの文章だった。したがって映画には、アメリカの、いかにもアメリカらしい近代的都市風景が描かれるものと予断していたのだが、実際には君の言うように、ローテックと言うべき都市空間が登場した。不良少年たちのアジト、むき出しのトラス、錆びた鉄骨のシェッド、鉄道の引き込み線。それもすべてが、まるで打ち捨てられたように存在していた。

しかし、僕がこの映画で眼を引きつけられたのは、そうした背景ではなく、俳優だった。お気に入りのわがダイアン・レインではない。名も知らぬ男優である。あの、でくのぼうみたいな俳優がいなかったら、この映画はもっとつまらないものになっていたに違いない。実を言えば、僕はこのフィルムが好きだ。映画のストーリーが、こんなに単純であっていいものだろうか、とさえ思いながらも。女が奪われる。監禁される。男が救出に行く。妨害にあって、ついに暴力で奪取する。絵に描いたようなclichéだ。ほとんど神話的な単純さ、と言ってよい。〈ローテック〉の正確な定義は知らないが、ローテックなストーリーというものがあれば、たぶんこんなものだろう。この俳優もそうだ。逞しい肉体と、単純明快な思考。無表情な顔と無表情な演技。それは、この映画には実にふさわしいものだった。そんなわけで、この映画に関しては、君の言う都市空間の〈手でさぐるようなマチエール〉を、僕は見逃してしまった。

タイトルに魅かれた映画なら、まず〈メトロポリス〉を採り上げるべきだろうと思う。後のハリウッド映画の巨匠フリッツ・ラングの、ドイツ表現主義時代の作品である〈メトロポリス〉は、これもまた、とりたてて論ずるほどのストーリーがない。

近未来のこの都市国家では、資本家と労働者の階級分化がはっきりしている。資本家の息子は、労働者の娘を愛するのだが、いくつかの障害があり、そうこうしているうちに、マッド・サイエンティストがつくり上げたその娘そっくりのロボットの煽動により、メトロポリスは崩壊に至る。

これもまた、紋切り型のストーリーである（もちろん、映画の映画たる所以は、ストーリーの卓抜さにあるなどと、僕は思っているわけではない）。

この映画で特筆すべきなのは、ここに登場する都市空間の映像である。半世紀も前の想像力によるその都市は、そのものとしてはたいしてショッキングなものではないが、この空間のわれわれへの喚起力はただものではないと思う。ドイツ表現主義の金字塔とも言えるこの映画は、十数年前には伝説的存在だった。その当時、特殊状況にあった大学のとある地下室の、秘密結社的雰囲気の中で、僕はこの〈メトロポリス〉を観たことがある。その時は、とにかく何か異様な感覚を感じ取ったように覚えている。それが、〈状況〉のせいだったかどうかはよくわからないが、今年になってリヴァイヴァル上映され、三月に観た〈メトロポリス〉が、別の作品のような気がしたのは何故だろうか。たぶん、ロック・ミュージックがつけられ、部分的に着色されていたせいなのだろうが、それでも、この映画の中で描かれるメトロポリスは、旧い友人に会って、どこか昔の面影を見つけたような懐かしさも感じた。余談ながら、手塚治虫の〈大洪水時代〉を知っているだろうか。こちらは、ノアの方舟伝説を下敷きにしたものだが、洪水によって崩壊する摩天楼の描き方など、共通の何かがあるように思うのだが、どうだろうか。

また、どこかですでに書いたことだが、映画〈メトロポリス〉の都市と、先に触れたレム・コールハースの所属するOMAのイラストレーションとがよく似ていると僕は思っている。たとえば〈Flagrant délit（現行犯）〉という作品が、〈DELIRIOS NEWYORK（錯乱のニューヨーク）〉［＊1］に掲載されている。ダブルベッドにエンパイア・ステート・ビルとクライスラー・ビルが寝ている。行為のあとらしい。そこに、別のビルがサーチライトを照らしながらドアを開けたところだ。浮気の現行犯、というわけである。その光景そのものも、僕に〈メトロポリス〉を思い起こさせるのだが、それ以上に、部屋の背後の窓から見えるマンハッタンの風景が、まさにそのものなのだ。その風景には、部屋の光景を見つめている、おびただしい数の巨大な人物の顔が描いてあるが、その顔も、〈メトロポリス〉の俳優たちの誇張されたメイクに似ている。コールハース、もしくは彼の仲間が〈メトロポリス〉を観ているかどうかを僕は知らないが、現代の最も尖鋭的な都市に対する感性が、似たような表現をとったことに僕は驚いている（そう言えば、〈メトロポリス〉のスチールとして常に取り上げられる、後ろに影絵のようにうごめく人影を控えて、どっしりと実在する機関車のような機械は、高松伸の〈ARK〉のようだが、高松がこの映画を観たことがあるかどうかも僕は知らない）。

君の言うローテックな都市空間といえば、むしろ、ほとんど条件反射的に僕の脳裏に浮かぶのが、映画〈ブレードランナー〉のダウンタウンだ。アンドロイド以上に精巧なレプリカント（原作ではネクサス六型アンドロイド）の発明者タイレル博士の率いるタイレル社の、超近代的なピラミッド型の建物の建ち並ぶアップタウンの対極に位置するあのダウンタウンのことだ。このフィルムを、結局、僕は三回観ている。別々の女の子と二回、つい最近ビデオで一回である。僕がおもしろいと思ったのは、この二人の女の子の反応だった。ひとりは〈涙が出るほど感動した〉と言った。もうひとりは〈気持が悪い〉と言った。女性が、どんなふうにものを考えるのか、残念ながら僕にはよくわからないが、たぶん、生理的直感的な思考をするのだろうと推察してはいる（叱られそうだが）。直感的な思考を僕は苦手だが、この二人の女性の感覚は、どちらもかなりいい線をついていたのだと、後になって思った。

僕の気持はといえば、感動した方の女性により近いが、しかし、気持が悪いというのも、よく考えれば、わからないではない。ただし、気持悪さというのは、原作の方により顕著だと、僕は思う。君も知っているとおり、〈ブレードランナー〉の原作は、フィリップ・K・ディックの〈アンドロイドは電気羊の夢を見るか?〉である。ディックの作品としては、それほど出来のよい方ではないような気がするが、一部のSFファンの間では高い評価を得ている。あらすじは映画と若干違うが、舞台は、いずれも最終戦争後のアメリカの西海岸である。放射能灰の降る都市では、人びとは火星に移住を始めていた。政府は移住を奨めるため、ネクサス六型アンドロイドを無料で貸与した。しかし、理由は説明されないが、アンドロイドたちが、人間を殺して地球へ逃げてくる事件が続発した。そこで、これらのアンドロイドを〈処理〉するために、警察直轄のバウンティー・ハンター（映画ではブレードランナー）が組織された。この殺し屋のひとり、リック・デッカードが、今回逃亡してきた七人のアンドロイドを、人間的な悩みを持ちながら〈処理〉していくのが、メイン・ストーリーである。

ディックの小説のテーマは、ある意味ではワンパターンで、〈人間とは何か?〉につきると思う。彼によれば、人間とは、他の人間もしくは他の生物に対して共感を持ち得るかどうかにかかっている。したがって、人間にそっくりの外観を持っている存在が、他人に共感=思いやりを持たない時、それは人間の名に値するか、というのが〈アンドロイドは電気羊の夢を見るか?〉の主題である。こんなテーマを描いた小説が、気持悪いものにならないわけはない。映画は、こういう文学的テーマを扱うのが苦手なメディアであるはずで、〈ブレードランナー〉は、このへんをさっぱり切り捨てている。簡単に言うなら、映画はハードボイルド仕立てのboy meets girlになっているのだ。ハードボイルドもハリウッド的恋愛映画も大好きな僕には、したがって、まったくお気に入りの一本になってしまったわけである。

ところで映画は、ストーリー性を云々すべきものではなく、〈空間芸術〉であるというのが僕の勝手な思い入れである。石山修武氏はどこかで、〈映画の中の都市空間は、建築家たちの想像力を超える〉といった意味のことを書いているらしいが、〈ブレードランナー〉の舞台となった近未来のロスアンゼルスのダウンタウンは、確かに僕の貧しい想像力をはるかに超えていた。

アップタウンの対極のダウンタウン、と先に書いたが、実はこのダウンタウンは、アップタウン=タイレル社のピラミッドの足下に存在しているはずである。超近代と共時的存在であるアジア的前近代。それが、この都市の魅力であるように僕は思う。映画が始まってすぐ、デッカードが食事をする場面があるが、それは、日本の屋台のような店で、主人は寿司屋かラーメン屋の親父のような風体で、日本語で話しかける（言葉が、まるでバベルの塔崩壊後の世界のように乱れているのも、この都市の特徴らしい）。しかし、屋台の中では、女の子がコンピュータを扱っている。放射性物質を含んだ雨が降りしきる街を、エアー・カーが飛び交う。ゲイシャ・ガールによる胃腸薬のCMがひっきりなしに空中に映写される。そして、その中を突然、ダチョウの群が通り過ぎるのである。二〇世紀の終わりのアメリカの都市に、中近東のバザールとチャイナ・タウンが同時にまったく並列して存在している、という支離滅裂さがその都市の印象だった（映画の終わりに、デッカードとレプリカントのリーダーであるロイ・バッティとが対決する建物も、中国的というか東洋的というか、何か不思議なオーナメントを持ったビルディングだった）。この奇妙な都市空間に、何故、僕が魅力を感じるのか、実はよくわからないのだが、この都市が、単に空想の産物なのではなく、現実の都市のさまざまなディテールを、グロテスクに誇張した結果、でき上がったものだ、と感じてはいる。僕が魅きつけられてやまない〈都市〉の似姿にほかならないということだろう。

後日譚になるが、フォスター・アソシエイツの上海バンクを見に、香港に行った時のことだ。超高層ビルの建ち並ぶ一角に接する貧民窟（と言っていいのかどうか）に、ひとりはぐれて迷い込んだ。街角で売っている一杯一〇円ほどの粥をすすりながら、壁にもたれて街を眺め、そこが、なんと〈ブレードランナー〉の都市に似ているのだろうと思ったことを君に報告しておこう。

P.S.：〈上海バンスキング〉を観た。冒頭、〈上海、それは、阿片の夢ように甘くて怖い街〉という松坂慶子のナレーションが入る。そういう上海が描かれるものと思って終わりまで見たのだが、〈上海〉はついに登場しなかった。平田満扮する、後に軍部の走狗になるマルクス・ボーイがこう言う。〈この街は、JAZZと同じように、みかけだけきらびやかな、薄っぺらい街だ〉。この科白は、この映画の自己批判のように僕には思えたが、君はどう考えるだろうか。

＊1 Rem Koolhaas, Oxford University Press, 1978年

海を見ていた午後

石田潤一郎

根岸一之様

六月一〇日　京都にて

〈ブレードランナー〉は実にデザイナー好みの映画だなあ、と観た時から思っていたので、根岸さんも当然いつかはこの映画のことを書いてこられる［*1］ことと予想していました。そして、根岸さんの意見にほとんど同感です。ただ、この映画に対して幾分の不満を抱いたのも事実です。そのへんのことから書き始めてみましょう。

〈ブレードランナー〉のスタッフが有する建築と都市に関する想像力は、大仰に言えば、天才的な高みにある。未来都市の相貌を、あれほどの発見性をもって描出し得た例は、ほかにはアーキグラムぐらいしか思いつかない。しかもアーキグラムがイメージを提示しただけだったのに対し（これはむろん、彼らの驚嘆すべき先駆性にあえて眼をつぶった上での話であるが）、〈ブレードランナー〉は都市の物質的イメージのみならず、それに見合った生理的イメージをも差し出す。そのことによって、ドラマは都市空間のグロテスクな美しさと等価の美をはらみ、異様な衝迫力をもって展開する。

この映画のダウンタウンの情景は、根岸さんも吉見さんも指摘しているように［*2］、アジア系の大都市をモデルにしていて、その構成要素をとめどなく肥大化させた末につくり出されている。キッチュと怒号と湿気が瀰漫した都市空間。それをスクリーンに観る時、僕たちはその中に、身近な街にも存在する濃密な悪趣味を見出し、その暗い輝きに眼を開かされる。〈ブレードランナー〉の素晴らしさは、その隅々にまで、メトロポリスが吐き出してしまう口臭が満ちていることだ。

この映画には、しかし、不満があると書いた。それは要するに結末のつけ方に対してだ。あの未来的ネクラの主人公が、どうして突然、ああもノーテンキになれるのか。だいたい、あんな絵ハガキ的大自然があの都市の外にあるなんて、ひと言も言ってなかったじゃないか（映画を観てない人は何をイキマイテいるんだと思われるだろうが）。僕が言いたいのは、醜悪なる大都市と清浄な自然という古色蒼然たる二元論に、この映画の作者たちが拠っていたことをぬけぬけと告白されると、その五分前まで浸りきっていた都市空間の映像が一挙に浅薄なものになり変わってしまう、ということだ。

とはいえ、〈ブレードランナー〉は傑作です。どこかの名画座にかかれば、また観に行きたいと思っています。さて、もう一本、いささかの欠点を持ちながら、もう一回観たいと思わせた映画について書いてみたいと思います。それは大林宣彦監督の〈さびしんぼう〉です。これはあらゆる意味で〈ブレードランナー〉と対照的な作品なのですが。

〈さびしんぼう〉は、この春封切られた大林監督のいわゆる〈尾道三部作〉の完結篇だ（あとの二本は一九八二年の〈転校生〉と八三年の〈時をかける少女〉）。この三作は、その名のとおり広島県尾道市を主たる舞台にしていて、おかげで尾道市へ来る観光客は急増しているという（市役所ではロケ地点をプロットした地図を配っている）。もっとも、それらの映画がこの地の美しい風物を映像化しているわけではない。尾道は、フォトジェニックには格別魅力的な都市ではない。

どんな風景でもカメラの魔術しだいで、ウルワシクもイキにも観せられる。斎藤耕一が刑務所の塀や埋立地の土管を実に美しく撮ったように。しかしながら、大林監督は尾道に対してそうした美化をおこなおうとはしない。〈どのコマをとっても、そのままスチル写真に使える〉斎藤耕一流の（あるいはルルーシュや市川崑のような）映像主義を排して、さりげなく、あるがままに撮る（そう思わせるように撮っていると言った方が正確だろうが）。カメラが登場人物の目になる、いわゆるミタメのショットが多いこともそうした印象を強める。

〈さびしんぼう〉に、雪が積もった朝の場面がある。カメラは、うっすらと白いものをまとった家並を、それだけを写す。これとても特に変わった撮り方をしているわけではない。広角系のレンズで街の全景を捉え、そしてすぐにカットは切り替わる。それでもこのショットが妙に印象に残る。その理由は、この映画には街だけを写すショットがほかにほとんどないからだろう。つまり街は、常に登場人物の背景としてしか見えてこない。〈ブレードランナー〉の未来都市が、映画の開始とともに出現し、登場人物たちに呪縛を与えるのに対し、〈尾道三部作〉の尾道市街は、背後からしかドラマに参加していない。

〈尾道三部作〉は、SFというよりファンタジーであって、筋立ては全く現実離れしている。肉体が入れ替わってしまうカップル（転校生）、過去と未来を往復できる少女（時をかける少女）、そして三〇年前の芝居から甦ってくる登場人物（さびしんぼう）。どのプロットも、日の丸も鮮やかなお子様ランチだ。しかし、荒唐無稽な設定にもかかわらず、主人公たちの日常描写はいたってリアリスティックであり、丹念である。特にそこには、日本映画がテレビにくれてやって久しい〈普通の家庭〉がある。そうした目のつんだ日常性を支えるべく、都市空間もまた、ことさらにありふれたたたずまいを見せている。

だが、そんなありふれた街が何故人を引きつけるのか。誰もが指摘することだが、大林作品の中の尾道には、観る者をノスタルジックな気持ちに陥らせる魔力がある。〈さびしんぼう〉では冒頭、〈傷ましくも／輝かしい／わが／少年の日々に／捧ぐ〉というテロップが出る。このクサい文句が、見終わったあとには何とも切なく甦ってくるのだ。大林監督は尾道の出身であり、一〇代の頃の八ミリ映画からつくば万博出展の短篇まで、折あるごとに尾道を写してきた。しかし、そんなことを全く知らない人でも、〈尾道三部作〉、特に〈転校生〉と〈さびしんぼう〉の中の風景

写真1　〈さびしんぼう〉

写真2　尾道市街

にはデジャ・ヴに近い感覚を覚えるだろう。しつこく〈ブレードランナー〉と対比すれば、〈ブレードランナー〉は、あり得ない都市を描いて今ある都市を想起させ、〈尾道三部作〉は、今ある都市を描いて、もはやない都市に出会わせる。おそらく、両者は都市の映像化において、正反対の両極に位置している。前者は、先にも書いたように、都市の構成要素を過剰なまでに取り込み、それらを増殖させることによって映像としての都市を生み出している。一方、後者は、都市をあるがままに捉えているように見えて、実はほんの少しの事象しか拾い上げまいとしているのであり、その選択と限定によって尾道は映像として立ち現れていると言い得る。

具体的に書こう。〈尾道三部作〉で、まず何より目につくのは、現代的風俗が注意深く排除されていることだ。尾道にだって、ポストモダン風の喫茶店はあるだろうし、派手な私服の高校生もいるだろう。でも、そんな存在は決して映りはしない。ネオンや自動車さえ追い出されている。代わりに登場するのはツメエリであり、自転車であり、木造家屋である。その効果はボディ・ブローのように効いてくる。だが、より重要なのは、そうした表層の道具立てではなさそうだ。〈男はつらいよ〉シリーズの柴又の街も同じように現代的要素を拒絶している。けれども、柴又の映像が絶対に獲得できない堅固な存在感が〈尾道三部作〉の街にはある。

山田洋次は、柴又の門前町をそっくり再現したようなセットをつくり上げる。そこには、柴又にあるものはほとんどあるかのようだ。だが大林宣彦は、尾道の何を再現しているのだろう。そう問う時、僕たちはないものを数え上げていった方がたやすいのに気づく。まず音がない。クラクションの効果音なんて間違っても入らない。色彩の鮮やかさがない。おそらくフィルターと撮影時刻を考え抜いているのだろう、ここぞというシーンでは色調が揃えられ、くすまされる。そして余計な人影がない。先にも触れたように、登場人物のミタメのショットが多い。そこでは望遠レンズを多用して背景を整理し、登場人物が見つめている物だけが浮き上がる。あるものは、季節と時刻を浮き彫りにして織り合わされた光と影であり、見つめる者と見つめられる者との間の濃い空間であり、あえて言えばそれだけだ。

しかし、この情報の乏しさこそが、映像としての尾道に痛切な〈懐かしさ〉を付与していると僕は思う。何故なら、そうした視覚のあり方は、人がひとつの情景を記憶する時のパターンに極めて相似していると思われるからだ。誰しも記憶の中には断片しかない。回想シーンがモノクロになる通俗的手法は、しかし、人間の記憬の構造に存外に深く根ざしている。ある都市の記憶が、街路樹の葉裏のきらめきにつくされることもあるのだ。しかし、記憶することで初めて、人は事物を所有することが可能になるのだとすれば、そして、都市についてもそうだとするならば、風景とも呼び難いようなランダムな断片の集積こそが、実は僕たちの内にある都市の像なのだと言わねばならない。〈ブレードランナー〉との公平のために、一片の不満を述べれば、大林作品の尾道は常にそうした都市像に留まっていて、ドラマがその像を壊すような時には、すぐに舞台を竹原あたりに移してしまうことだ。

竹山聖君が五月号の〈メディア・レヴュー〉で述べていた〈建築は創造力の解放に関わる〉というテーゼを借用すれば（なお、あの一文は内容も卓抜だったけれど、サンデー兆治もかくやといった気迫がすごかった）、都市の知覚のされ方、認識のされ方もまた、おびただしい事物の総体とそれに対峙する個人の想像力との関係によって定められると言ってよいだろう。都市は、神ならぬ人の身には全称的に認識することのできない存在だが、しかし、極私的な視線に感応してその一端を開示してくれもする。そうしたまなざしが、実は都市をつくり、そして変えていくのではないか、と僕は感じている。長々と、どれだけ観た人がいるのかわからないような映画について語ったのも、それらが、都市を映像化する時におこなった変形操作の中に、僕たちが都市に向かって想像力を解き放つための手がかりがあると思えたからにほかならない。

今回は、初めは地方都市について語ろうと思っていました。みなさん、〈都市〉といったらいつも東京のことばかりですからね。〈メトロポリス〉と、吉見さんが先月号で書いておられた〈野生〉の都市との中間に漂う、日本の大多数の都市について書いてみたかったのです。妙なタイトルをつけたのも、僕自身が育った街の海の青さと潮風のにおいが記憶にあったからです。ただ、取り上げた〈尾道三部作〉が、絵なら水彩、音楽ならピアノ小品といった趣だったせいで、具体性を持った議論に入れずじまいでした。神戸を活写した大森一樹の〈ユー・ガッタ・チャンス〉にしたらよかったかなと思いましたが、まずは〈さびしんぼう〉について語る機会ができて満足、といったところです。

P.S.：根岸さんの新作、進捗状況はいかがですか。期待してますので。

＊1　根岸一之〈阿片の幻覚のように甘くて怖い夢〉『都市住宅』1985年6月号

＊2　吉見俊哉〈闇に舞う建築〉『都市住宅』1985年7月号

あとがき

学術情報のオープン化が急速に進んでいる。「論文」と呼べるものの大半は、CiNiiをはじめとする電子アーカイブ、あるいは機関リポジトリなどで容易に読めることになった。ただ、そのサービスに与れない論考がある。商業的な媒体に掲載された文章、あるいはアーカイブ化の手間をかけてもらえない非学術的な「雑文」である。

しかし、振り返ってみるまでもなく、私は、新聞や企業のPR誌に掲載された文章から幾度となく触発されてきた。たとえば当時の日本鋼管が出していた『S+C』。そこで目にした堀勇良さんの連載「鉄と鋼の構造文化史」から技術史的視点の有効性をどれほど教わったことか。同じ雑誌の裏表紙には現代建築の紹介が小さく載っていた。その一つ、古山正雄さんによる「ガラテーゼ集合住宅」が時代の先端をどれほど魅力的に伝えてくれたことか。

自分自身の原稿にそんな力があるとは思っていない。それでも、書いたことによって書いた者自身が育てられることが起こる。その点での愛着が残るものが何ほどかはある。ところが、折に触れて書きつけたそれらの小文は、公的な「研究業績一覧」においては「総説」とか「その他」に押し込められ、ないほうがマシといった扱いを受けている。研究者——学術論文を執筆する者として社会に存在を許されている以上、それは仕方ないとは思うが、名を出すのを控えさせられる短文どもが可哀相という気持ちは消しがたい。

そうこうするうちに定年が近づいてきた。自分としては、退職の際に儀式めいたことはおこないたくないと考えていた。周りの、特に若い人たちにつまらぬ負担をかけたくなかった。老兵はただ黙って消えるべきだ。実のところ、今でもそう考えている。ただ、職務の大きな節目を迎えるときに、それまで経てきた時間に区切りをつけることが許されるなら、その時どきに書き記した短文を振り返ってみたいという誘惑が心に兆した。

私は比較的早く、修士課程のころから論文以外の文章を書く機会に恵まれた。最初のきっかけは長谷川堯さんに京大で講演をお願いしたことにある。その少し前に、卒論の要旨を建築学会の近畿支部で発表していた。その抜刷を、来学した長谷川さんに名刺代わりにお渡しした。すると、後日、「アレが面白かったから」と、長谷川さんが編集長をしていた『スペース・モデュレーター』誌に寄稿を求められた。一九七六年の秋のことである。ちょうど日本の近代建築が脚光を浴びはじめていた。関西には研究者が少なかったから、たまたま目立つことになった年若い学生に、そのあとしばしば執筆の機会が与えられることとなったのだ。

これが幸運だったのかどうかは、正直、分からない。落ち着いて内発的な研究を究めるという王道を歩んでいれば今とは違う人間になっていただろうナ、という思いもないわけではない。ただ、依頼原稿であるからこそ、新たな問題を考えさせられ、表現に工夫を求められた。そのなかで実に多くのことを学んできたことはまちがいない。言語化することで初めて自分の考えていることが判然とする。その経験を繰り返すことで、不勉強な自分が多少とも鍛えられたと信じる。

そうやって今日に至っただけに、自分を育てた文章をあらためて束ねて見たいという気になった。自分の中で夢想したのはCD-ROMに収めて、欲しいという人がいたら配布するという方法だった。題名だけはすぐに決まった。「Out of CiNii」というのである。

といって何の準備もしないまま秋を迎えたとき、中川理学兄から今回の挙の申し出をいただいた。まさに秘孔を突かれたわけである。再録する文章の選択と配列は中川さんにお任せした。すると、どうしたらこれほどすっきりとした構成を思いつくのか、たちまちにして目次案ができあがった。いつもながら感嘆し、すべてを委ねた。さらには見事な「まえがき」を頂戴した。ただ感謝あるのみである。

もっとも、原稿の選択については、一つ記しておかなければならないことがある。編集を始めてほどなく、中川さんから、当初の選択では分量が多すぎるから書いた本人に取捨してほしいと乞われた。それじゃあと読み返しはじめた。宙で考えていたときには、塵に埋もれている若いころの文章に陽の光を当ててやろうと願っていた。しかし、あらためて目を通すといかにも幼い。特に、『スペース・モデュレーター』誌に載せてもらった「大阪建築家列伝」をはじめとして、七〇年代から八〇年代にかけて書いた日本近代建築史に関わる文章は、今の学問の水準からすると誤りが多すぎる。今さら人目にさらすのは恥ずかしいことを理解せざるをえなかった。喜んで削った。

一方で、気に入っていても載せなかった——文字どおり割愛した文章もある。まずは電子アーカイブにアップされているもの。それから書評、あるいは追悼文といった期間限定的なもの。そして単行本に収載されている文章も基本的に控えた。その気になれば入手できるだろうから。また、別の機会にまとめ直したいと考えている分野についても見送っている。

今回、いささか無理を言って、各論考の前に、リードとでもいうべき短文を置かせてもらった。これは谷沢永一が『標識のある迷路』などのコラム集で採用していた方法で、村上春樹の『雑文集』でも似た趣向があった。僭越ながら、そのひそみに倣ったのは、それぞれの文章が依頼原稿で、雑誌なり書籍なりの中での役割を持たされていたからである。つまり、内容とそれが置かれた場所とは強く結びついている。文章だけ切り出すにあたって、その関係を明確にしておきたかった。それに上に書いたように、今の目から見てどうか、多少の言い訳が必要なものもあると考えたのである。

収録した文章の体裁についても、説明しておきたい。基本的には、初出のまま再録している。いくつかのリードで触れたように明らかな誤りだけは訂正したが、文章自体にはほとんど手を加えていない。そのため用字法が統一されていない。気になる読者もおられると思うが諒とされたい。その一方で、図版に関しては初出時とは様態が変わっているものも多い。版権の関係で掲載を見送ったり、また現時点での判断で差し替え・追補をおこなったりしている。これについてもご了解をいただきたい。

さて、約四〇年間の七転八倒の跡と向き合って、あらためて思うこともある。

若くして亡くなった歴史家の棚橋光男氏のモットーは「切れば血の出る歴史学」だったという。このことを知ってから、自分のやりたいのは「切れば血の出る建築史」だと口にしてきた。そのとき、無自覚に、自分が血も涙もある解釈者であろうとしてきたことに気づく。書く側が無疵なままでは対象に迫れないという思い込みがあったと言いかえてもいいだろう。そうした姿勢をとってしまうのは、私が建築や都市空間に対してすぐ熱くなる多血質だから、ではない。むしろ、どこが面白いのか、すぐには分からない鈍な人間だからだろう。そのような者がさまざまな機会に恵まれて、建築物や都市がなぜ・どのように私たちにとって意味を持っているのか、霧が晴れるように見えてくる瞬間を経験した。そこから、問題は感受性なんかじゃなくて、読み方、リテラシーにあるのだと思うようになった。

どう読むか。そこには一般解はない。少なくとも私にとっては見えてこない。私ができるのは、私自身がどう読んだか、赤剥けの実況中継をすることだった。棚橋先生の「切れば血の出る歴史学」にすっかり感服してしまったのは、私自身の建築／都市との向き合い方を正当化してくれることに気づいたからだろう。

文章によっては、相手には切っ先が届かず、いたずらに書き手だけが血とリンパ液にまみれているものもあるような気がする。それでもなお、私の言葉が読者に何ほどか届いているとすれば、事故現場に描かれたチョークの人型のように、建築／都市の読み方の一つのありようが際立ったからではなかろうか。

これから先、どんな言葉を綴るのか、人生は起承転転、自分でも分からない。ただこのことは言えそうな気がする。かつて学生に向けたメッセージで「なにかを考えるということは『ホントにこの結論でいいの』と自問することを含んでいるはず」だと書き付けた。私は自分の言葉に責任をとりたい。だから、自分を疑うために、我と我が身に切りつけてでも対象に向かっていきたい。そのことはこれからも変わらないだろう。
見つめる私、見つめられる私、血まみれの私が、まだもう少しのあいだ新鮮であってほしいと願う。

こうした書物が世に出せたのは多くの方々のお陰である。まず中川理さんには四十年来の厚誼とあわせて、あらためて深謝申し上げる。中川さんをサポートして原文の収集やスキャンといった裏方仕事を担当してくれた三宅拓也さんと平井直樹さんにはお礼というよりもお詫びを言いたい。笠原一人さんには多くの写真を提供していただいた。厚くお礼申し上げる。厳しいスケジュールの中で行き届いた編集を成し遂げていただいた渡辺奈美さんには心からの感謝を捧げたい。そして、夜なべ仕事に疲れて不機嫌な顔を見せがちな筆者に辛抱してくれている妻・薫にも礼を言わねばと思う。

二〇一八年三月三日
石田潤一郎

初出一覧

第一章　歴史を読み込む

・日本のモダン・ムーヴメント――《白い家》が見出されるとき
村松貞次郎＋近江栄＋鈴木博之＋藤森照信監修『日本の建築家』新建築一九八一年一二月臨時増刊号、新建築社

・近代日本の建築学の歩み――技術と芸術に分裂し、なお統合を追い求める
アエラ編集部編『新版 建築学がわかる。』朝日新聞出版、二〇〇四年

・戦後民主主義の形象
『建築ジャーナル』一九九五年八月号、企業組合建築ジャーナル

・村野藤吾の一九七〇・八〇年代
石田潤一郎監修『村野藤吾建築設計図展カタログ九』京都工芸繊維大学美術工芸資料館村野藤吾の設計研究会、二〇〇七年

・関西建築界戦後四〇年史――村野藤吾から安藤忠雄まで
『昭和生まれ関西の建築家五〇』建築と社会一九八七年七月臨時増刊号、日本建築協会

・関西におけるモダニズム建築
芦屋市立美術博物館企画監修『関西のモダニズム建築二〇選』淡交社、二〇〇一年

・日本と近代と建築と
『造形工学二〇一二』京都工芸繊維大学工芸科学部造形工学課程教務委員会、二〇一二年

・名古屋市庁舎・愛知県庁舎の歴史的位置
文化庁文化財部監修『月刊文化財』二〇一四年一二月号、第一法規

・モダニズムのフィルターを通した伝統理解
『現代建築の軌跡――一九二五―一九九五「新建築」に見る建築と日本の近代』一九九五年一二月号臨時増刊号、新建築社

第二章　建築家を語る

・〈建築家〉を研究するということ――村野藤吾の場合
『造形工学二〇〇五』京都工芸繊維大学工芸学部造形工学科平成一六年度教務委員会、二〇〇五年

・装飾の挽歌　あるいは國枝博の作品をめぐって
『デザイン・建築学二〇一五』京都工芸繊維大学工芸科学部デザイン・建築学課程教務委員会、二〇一五年

・うつろいやすさの流沙に漕ぎだす
『造形工学二〇〇九』京都工芸繊維大学工芸科学部造形工学課程教務委員会、二〇〇九年

・村野作品の空間構成――ディテールからの分析
『KAWASHIMA』川島織物（現川島織物セルコン）、一九八一年

・住宅作家としての武田五一――ゼツェッションの認識を軸として
「武田五一・田辺淳吉・藤井厚二日本を意匠した近代建築家た

ち」展図録、ふくやま美術館二〇〇四年
・武田五一が伝えたもの
『武田五一の建築標本――近代を語る材料とデザイン』LIXIL出版、二〇一七年
・武田五一という問題構制《プロブレマティーク》
『造形工学2004』京都工芸繊維大学工芸学部造形工学科平成一五年度教務委員会、二〇〇四年
・聴竹居――伝統の向こう側の近代へ
京都府建築士会ホームページ、二〇〇九年、連載「先人の足跡――京都府下の近代建築」
・聴竹居で成し遂げられたこと
『approach』一五二号、竹中工務店、二〇〇〇年冬
・ヴォーリズさんの建築物語
バンザイなこっちゃ／ハウスでなく、ホームを／若い学僧の残したもの／思いの深さを受け継いで――旧佐藤久勝邸（その二）／思いの深さを受け継いで――旧佐藤久勝邸（その二）／韓国のヴォーリズ作品――梨花女子大／ヴォーリズさん再発見
『くらしのしるべ』たねやグループ、第二三三号、二〇〇二年五月一〇日／第二三四号、二〇〇二年六月一〇日／第二四八号、二〇〇三年八月一〇日／『HIMURE VILLAGE』たねやグループ、Vol.4、二〇〇四年四月／Vol.5、二〇〇四年六月／Vol.2、二〇〇三年一二月／Vol.7、二〇〇四年一一月

第三章　建築から都市へ
・京都の昭和
『建築と社会』一九九一年五月号、日本建築協会
・近代建築観て歩き
七条通を歩く／叡山電鉄の駅舎
『ねっとわーく京都』二〇〇六年一二月号、連載「近代建築観て歩き」第四回／第一〇回
・てっぺん物語――JR京都駅ビル大空広場
『産経新聞』二〇〇八年八月一〇日付夕刊（関西版）、連載「てっぺん物語」
・最後の光芒としての水路閣
『琵琶湖疏水の学習　第二号』琵琶湖疏水アカデミー、二〇一六年
・景観資源としての近代京都の評価
『第二回京都の都市景観の創生シンポジウム　歴史都市・京都における景観資源と創造』日本建築学会、京都市、京都市景観・まちづくりセンター、二〇〇七年
・京都での近代建築調査
『日本近代建築史研究の軌跡『日本近代建築総覧』刊行から三〇年を考える』日本建築学会、二〇一〇年
・思い出せない町
・疑問符の砦たち
『建築と社会』二〇一六年一月号、日本建築協会

『SD』一九八八年一〇月号、鹿島出版会、連載「潜在する都市空間」

・逃げる街——遊郭の空間演出

『ザ・クラフト』第四号、京都国際工芸センター、一九八三年七月

・郊外居住の歴史に見る自然への渇望

『世界思想』三一号、世界思想社、二〇〇四年四月

第四章　解釈から構築へ

・保存再性の根拠を求めて

報告書『京都の都市景観の再生』日本建築学会、二〇〇二年三月

・京の建築デザイン考——個性より普遍的な美

『京都新聞』一九九二年二月二八日、連載「歴史への応答——京の建築デザイン考」第八回

・京都らしさの越えかた

報告書『京都の都市景観創成』日本建築学会、二〇〇八年三月

・注視と喚起

『建築文化』一九八六年一月号、彰国社、「CRITICAL JUNCTION」

・優しさへの水脈

『icon』九号、スーパーイコン出版、一九八八年一月

・質点系の明るみ

『icon』一七号、スーパーイコン出版、一九八九年五月号

・針の孔をくぐった駱駝が、海辺に立っていた——ホテル川久のデザインが提起するもの

『SD』一九九二年一〇月号、鹿島出版会

第五章　建築と空間の息づかい

・価値観のありようを教えたい

『滋賀県立大学環境科学部年報』第二号、滋賀県立大学、一九九八年

・時間軸のなかでさまよいたい

『造形工学二〇〇三』京都工芸繊維大学造形工学科、二〇〇三年

・涙の粒の中に閉じ込められるように建築を受け止めたい

『デザイン・建築学二〇一六』京都工芸繊維大学工芸科学部デザイン・建築学課程教務委員会、二〇一六年

・未来をこじあけた建築が見せる力

『デザイン・建築学二〇一七』京都工芸繊維大学工芸科学部デザイン・建築学課程教務委員会、二〇一七年

・重箱をつつき壊す必然性と可能性

『滋賀県立大学環境科学部年報』第四号、滋賀県立大学環境科学部、二〇〇〇年

・教科書と年表の奥にある息づかい

『造形工学二〇一〇』京都工芸繊維大学工芸科学部造形工学課程教務委員会、二〇一〇年

・輝ける麒麟の街／町並み保存は「大映テレビ」だ／窓を開ければカープが見える
『商店建築』商店建築社、連載「都市・商業・建築」一九八八年二月号／四月号／六月号
・これは批評ではない――不思議の国のアリス・イン・ホラーランド（根岸一之）／想い出は美しすぎて――映画に垣間見た都市空間／阿片の幻覚のように甘くて怖い夢（根岸一之）／海を見ていた午後
『都市住宅』鹿島出版会、連載「media review」一九八五年二月号／四月号／六月号／八月号

図版クレジット一覧

『建築文化』第11巻第96号、1954年11月号、彰国社　p.047
武田五一『住宅建築要義』文献書院、一九二五年　p.132
『建築写真類聚 住宅の外観 巻二』洪洋社、一九二〇年　p.138 写真1
小野武雄編『洋館建築各部詳細図』須原屋書店、一九〇八年　p.138 図2
『武田博士作品集』武田博士還暦記念事業会、一九三三年　p.145、p.147、p.152 写真4
『東京電燈株式会社五十年史』一九三九年　p.152 写真5、p.211
『建築と社会』第一八輯第六号、日本建築協会、一九三五年　p.185 写真9
『建築雑誌』第二五輯第二八九号、日本建築学会、一九一一年「四十三年度役員肖像」　p.154 写真1
『聴竹居図案集』岩波書店、一九二九年　p.164 写真2
小林美樹雄『京都市に於ける商店街に関する調査』京都商工会議所、一九三六年　p.182
『新建築』第三号一〇巻、新建築社　p.184 写真2・5、p.185 写真6・7
清水組『ホテル建築写真集』一九三六年　p.184 写真3
『新建築』第八巻第四号、新建築社、一九三二年　p.184 写真4、p.190 写真16
『近代建築画譜』近代建築画譜刊行会、一九三六年　p.185 写真8、p.191、p.192 写真20、p.193
京都府・京都市『京都土地区画整理事業概要』一九三五年　p.188
『上田工務店建築図譜』p.190 写真15
『藤井善助伝』一九三二年　p.230 写真2
『建築雑誌』（第四九輯六〇四号）日本建築学会、一九三九年　p.263
『京都の都市計画 昭和四九年版』　p.266
『旧工部大学校史料』一九三一年　p.310
＊

©TOHO CO.,LTD　p.340写真1
ポニーキャニオン　p.226

＊

大野　繁　p.273
笠原一人　p.021、p.051写真3、p.070写真4、p.072写真5、p.076、p.128写真5、p.320
熊本達哉　p.299
設楽家所蔵　p.119
平井広行　p.282
藤田勝也　p.317
渡辺義雄　p.023
石田潤一郎　p.024、025、p.026写真8・9、p.048写真2、p.059、060、062、068、p.070写真3、p.072写真6、080、084、086、087、089、091、095、098、099、101、103、109、115、117、122、123、125、127、128写真6、129、139、140、148、154写真2、155、159、171、172、174、175、177、178、p.192写真19、p.196、197、199、200、202、205、219写真1、220、p.230写真3、p.231、232、239、p.278写真1・2、p.287、297、302、304、314、p.340写真2

著者
石田潤一郎　いしだ・じゅんいちろう
京都工芸繊維大学教授
一九五二年鹿児島市生まれ。一九七六年京都大学建築学科卒業。一九八一年同大学大学院博士課程修了。工学博士。京都大学助手、滋賀県立大学助教授を経て、二〇〇一年より現職。専攻は日本近代建築史。
著書に、『日本の建築〔明治大正昭和〕七　ブルジョワジーの装飾』（三省堂、一九八〇年）、『屋根のはなし』（鹿島出版会、一九九〇年）、『都道府県庁舎――その建築史的考察』（思文閣出版、一九九三年）、『関西の近代建築　ウォートルスから村野藤吾まで』（中央公論美術出版、一九九六年）、『関西のモダニズム建築』（監修、淡交社、二〇一四年）など。
建築史学会賞、日本建築学会賞（論文）などを受賞。

編者
中川　理　なかがわ・おさむ
京都工芸繊維大学教授
一九五五年横浜生まれ。一九八〇年京都大学工学部建築学科卒業。一九八八年京都大学大学院建築学専攻博士課程修了。工学博士。一九九二年京都工芸繊維大学准教授。二〇〇三年から現職。
専攻は近代都市史・建築史。
著書に、『偽装するニッポン――公共施設のディズニーランダゼイション』（彰国社、一九九六年）、『風景学――風景と景観をめぐる歴史と現在』（共立出版、二〇〇八年）、『京都と近代――せめぎあう都市空間の歴史』（鹿島出版会、二〇一五年）、『近代日本の空間編成史』（編著、思文閣出版、二〇一七年）など。
日本都市計画学会論文奨励賞、日本建築学会教育賞、日本建築学会賞（論文）など受賞。

建築《けんちく》を見《み》つめて、都市《とし》に見《み》つめられて

二〇一八年四月二〇日　第一刷発行

著者　石田《いしだ》潤一郎《じゅんいちろう》
編者　中川《なかがわ》　理《おさむ》

発行者　坪内文生
発行所　鹿島出版会
〒一〇四―〇〇二八　東京都中央区八重洲二―五―一四
電話　〇三―六二〇二―五二〇〇
振替　〇〇一六〇―二―一八〇八八三
印刷　三美印刷
製本　牧製本
造本　渡邊　翔

ISBN 978-4-306-04662-7 C3052

本書の内容に関するご意見・ご感想は左記までお寄せ下さい。
URL: http://www.kajima-publishing.co.jp/
e-mail: info@kajima-publishing.co.jp